Der Frauen(un)versteher

Holger Berger

Der Frauen(un)versteher

Holger Berger

WAGNER VERLAG
www.wagner-verlag.de

Ein Buch aus dem WAGNER VERLAG

Lektorat: schmidt.petra@gmx.net
Umschlaggestaltung: www.boehm-design.de

1. Auflage

ISBN: 978-3-86683-485-9

Bibliografische Information der Deutschen Bibliothek
Die Deutsche Bibliothek verzeichnet diese Publikation in der Deutschen Nationalbibliografie; detaillierte bibliografische Daten sind im Internet über http://dnb.ddb.de abrufbar.

Druck: dbusiness.de gmbh · 10409 Berlin

Kapitel 1 (Der Eugen)

Gestatten, mein Name ist Techmann, Eugen Techmann! Single, Mitte/Ende 30 und Frauenversteher. Na ja, vielleicht nicht das, was Frauen so unter einem California dreamboy verstehen, aber eben der drahtige, sportliche, fast immer gut gelaunte Autovermieter.
Ja, richtig gehört, Autovermieter, na und? Was soll's! Ist doch auch nur ein Job wie jeder andere und immer noch besser als Hartz IV! Klar kannste mit 1.500 € netto keine großen Sprünge machen, aber ab und zu mal wenigstens 'ne dicke Hose mit 'nem Benz oder einem dicken 7er BMW.
Klar, das sind dann die kleinen beruflichen Highlights, wenn da nicht ab und zu auch mal echt die durchgeknalltesten Kunden vorm Tresen stehen würden!

Wohnen tu ich in Köln, mit einem alten Hausdrachen namens Frau Böhndorf im Haus, meiner Vermieterin. Eigentlich eine recht schöne Lage. Hatte sogar mal Blick auf den Rhein, bis die Idioten von nebenan es tatsächlich geschafft haben, einen Bauantrag durchzuboxen, der ihnen erlaubte, aus ihrem Flachdach ein Spitzdach zu machen! Und peng war es vorbei mit dem unbezahlbaren Rheinblick. Ja, der Blick auf den Rhein ist für uns Kölsche so was wie für den Hamburger der Blick auf die Reeperbahn, den New Yorker der Blick auf den Central Park und den Chinesen der Blick auf die Mauer; oder so ähnlich zumindest.
Es war echt ein herber Rückschlag meiner Weiberromantikstrategie. Jetzt musste ich ihnen immer bildhaft klar-

machen, wenn wir romantisch mit einem Glas Aldi-Rotwein auf meiner Loggia saßen, dass sich hinter diesem schwarzen Spitzdach Vater Rhein vom Ölhafen Wesseling zum Chemiewerk Bayer schlängelt.
Na ja, zumindest die Sonne geht immer noch auf der richtigen Seite unter …

So, schon 10:00 Uhr, jetzt aber raus aus den Federn, Wochenenddienst und Spätschicht in einem. Na, das kann ja heiter werden!
Frühstück: wie immer 2 Raffaello, einen Schluck Apfelsaft und, ach ja, meine Schilddrüsentablette. Ohne die komme ich gar nicht mehr in die Gänge. Wie war das doch gleich noch? Hatte ich jetzt 'ne Überfunktion oder Unterfunktion? Ach, is ja auch Schnuppe! Pille rein, kein Jodsalz mehr und alt werden damit. Wozu braucht man überhaupt 'ne Schilddrüse?
Schnell noch mal pinkeln gehen, natürlich im Sitzen, denn ich bin ein leidenschaftlicher „Imsitzenpinkler", zumindest zuhause. Übrigens, ein Tipp von mir: Wenn Mann Interesse an einer Frau hat, sollte man(n) nicht lange hinterm Berg damit halten, dass Mann ein „Imsitzenpinkler" ist, denn das kommt beim weiblichen Geschlecht megagut an und du kannst dir gleich mal 100 Pluspunkte auf deinem Sympathiekonto verbuchen!

Frauen haben da ja gaanz andere Techniken! Da gibt es z. B. die „Aufderbrillehocktechnik" oder die „Inderhockeoberschenkelkrampftechnik" und die „Hintenaufdemspülkastenabstütztechnik".
Na ja, in Bezug auf Pinkeln, ohne was zu berühren, können wir bei den Frauen echt noch 'ne Menge lernen. Aber

wozu? Bei uns geht das doch viel einfacher: Hosenstall auf, Schniedel raus und Wasser marsch. Der eine tupft ihn noch mit Toilettenpapier ab, der andere verwendet lieber die weit verbreitete Schütteltechnik. Tja, so ist das eben bei uns Männern. Da kannste schütteln und klopfen, in die Hose geht der letzte Tropfen! Aber was soll's, Pipi ist doch schließlich steril.

Den Weg zur Arbeit fahre ich schon im Schlaf, so auch heute. Obwohl ich bis 10:00 Uhr in den Federn gelegen habe, bin ich hundemüde. Vielleicht ist die Schilddrüse doch wichtiger, als ich immer angenommen hatte und ich sollte vielleicht mal die Tabletten-Dosis erhöhen oder doch besser noch mal meinen Doc fragen.
Ach was soll's, der gute Flughafenkaffee wird's schon richten und an so einem Wochenende ist ja auch nicht wirklich viel los am Schalter.
Noch nicht ganz unseren Counter erreicht, schaute ich schon auf die Zornesfalte inmitten der hohen Stirn meiner lieben Kollegin Elfie.
„Hey Eugen, mal wieder die Nacht durchgemacht?", ertönte es aus dem Türrahmen unseres im dezenten Autovermietungsgrün gehaltenen Sozialraums. „Und wenn du mal zehn Minuten früher aufstehen würdest, wärst du auch mal pünktlich zu Dienstbeginn hier. Und steck dein Hemd in die Hose!"

„Ja, Elfie, mein Schatz, die Schranke unten im Parkhaus ging mal wieder nicht auf." Ihr zu sagen, dass ich verzweifelt zuhause auf'm Klo noch versucht habe Ballast abzuwerfen, ersparte ich mir an dieser Stelle. Hatte ich eigentlich schon erwähnt, dass es für mich kaum etwas

Schlimmeres gibt, als auf einer öffentlichen Toilette ein großes Geschäft abzuwickeln?
Vor allem, wenn von den Kabinen nebenan Gerüche und Geräusche wahrzunehmen sind, die die Konzentration auf den eigenen Schließmuskelvorgang schlichtweg unmöglich machen.
Dazu noch die ewige Angst, dass im entscheidenden Moment das Klopapier ausgehen könnte, weil man ja schon zehn Lagen davon auf die Brille gelegt hat. Einfach furchtbar!
Frauen, die haben da ja gaanz andere tolle Techniken entwickelt, aber das hatten wir ja bereits.
Furchtbar finde ich auch, wenn in Kinofilmen, wie z. B. „Der bewegte Mann“, Toilettensex verherrlicht wird. Iiiigitt, wo es doch nur so wimmelt von kleinen, unsichtbaren Bazillen und Viren, überall diese Urinspritzer von auf der Brille hockenden Frauen oder im Stehen daneben pinkelnden Männern. Blutspritzer menstruierender Frauen und Spermareste notgeiler Kerle, denen auf öffentlichen Toiletten einer abgeht. Nee, da wüsste ich ja nicht mal, wo ich was anfassen könnte, ohne mir den Tod zu holen.
Es sei denn, in jeder öffentlichen Toilette gäbe es einen Automaten mit Ganzkörperkondomen für den schnellen, spontanen Schmuddelsex auf'm Klo.
„Hey Eugen, lass uns jetzt bitte die Übergabe machen. Ich will endlich nach Hause“, holte es mich aus meinen Toilettenträumen zurück und ich war froh, dass Elfie mich weckte, bevor ich Ekelafften im Mund bekam.

Kapitel 2 (Der blonde Engel)

Mein Arbeitstag verlief so unspektakulär wie die meisten. Fluggäste hasteten von Terminal 1 zu Terminal 2, Sicherheitsdienste patrollierten und kleine Asiaten ließen sich vor der eisernen Adenauer-Büste fotografieren. Ich checkte Autos ein und aus, erklärte 100-mal den Weg zur Fahrzeugausgabe und hatte mal wieder vergessen, was elektrisches Schiebedach auf Englisch hieß, als plötzlich ein kleiner, blonder Engel mit blauen Augen vor mir am Schalter stand.
Sie war wie geschaffen für mich, leicht gelockte, lange Haare, einen knackigen Popo und schätzungsweise Körbchengröße 75 B oder C.

„Guten Tag, ich brauche unbedingt noch für morgen einen kleinen LKW."
„Aha", sagte ich. „Wir wollen wohl umziehen?"
„Keine Ahnung, ob WIR umziehen. Ich zumindest muss raus bei meinem Ex, und zwar schleunigst", konterte sie mit einem charmanten Lächeln.
Nun gab es zwei Möglichkeiten, diesen Engel abzufertigen: entweder offenbarte ich ihr die bittere Realität und sagte ihr, dass auf dem Kölner Flughafen keine LKWs vermietet werden oder ich wurde ihr Held und organisierte ihr in meiner selbstlosen Art einen großen Transporter zum kleinen Preis bei einem unserer Agenturpartner in der Nähe.
Ich entschied mich für Letzteres und sah förmlich die Herzchen in ihren glitzernden Augen, wie sie sich aufmachten, über den Tresen direkt in mein Herz zu flattern.

„Hey, das ist aber nett von Ihnen oder darf ich du sagen?"
„Äh, öh natürlich, ich heiße Eugen und du?"
„Anna, ich heiße Anna und könnte für morgen echt noch einen starken Mann gebrauchen."
„Nun ja, im Prinzip gerne, aber ich habe leider Wochenenddienst und stehe morgen auch den ganzen Tag hier!"
„Na schade, dann nochmals vielen Dank für deine Mühe. Ich werde mich bei Gelegenheit revanchieren!"

Tolle Wurst, wie gewonnen, so zerronnen. Mir wäre da spontan was eingefallen, z. B. ein schneller Blowjob im Aufenthaltsraum oder wenigstens ein bisschen Knutschen in der Raucherecke. Na ja, das war's dann eben mal wieder, außer Spesen nix gewesen.
Der Rest des Tages verlief dann auch dementsprechend, Feierabend gemacht, Lidl-Pizza verspeist, Jack Ass auf MTV geguckt und nebenbei 'ne ganze Packung Stangeneis gelutscht.
Außer Cola, aber das mag ja eh kein Mensch, denn das ist ja nicht mal Coca Cola oder wenigstens Pepsi.
Ja, ein Samstagabend alleine zuhause vor der Glotze. Das ist doch für einen jungdynamischen Singlemann im besten Alter so wie eine Art Höchststrafe, wo doch draußen in der großen, pulsierenden Stadt die Chicas nur darauf warten, erobert zu werden.

Andererseits widerfuhr mir in letzter Zeit immer öfter die Variante: viel geglotzt, viel gesoffen, mindestens 100 € auf'n Kopf gehauen und doch alleine in die Kiste gestiegen. Dieser Frust würde mir zumindest heute Abend erspart bleiben und außerdem muss ich ja morgen wieder früh raus und zur Arbeit.

Der Sonntag war einfach ein toter, verpennter Tag mit Nieselregen und einem fröhlichen Sonne/Wolken-Mix. Ich war gut ausgeschlafen, hatte einen geilen Traum, der besser mein Geheimnis bleibt, und auch auf der Toilette verlief heute Morgen alles bestens nach Plan.

Dafür hatte es aber der Montag in sich und fing früh morgens zu Dienstbeginn schon gleich gut an, und zwar mit einem Zettel der Flughafenverwaltung im Briefschlitz. „Auf der Ankunftsebene 2 steht ein 4,9-t-LKW von Ihnen und blockiert eine gesamte Fahrbahn! Sollte das FZ nicht bis 08:00 Uhr dort entfernt sein, werden wir es kostenpflichtig abschleppen lassen!"
LKW 4,9 t von uns? Aber wir haben doch hier am Airport gar keine LKWs. Es sei denn, man spielt Rosenkavalier und organisiert in einem Zustand sexueller Unausgeglichenheit einen LKW für eine blonde Schnalle bei einem Partnerbetrieb.
Wie zum Teufel hatte es die blonde Versuchung geschafft, einen LKW durch das Nadelöhr Flughafenzufahrt Pkw, vorbei an allen Taxen, drunter durch unter allen Überdachungen, bis ins Herz der Ankunftsebene 2 zu gelangen?
Mir schleierhaft, wobei ich jetzt selber das Problem hatte, die Scheißkiste auf gleichem Wege wieder in Straßengefilde zu bugsieren, die nicht mit einem runden Schild und einem durchgestrichenen LKW darauf gekennzeichnet waren.

Na warte, mein Fräulein, darüber sollten wir noch mal reden.
Gesagt, getan! Schließlich hatte ich ja auf dem Mietvertrag die göttliche Telefonnummer, die mir den Kontakt zu unserer süßen Truckerin herstellen würde.
„Ja, hallo“, meldete sich eine leicht verpennte Stimme am anderen Ende der Strippe.
„Hallo, hier spricht der freundliche Car Rental-Agent, der heute Morgen um exakt 07:30 Uhr schon Blut und Wasser geschwitzt hat bei dem Versuch, das von dir völlig irrsinnig abgestellte Fahrzeug ohne Polizeikontakt aus der LKW-freien Zone zu rangieren.“
„Oh mein Gott“, tönte es hellwach am anderen Ende der Telefonleitung.
„Das tut mir aber leid! Und ich dachte, du freust dich, dass ich den LKW schon so früh zurückgebracht habe!“
„Ja, ganz toll und mir gleich damit meinen Guten-Morgen-Kaffee und den alltäglichen Blick in den Kölner Express versaut hast.“
„Okay, das werde ich wiedergutmachen. Was hältst du von Mittwoch 20:00 Uhr bei mir? Ich koche uns was Nettes und vielleicht könntest du mir by the way noch schnell meinen Kleiderschrank zusammenbauen. Ich krieg das alleine echt nicht hin.“
Na, das war doch mal echt ’ne Ansage, voll auf’n Punkt, dann aber gleich noch eine handwerkliche Aufgabe schön mit verpackt. Ja, so sind sie eben, die Frauen.
Wir Männer aber auch, schließlich sind wir doch auch alle bereit, fürs Pimpern männertypische Aufgaben zu verrichten, wie z. B. Lampen aufhängen, Schränke aufbauen, Ölwechsel etc. Und wer handwerklich überhaupt nichts

drauf hat, der muss eben ins Bordell gehen und fürs Vergnügen löhnen.
Wie gut, dass ich das Ikea-Diplom besaß und im Aufbauen von Kleiderschränken ein echtes Genie war. So würde ich sicherlich weitere Punkte auf meiner Sympathieskala bei ihr sammeln können.
„Also Mittwoch 20:00 Uhr ist gebongt! Werde pünktlich bei dir sein und dir gleich die Abrechnung für die LKW-Miete mitbringen."

Kapitel 3 (Das Date)

Mittwoch 16:00 Uhr, endlich Feierabend! Jetzt noch schnell 'ne Pulle Aldi-Wein organisieren, dann schnell noch was futtern. Natürlich ohne Zwiebeln und Knofi.
Denn das kennt doch jeder Mann. Ein Date, von dem man(n) sich was erhofft, bedarf einer gewissen Vorbereitung, bei der nix dem Zufall überlassen wird!
Das Unternehmen „Pimpern für den LKW" musste generalstabsmäßig geplant werden.
Der Wein muss ein Dosenöffner sein. Nicht zu schwer, sonst pennt sie ein, aber auch nicht zu süffig, sonst werden Frauen nur geschwätzig – und wer will schon gerne lange quatschen?
Also besser gleich zwei Flaschen, man weiß ja nie ...
Schnell beim Aldi rein, zwei Pullen Valpolicella in den Wagen, 'ne Pizza Margarita und immer darauf achten, dass man blähungsarme Kost vorm Date zu sich nimmt, dann nix wie nach Hause.
Pizza in den Ofen, währenddessen schnell in die Wanne, denn Körperpflege ist extrem wichtig. Zuerst einmal Fingernägelkontrolle, ein zumeist sehr unterschätzter Punkt der männlichen Körperpflege, denn jede Frau schaut 'nem Mann zuerst auf die Finger, so viel steht fest!
Sauber müssen sie sein und nicht zu lang, denn Frauen wollen Männerfinger in sich spüren und wer wird schon gerne von langnägeligen, KFZ-Mechaniker geschwärzten Fingern befriedigt? Keine Frau steht darauf, genau wie auf die Variante bis zum Nagelbett abgefressene Nägel, die sie zumindest im Intimbereich nicht mehr verletzen können.

Dann das magische APP! Liebe männliche Artgenossen, gaaaanz wichtig bei der vorgeschlechtlichen Körperpflege: Achseln, Po und Pimmel immer pikobello halten und am besten auch die Füße nicht vergessen.
Denn eins ist ja wohl klar: Achselschweiß, Pogeruch, Pimmelkäse und Schweißfüße sind der absolute Liebestöter und haben eigentlich auch nichts in langjährigen Beziehungen oder gar der Ehe zu suchen – Ausnahmen bestätigen allerdings auch da die Regel!
Für das erste Intimdate allerdings sind es absolute no goes!

Jetzt noch schnell ein cooles Hemd übers Shirt, eine Jeans mit Reißverschluss, um es ihr einfacher zu machen, und die neuen Sneakers an. Obwohl: Eugen, denk nach! Frauen schauen Männern immer auf die Schuhe. Sind Sneakers da die richtige Wahl oder suggerieren sie ihr, ich sei flippig, schlunzig und labberig? Okay, also dann lieber die schwarzen Lackschuhe für den besonders guten Eindruck.

19:58 Uhr ich stehe vor ihrer Tür. Soll ich schon klingeln oder lieber noch zwei bis drei Minuten warten? Ach was, fünf Minuten vor der Zeit ist des Soldaten Pünktlichkeit. Diese alte Soldatenweisheit sollte man(n) allerdings nicht beim Beischlaf anwenden, denn manchmal werden dabei fünf Minuten zu einer ganzen Ewigkeit und können über Kommen oder Nichtkommen entscheidend sein!

Ich drücke 2-mal auf die Klingel. Doppelt hält besser. Die Tür wird aufgedrückt und ich betrete einen in dezentem Gelbton gehaltenen 70er-Jahre-Hausflur.

1. Etage, Wohnung rechte Seite, die Tür steht auf und ich höre Kochgeräusche aus der Küche.
„Komm rein“, ertönt eine etwas unter Zeitdruck stehende Stimme.
„Ich bin gleich so weit, die Nudeln brauchen noch ca. fünf Minuten.“
Ja, ja, kein Problem. Welche Frau schafft es auch schon, für eine Verabredung um 20:00 Uhr das Essen pünktlich fertig zu haben? Vielleicht liegt es aber auch an den vielen unpünktlichen männlichen Artgenossen, die die Frauen dazu veranlassen, einen 5- bis 60-minütigen Puffer einzubauen. Aber was soll's, an mir hat es jedenfalls nie gelegen.
Es gibt also den Klassiker Spaghetti Bolognese. Ist ja nicht so, als würde ich zuhause keine Nudeln bekommen. Was glaubt eigentlich dieser weibliche Tim Mälzer, von was sich ein jung gebliebener Enddreißiger-Single ausschließlich ernährt?
Natürlich von Tafelspitz, Rouladen und Kaviar, was sonst? Na egal, dann eben zum dritten Mal in dieser Woche Nudeln mit Soße. Was soll's, bin ja schließlich zum Vögeln hier und nicht zum Dinieren; ach ja und natürlich zum Schrankaufbauen, fast hätte ich's vergessen.

Nach dem Essen geht es dann gleich ans Schrankaufbauen, wobei Frauen natürlich gerade mal einen Schraubenzieher besitzen, eine Zange und einen Hammer. Wie gut, dass alleine schon das Bordwerkzeug meines Autos über ein größeres Werkzeugsortiment verfügt.
Also runter zum Auto, Werkzeug geholt. Da sitzt mein Madämchen doch glatt vor der Glotze und begrüßt mich

mit dem Satz: „Kannst mich ja rufen, wenn du mich brauchst.“
Wie bitte?
Ich schraub mir hier in dem scheißkalten Schlafzimmer von Madame Butterfly zwischen Kisten und Bügelwäsche die Finger wund und sie sitzt auf ihrem kleinen Zauberpopöchen im warmen Wohnzimmer und guckt in die Röhre.
Na warte, Baby, du wirst mich erleben. Meine Rache wird hart und lang sein.
Leiden sollst du und mit einem Mal kommst du mir nicht davon. Eine Nummer für den LKW und eine für's Schrankaufbauen.

Nach gut zwei Stunden schweißtreibenden Schrankaufbauens war mein Werk endlich vollendet und ich hoffte nur, dass ich ihr jetzt nicht auch noch beim Einräumen helfen sollte.
So, Eugen, jetzt oder nie!, sagte ich zu mir und ließ mich galant aufs Sofa neben sie plumpsen.
Ihre Zunge war der Hammer. Klein, spitz und immer in Bewegung. Anna verstand es eben, einem Mann den Kopf zu verdrehen, wobei sie sich auch schon die ganze Zeit an meinem Gürtel zu schaffen machte. Gefahr erkannt, Gefahr gebannt. Greife einer Frau immer helfend unter die Arme, wenn sie Probleme mit deinem Gürtel, Knöpfen oder Reißverschluss hat.
Zehn Minuten dauerte das gegenseitige Abtasten. Dann hatte ich nur noch meine Strümpfe an, was an sich schon ein dicker Fauxpas war, denn für Frauen gibt es nix Unerotischeres, als nackte Männer in Socken á la 70er-Jahre-Porno!

Wir knutschten und fummelten uns ein Zimmer weiter, bis in das mir bisher nur als Arbeitszimmer bekannte Schlafzimmer, räumten zirka eine Tonne Bügelwäsche vom Bett und begannen uns langsam abzutasten.
Nachdem wir das Thema Männerhygiene bereits besprochen haben, hier nun ein kleiner Beitrag zum Thema Frauenhygiene:
Liebe Frauen, jeder Mann, der auf Nummer sicher geht, penetriert eure Muschi erst einmal mit den Fingern, während er euch küsst. Diese nun von Vaginalsekret benetzten Finger wird er im Eifer des Gefechtes ganz unauffällig hinter eurem Kopf zur Nase führen und daran riechen, gemäß dem Motto „there are 2 things smelling like fish, one of this is fish".
So viel zur Theorie! Es war das erste und letzte Mal, dass ich diesem Grundsatz untreu wurde und mich wagemutig direkt in die Höhle einer Löwin wagte.
Ihre festen, wippenden Brüste waren wirklich der Hammer und auch die Sensibilität ihrer Nippel ließ Großes verheißen.
So viel zur Oberkante Bettdecke. Als ich meinen astralen Männerkörper nun aber so langsam Richtung Bermudadreieck gleiten ließ, beschlich mich schon auf halbem Wege der Gedanke, dass es ein großer Fehler war, auf den berühmten Fingertest zu verzichten.
Denn es gibt Muschigeruch und Muschigestank, wobei Annas Muschi einen bestialischen, beißenden Geruch von sich gab, der selbst geschützten Geschlechtsverkehr mit Kondom und ohne orales Vorspiel schier unmöglich machte.
Mein Willi verlor augenblicklich mindestens 50 % seiner sprichwörtlichen Manneskraft und signalisierte mir, dass

ich das Ding hier alleine durchziehen muss und bei diesem Unternehmen gänzlich auf seine Unterstützung verzichten kann.
Toll, jetzt liege ich hier mit einer Superbraut mit extremem Vaginalgeruch in der Kiste, mein Pimmel zieht den Schwanz ein und ich kann sehen, wie ich aus dieser scheiß Situation wieder rauskomme.

Was tun, Eugen? Sage ich ihr die Wahrheit und gehe mit ihr gemeinsam duschen oder spiele ich ihr Migräne oder irgendeinen Herzschmerzscheiß vor?
Ich entschied mich für die letztere Variante. Migräne bringt eh nichts, den Trick haben ja schließlich die Frauen selber erfunden, und auf die Peinlichkeit mit der Stinkemuschi unter der Dusche hatte ich jetzt wirklich keinen Nerv mehr.
Also stieg ich wieder aus der Versenkung hervor, schnappte kurz nach frischer Luft und sagte: „Du, Anna, sei mir bitte jetzt nicht böse, aber ich kann das hier alles nicht. Du hast einfach zu viel Ähnlichkeit mit meiner Ex-Freundin und ich glaube, ich hab das alles noch nicht so richtig verarbeitet!“
„Nein, nein, ist schon okay, Eugen. Muss ja auch nicht unbedingt heute passieren, wir können uns ja auch noch etwas Zeit lassen.“
Waas? Spinnt die Alte jetzt total? Zeit lassen wozu? Um sich fürs nächste Mal ordentlich die Muschi zu waschen oder wofür Zeit lassen?

Ich jedenfalls saß gedanklich schon im Auto auf dem Heimweg. Liebe Anna, ein nächstes Mal wird es mit Sicherheit nicht geben. Zum Abschied gab ich ihr noch einen Kuss auf den Mund und verabschiedete mich mit den Worten: „Lass uns einfach mal telefonieren, Baby. Okay?"

Man kann sich gar nicht vorstellen, wie gut frische Aprilluft so gegen Mitternacht riechen kann. Ich jedenfalls wusste es bis dato selber nicht.
Jetzt erst mal 'n Wick PlusC-Halsbonbon in den Mund und dann ab nach Hause in mein Bettchen ohne Sex und ohne intime Verwesungsgerüche.

Während der Rückfahrt fiel mir übrigens in diesem Zusammenhang noch ein guter Spruch von Harald Schmidt ein, der in einer Sendung einmal fragte: „Was ist grün und stinkt nach Schwein? Na klar, der Mittelfinger von Kermit."
Ja, ja, sehr witzig. Dann war ich heute Abend also mal Kermit, der Frosch …

Kapitel 4 (black is beautiful)

Drei Wochen war mein Inferno mit Anna nun schon her und ich saß mit meiner guten Freundin Irene in unserem Stammbistro. „Eugen“, sagte meine mütterliche Freundin Irene zu mir. „Eugen, was du jetzt brauchst, ist einfach mal wieder was fürs Herz.“

„Ja, ja, du nu wieder. Deine letzten drei verkappten Beziehungen hab ich dir doch bis zuletzt noch von der Seele trösten müssen.“

Es ist im Übrigen meine eigene Theorie, dass immer diejenigen Freunde einen am besten trösten und aufbauen können, die ihr eigenes Leben selber nicht in den Griff bekommen.

Ich nenne es das Psychiater-Syndrom, denn die sind privat doch auch alle voll durchgeknallt.

„Aber Recht hast du ja schon. So ein bisschen was fürs Herz wäre vielleicht gar nicht so schlecht in meiner derzeitigen Situation. Krieg manchmal schon Paranoia, wenn ich abends alleine auf dem Sofa sitze und mir zum 1000. Mal ‚Sex and the City‘ anschaue.“

„Tolle Vorbilder, Eugen“, entgegnete mir Irene.

„Da geht’s doch auch immer nur um das Eine!“

„Na prima, Irene, sag ich doch. Die haben aber wenigstens noch Sex.“ Ist ja auch kein Problem, wenn man in New York lebt und nicht ganz scheiße aussieht, dann hat man ja schließlich die Auswahl unter mehr als acht Millionen Menschen. Das ist doch echt ’ne Menge!

„So, Irene, ich muss jetzt los. Der Milchkaffee geht auf mich. Ich hab noch was in der Stadt zu erledigen. Lass uns die Tage mal telefonieren.“

Genau zwei Tage dauerte es, da hatte ich Irene schon wieder an der Strippe. „Eugen, stell dir vor, ich hab heute eine tolle Frau im Bistro kennengelernt. Etwas flippig vielleicht, aber wirklich ein sexy Persönchen.“ Soso, ein sexy Persönchen. Das klingt aus dem Munde von Irene ungefähr so, als würde Christoph Daum sagen: Der FC wird in den nächsten zwei Jahren deutscher Meister. Unser Geschmack in Sachen Menschen, ganz gleich, ob weiblich oder männlich, passt nicht die Bohne zueinander.

„Ja, Irene, dann erzähl doch mal, was sie so macht und wie sie überhaupt so aussieht.“

„Also, sie ist so alt wie du, hat eine gute Figur, ist Flugbegleiterin und schwarz.“ Aha, hört sich gut an, denn ich stehe auf dunkelhaarige Frauen, obwohl ich immer wieder bei Blondinen lande. „Nee, nee, Eugen. Gut, sie hat auch schwarze Haare, aber in erster Linie hat sie mal schwarze Haut und kommt aus Berlin.“ Hm, ein Schokohappen. Genau das, was mir in meiner Sammlung noch fehlte und auch noch hübsch dazu. Warum eigentlich nicht?

Gesagt, getan. Drei Tage später saßen wir zu dritt bei Bruno und ließen es uns gut gehen mit Lambrusco, Sekt, Grappa und Pasta.

Mann, Eugen, dachte ich mir. Diese Frau ist ja ein Vulkan in Sachen Temperament und so offen. Okay, Irene war nun wirklich nicht die richtige Tischnachbarin, wenn es um die Lieblingsthemen von uns Männern geht, aber Joy, so heißt mein schokobrauner Sexvulkan, schaffte es bei jeder sexuellen Anspielung meinerseits galant zu kontern.

Der Schlemmerabend bei Bruno verging wie im Flug und war an Kurzweil kaum zu übertreffen. Wie zum Teufel sollte es jetzt aber weitergehen?
Irene war auch diesmal wieder mein rettender Anker in der Not. „Du, Eugen, kannst du mir den Gefallen tun und mich zuerst zuhause absetzen? Hab ein bisschen Kopfschmerzen und will jetzt schleunigst in mein Bettchen."
„Ja klar, Irene. Ist doch Ehrensache, dass ich meine alte gute Tröstseele jetzt schleunigst in die Heia bringe und dann dafür sorge, dass auch Joy wohlbehalten in ihr Körbchen kommt."

Der Weg von Irene zu Joy war nicht sehr weit und ich nutzte die Gelegenheit, um ein bisschen mehr von meiner geheimnisvollen, schwarzen Eroberung zu erfahren.
Sexuellen Notstand gab es bei uns beiden, so viel war schnell in Erfahrung zu bringen. Aber wie sollte es jetzt weitergehen, nachdem wir nun schon fünf Minuten im Auto bei Joy vor der Haustür saßen?
Aber ich hatte die Rechnung ohne die Wirtin gemacht, die ja, wie schon angedeutet, kein Kind von Traurigkeit zu sein schien. „Du, Eugen, sag mal, hast du nicht Lust, mit mir noch einen schnellen Mitternachtskaffee zu trinken?" Hm, einen schnellen Kaffee kurz nach Mitternacht und überhaupt, warum schnell? Diese Frage beantwortete sich im Handumdrehen, denn der Kaffee war noch nicht durch den Filter gelaufen, da fiel mein schwarzer Panther auch schon über mich her.

Ihr Bett war klein und eng, so ca. 2 m x 90 cm, und für sexuelle Ausschweife, nach meinem Geschmack, gänzlich ungeeignet.
Aber das schien nicht für Joy zu gelten, denn sie platzierte mich in sitzender Pose auf der Bettkante, sattelte auf und ritt mich bis nach Texas und zurück. Puuh, wo hatte die nur reiten gelernt? Sie schaffte es mit geschickt kreisenden Bewegungen ihres gesamten Unterkörpers, meinen Willi so dermaßen auf Touren zu halten, dass ich mich kaum traute, mich zu bewegen, geschweige zu atmen!
Ihr Body war die Hölle und ihre äußerlich schokobraune Muschi blinkte und funkelte bei geöffneten Schenkeln wie die aufgehende Sonne Afrikas. Angefangen in Zartbitterbraun über Vollmilchbraun und Cappuccinobraun endeten die Farbnuancen ihrer Liebesspalte in einem zarten Rosaton.

Ich fühlte mich wie im siebten Himmel oder meinetwegen auch wie an der Copacabana.
Mindestens 3-mal hätte ich kommen können, wenn meine schokobraune Reitlehrerin es zugelassen hätte. Stattdessen flüsterte sie mir nur verrucht ins Öhrchen: „Nein, Darling, so schnell kommst du mir nicht davon. Schließlich hab ich ja bei Bruno schon auf meinen Nachtisch verzichtet!"
Wie, was, Bruno, Nachtisch? Wie zum Teufel kommt die jetzt wieder aufs Thema Essen?
Fünf Minuten später wusste ich es.
„So, mein Liebster, und jetzt werde ich dich bis auf den letzten Tropfen aussaugen, bevor dein proteinreicher Lustsaft hier in meinem Bett verloren geht."

Öhmm, na ja, nicht die schlechteste Vorstellung für einen Mann, der seit ca. acht Wochen keinen Sex mehr gehabt hatte und eine saubere Lösung noch dazu!

Nach weiteren fünf Minuten hörte ich die Glocken von Jericho läuten und spürte ein heißes Kribbeln im ganzen Körper, als wäre eine ganze Armee von Ameisen in meine Eichel marschiert, um dort ihr Ameisengift loszuwerden!
Puuh, das war der Hammer. Wie war das noch mit der Tasse Kaffee?
Der Kaffee schmeckte wie Spülwasser, war inzwischen abgestanden und kalt und holte mich nach meinem animalischen Orgasmus auch schnell wieder ins Hier und Jetzt zurück.
Wir verabschiedeten uns mit einem innigen Zungenkuss und waren uns beide sicher, dass dies kein one-nightstand bleiben würde.

Es dauerte keine zwei Monate, da zog Joy in meine kleine Singlewohnung mit Fastblick auf den wunderschönen Rhein ein. Allerdings nur vorübergehend, bis sie etwas Adäquates in Köln gefunden hatte. Sagte sie zumindest!
Witwe Böhndorf, mein Hausdrachen, war begeistert und kommentierte Joys Einzug nur mit einer Frage:
„Hörense mal, Herr Techmann, wie lange soll dat Negermädche denn jetz da owe bei Ihne wohne?“
„Ach, Frau Böhndorf, machen Sie sich da mal keine Sorgen. Sie wird alle 14 Tage den Hausflur putzen, keine Regentänze um Mitternacht aufführen und sollten ihre braunen Hände im Hausflur das Geländer verfärben, ver-

spreche ich Ihnen, wird sie es auch wieder feucht abwischen, Ehrenwort."
„Na dann, Herr Techmann, meinetwegen, aber Hausruhe ist und bleibt ab 22:00 Uhr und de Haustüre is ab 20:00 Uhr abzuschließen, sache se datt Ihrem Negermädche."
Oh mein Gott. Über 90 Jahre alt und verfügte über mehr Vorurteile als Schulbildung. Na ja, dafür hatte Frau Böhndorf auch schließlich zwei Weltkriege überlebt!

Wunder geschehen und eines Tages komme ich so mir nichts dir nichts von der Arbeit, als mich Joy mit einem breiten Grinsen auf den Lippen begrüßte und fragte: „Hallo, mein Schatz, dreimal darfste raten, wo ich heute Nachmittag war."
„Hm, vielleicht bei einem Saufgelage mit den anonymen Alkoholikern? Bei Mc Donald's mit den Weight Watchers? Oder einfach nur mal wieder neue Schuhe kaufen?"
„Ach Eugen, du immer mit deinen wirren Fantasien. Nein, ich war bei Frau Böhndorf und wollte sie um 100 g Zucker bitten und da hat die Alte mich doch glatt zu Kaffee und Kuchen eingeladen."
„Boah, da bin ich aber platt, und mit welchem Ergebnis?"
„Na ja, wir haben uns einfach angefreundet und ich habe ihr erzählt, dass wir keine Kannibalen mehr sind, fließendes Wasser in der Heimat haben und sogar Strom in unseren Hütten!"
„Prima, Schatz, dann hast du ihr aber sicherlich auch nicht erzählt, dass du aus Berlin kommst und in London geboren wurdest?"

„Ach nein, das wollte sie doch auch gar nicht hören. Wozu auch? Sie ist doch schon 93 Jahre alt und Schwarze kommen für sie nun mal aus dem Busch, sei es drum."

Na ja, nachdem meine Vermieterin Frau Böhndorf nun eine Freundin meiner schwarzen Lakritzschnecke war, wurde es Zeit, auch mal ihre anderen Freundinnen kennenzulernen.
Diese waren Gott sei Dank ausnahmslos alle jünger als Frau Böhndorf und dazu noch äußerst attraktiv. Sie waren alle Flugbegleiterinnen bei der großen Airline mit dem Kranich und auffällig zärtlich untereinander. Was mir besonders auffiel, wenn wir mal alle gemeinsam auf die Rolle gingen.
Geküsst wurde sich dann grundsätzlich nur auf den Mund und mit steigender Promille auch gerne mit der Zunge! Aber welchen richtigen Kerl stört es schon, wenn sein Schatz mit Freundinnen lesbische Zungenübungen zelebriert? Schließlich sagte mein alter Freund Frank schon immer: „Was soll's? Dose auf Dose klappert halt."

Kapitel 5 (Kathi)

Nachdem mich diese Variante der weiblichen Zweisamkeit mehr als interessierte, klärte mich meine süße Schokoversuchung wie folgt auf: „Mein Schatz, das musst du dir so vorstellen. Wir sitzen so oft in diversen Flughafenhotels fest, die mitten in der Pampa liegen, dass Frauen dann halt schon mal untereinander kuscheln und knutschen. Das passiert eben einfach." Aha, so läuft das also, dachte ich mir.

„Na ja, und wenn dann mal eine von uns Kummer hat, dann ist man eben auch zärtlichkeitsbedürftig und möchte einfach nur getröstet werden."

„Na klar, Süße, ist doch kein Problem. Das mache ich andauernd mit meinen Kumpels, Zungenkuss, streicheln und durch die Haare fahren, wenn wir uns mal wieder abgeschossen haben und dann sentimental sind."

„Ach, du bist doof. Frauen und Männer sind eben nicht gleich. Frauen sind viel gefühlsbetonter und haben viel weniger Berührungsängste! Und außerdem ist das wohl immer noch besser, als mit dem Piloten oder dem Co. in die Kiste zu springen – oder?"

Wo sie Recht hatte, hatte sie Recht und die Vorstellung, meinen Schokohasen mal mit einer süßen Blondine so richtig in Aktion zu sehen, war gar nicht so schlecht.

Zwei Wochen später war ihr 29. Geburtstag und ich lernte Kathi, Yvonne und Melanie kennen. Hm, eigentlich alle mein Kaliber, aber eben Knutschfreundinnen meiner Mokkamaus.

Normalerweise wären ja Freundinnen meiner Freundin tabu, aber Joy sah das nicht so eng und überraschte mich, während ich mir in der Küche ein Kölsch zapfte, mit ihrer blonden, knackbusigen Freundin Kathi.
„Du, Schatz, ich möchte dir mal Kathi richtig vorstellen. Hab' dir ja schon von ihr erzählt."
„Ähm ja, hallo Kathi, hab schon 'ne Menge von dir gehört."
„Oh, ich hoffe doch nur Gutes?"
„Klar doch! Joy hat immer nur in höchsten Tönen von dir erzählt, wie toll du zuhören kannst und dass du immer für sie da bist, wenn sie mal scheiße drauf ist."
„So, sagt sie das? Und dass ich megagut küssen kann, hat sie das etwas nicht erzählt?"
„Na ja, so genau hat sie das nicht beschrieben, aber sie hat es angedeutet."
„Genau, mein Schatz", unterbrach mein Kakaoböhnchen. „Und jetzt möchte ich gerne, dass du mir bestätigst, dass Kathi die geilste Knutscherin von der Welt ist."
Holla. Ich wusste noch gar nicht, wie mir geschah, da hatte ich auch schon Kathis, von Wodka Lemmon getränkte Zunge bis zu den Mandeln tief im Hals stecken.
Mensch Eugen, wenn die so gut blasen kann, wie sie küsst, na denn Prost Mahlzeit.
„Und, mein Schatz, was sagst du dazu?", holte mich Joy rüde aus meinen geilsten Oralträumen zurück in die von Wolfgang Petry-Musik und Stimmengewirr durchzogene Partykulisse.
„Öhm, ja, Süße, du hast Recht. Kathi knutscht weltmeisterlich und macht echt Lust auf mehr!"

„Ha, hättste wohl gerne, mein Schatz, aber ich habe heute Geburtstag und Kathi gehört heute Abend nur mir alleine."
„Sorry, Eugen, aber vielleicht ein andermal", hauchte mir Kathi noch verheißungsvoll ins Ohr, bevor sie von meiner schwarzen Traumperle ins Wohnzimmer auf unsere provisorische Tanzfläche gezerrt wurde.
Es wurde eine wilde, unvergessliche Partynacht, die erst gegen fünf Uhr morgens und dem Gezwitscher der ersten Vögel ihr Ende fand.

Es war Samstag und ich war unterwegs nach Pforzheim zu einem Kunden.
Mein kleiner Nebenerwerb war nämlich das Veranstalten von Karaoke-Abenden.
Ein Fitness-Studio hatte mich für 300 € zzgl. Spesen für den Abend gebucht und ich muss sagen, dass sich mein Publikum an diesem Abend erheblich vom dem einer sonst so üblichen Karaoke-Veranstaltung in der Düsseldorfer Altstadt abhob.
Junge, hübsche Aerobic-Tussis, gut gebaute Jünglinge und Anabolika-Hünen vom Feinsten.
Es war alles vertreten, was dem Klischee einer Muckibude gerecht wurde.
Nachdem ich meiner Karaoke-Box an diesem Abend so zirka 120 Songs abverlangt und wirklich mein Bestes gegeben hatte, um die Pforzheimer Fitness-Junkies zum Singen zu animieren, kam so gegen 23:00 Uhr Mike, der Chef in dem Laden, zu mir und sagte:
„Jung, kannst jetzt Schluss machen. Die singe heut net mehr."

Das kam mir wie gerufen, denn es war schon fast eine „mission impossible“, einen Haufen schwäbischer Stimmungsbolzen nach 23:00 Uhr noch zum Singen zu bringen.
Jetzt stellte sich allerdings die Frage: ab ins schon gebuchte Hotel oder noch die 300 km auf die Piste und nach Hause?
Am besten schläft es sich doch im eigenen Bettchen, Eugen, dachte ich mir, stornierte das Hotel und machte mich auf den Weg in Richtung Köln.

Die Bahn war zur nächtlichen Zeit frei und ich kam schnell voran. Gegen 02:00 Uhr morgens kam ich zuhause an und staunte nicht schlecht, als ich Kathis kleinen roten Peugeot bei mir auf dem Parkplatz entdeckte.
Holla, so spät noch bei uns zu Besuch? Na ja, die beiden trinken sicherlich noch das eine oder andere Fläschchen Wein zusammen, dachte ich so bei mir und schlich mich auf leisen Sohlen die Treppe hoch.
Wie ein Indianer pirschte ich mich an meine Wohnungstür, öffnete das Schloss leise wie ein Mäuschen, um die beiden Hasen in meinen vier Wänden mit einem lauten „Überraschung“ zu begrüßen.
Allerdings überlegte ich mir das sehr schnell anders, da ich zu meiner großen Verwunderung aus meinem Schlafzimmer eindeutige Liebeslaute vernahm.
Eugen, nun musst du tun, was ein Mann eben in solch einer Situation tun muss. Du bleibst cool und zeigst den Hühnern, dass du ein richtiger Kerl bist.
Ich hastete also zur Schlafzimmertür, riss sie auf und sagte: „Hey Mädels, kleine Überraschung. Aber macht ruhig

weiter, ich geh mal eben schnell duschen und bin in zehn Minuten wieder bei euch."
Joy und Kathi schauten mich an wie ein Gespenst. Hatten ihre Köpfe doch gerade noch zwischen ihren heißen Schenkeln gesteckt. Joy war die erste, die sich wieder fing und sagte: „Hallo, mein Schatz, du schon wieder zuhause? Wolltest doch erst morgen Mittag kommen!"
„Nein, meine kleine Rußmurmel. Ich bin nur der Geist von Eugen, scheißegeil und nach Schweiß stinkend", entgegnete ich ihr und verschwand im Bad.

Pünktlich nach zehn Minuten verließ ich mit frisch rasierten Eiern und nach Kokosbutter duftend mein Badezimmer schnurstracks in Richtung Schlafzimmer.
Meine beiden Damen hatten ihr Liebesspiel, immer noch unter Schock stehend, inzwischen eingestellt und lagen in ein Gespräch vertieft nebeneinander auf meiner Spielwiese.
Ich platzierte meinen Liebestorso demonstrativ mitten zwischen den beiden in der Besucherritze meines Bettes.
Auf lange Vorgespräche hatte ich nun wirklich keinen Nerv und so begann ich nach beiden Seiten wie wild um mich zu knutschen, um beiden Grazien gerecht zu werden.
Doch beim Küssen sollte es ja nun auch nicht bleiben und so musste ich sehr schnell feststellen, dass ein Mann sich im Bett nur einer Frau zu 100 % widmen kann.
Also entschied ich mich für das neue Lustobjekt in meinem Bett, drehte Kathi sanft zur Seite und drang in der Löffelchenstellung von hinten in sie ein.
Hatte ich dabei übrigens schon erwähnt, dass die Löffelchenstellung zwar schön und gut ist, aber für mich, wenn

man mal ganz ehrlich ist, eigentlich nur eine Faule-Leute-Einschlafstellung. Ich hab mal irgendwann im Fernsehen gesehen, dass bei einer Frau mit einem normal gebauten Hintern mindestens 10 cm Penis notwendig sind, um sie in dieser Langweilerstellung befriedigen zu können.
Na ja, mit weniger als 10 cm sollte man das mit dem Sex vielleicht auch besser ganz lassen!

So viel zur Technik. Nun wieder zur Situation. Das Ganze dauerte maximal fünf Minuten, da springt mein Schokohappen wie von der Tarantel gestochen aus dem Bett, reißt ihr Bettzeug an sich und brüllt: „Das kann man sich ja nicht antun, euch da beim Vögeln zuzuschauen. Ich schlafe heute Nacht im Wohnzimmer."
„Oh Gott, jetzt ist das noch meine Schuld, dass ihr beide Streit miteinander habt." Wimmernd saß Kathi neben mir im Bett, splitterfasernackt wie Gott sie schuf, und mimte das Schuldlamm.
„Hallooo Liebelein, wieso deine Schuld? Hab ich euch vor 'ner halben Stunde in Flagranti dabei erwischt, wie meine Freundin mich mit dir betrogen hat oder bin ich etwa fremd gegangen oder wie jetzt?"
Das ist ja jetzt wohl die Höhe. Die beiden pimpern hinter meinem Rücken in meiner Wohnung, in meinem Bett und jetzt zetern sie beide rum, von wegen Scheiße, Schuld und weiß nicht was!
„Schluss jetzt, Sweetheart, wir ficken jetzt weiter bis der Arzt kommt und wenn Madame Blackskin Lust verspürt, kann sie ja im wahrsten Sinne des Wortes dazustoßen."
Diese Prophezeiung erfüllte sich zirka zehn Minuten später, als mein Schokotrüffel mit ihrem Bettzeug wieder im Türrahmen stand und meinte: „Sich euer Gestöhne im

Wohnzimmer anzuhören, ist ja schlimmer als dabei zu sein. Ich will jetzt von zwei Zungen mal richtig verwöhnt werden, also gebt euch Mühe."
Endlich war sie wieder ganz die Alte und von ihrer anfänglichen Eifersuchtsarie habe ich auch bei unseren weiteren drei flotten Dreiern mit Kolleginnen ihrer Kranichairline nie mehr etwas zu hören bekommen.

Kapitel 6 (Bahia de Salvador)

Black is magic, aber auch an Temperament auf Dauer nicht zu ertragen. Und so schlug ich drei Kreuze, als Joy nach über einem Jahr endlich eine neue Bleibe gefunden hatte und bei mir auszog, und das meine ich nicht nur räumlich.

Was sie hinterließ waren geistiges Chaos, zwei zerbeulte Autos und die Erinnerung an die ersten vier Dreier meines Lebens. Bestimmt schon mehr, als die meisten meiner Freunde in ihrem Leben je haben würden.
Ist aber auch nicht so wichtig. Wobei ich ein Gesetz erlassen würde, wonach jeder Mann in Deutschland wenigstens einmal im Leben mit zwei Frauen Sex haben müsste.
Ist ja auch immer so 'ne Sache und auch ein himmelweiter Unterschied, ob du mit zwei Bi-Frauen pennst oder mit zwei Hetero-Frauen.
Das alleine schon ist nämlich ein himmelweiter Unterschied, denn wie schon gesagt: Du kannst es nie zwei Frauen gleichzeitig zu 100 % recht machen und wirst dich im Unterbewusstsein immer ein bisschen mehr auf die geilere von beiden konzentrieren.
Hast du zwei Bi-Hühner, isst das Auge natürlich mit und du kannst es der einen besorgen, während sie die zweite Maus verwöhnt. Das muss man sich dann vorstellen wie beim Kreisverkehr. Jeder kommt mal an die Reihe und keiner geht leer aus!

Ein Montagmorgen im Januar, Nieselregen, seit drei Wochen solo und damit auch ohne Sex.

Schlimmer ging's eigentlich nicht und ich versuchte mir die Langeweile am Counter mit einem Klatschheftchen namens „Neue Revue“ totzuschlagen.
Plötzlich auf Seite 38 der Aufruf: 10 Tage Brasilien, 500 € Taschengeld! Wir schicken eine Frau und einen Mann bis 30 in den Urlaub. Jetzt schnell bewerben!
Hm, zehn Tage bezahlten Urlaub mit 500 € Taschengeld und 'ner geilen Ische im Gepäck. Schön am Playa von Brasil. Mensch Eugen, das ist deine Chance!
Also schnell eine kurze Bewerbung mit Lebenslauf und einem Foto zum Verlag nach Hamburg geschickt und Daumen drücken.

Die Wochen vergingen und wenn mein Briefkasten noch so voll war, es waren immer nur Rechnungen und Mahnungen, die ihn füllten.
Doch eines Tages ein blütenweißer Umschlag im Briefschlitz mit dem Absender Bauer Verlag KG, Hamburg.
„Kaum zu glauben, aber du hast es hier schwarz auf weiß!“, sagte Elfie, als ich ihr immer noch etwas ungläubig am nächsten Tag den Brief vom Bauer Verlag präsentierte.
„An deiner Stelle würde ich jetzt ganz schnell einen Urlaubsantrag ausfüllen, du Glückspilz. Dein Reisetermin ist schon in sechs Wochen.“
„Ja, Elfie, das werde ich dann wohl tun“, stammelte ich zurück und griff mir einen Urlaubsantrag aus der Schublade.

Sechs Wochen noch bis zum Abflug und jede Menge Muffensausen. Denn schließlich wollten die aus der

Nummer ja so ’ne Art romantische Lovestory machen, mit Fotograf und allem was dazugehört.

Am 15. März stand ich nun voller Erwartung auf mein Blind Date mit einer Rose in der Hand auf dem Düsseldorfer Airport.
Doch meine Erwartungen schmetterten mich auf brutalste Art und Weise auf den harten Boden des Abflugterminals zurück, als ich Anne, meine Reisebegleitung, sah.
Sie war nun überhaupt nicht mein Typ. Zwei Jahre älter als ich, spindeldürr und schwebte geistig auf einer Milliarden Milchstraßen entfernten Galaxie.
Aber was soll’s, Eugen, dachte ich mir, und einem geschenkten Gaul schaut man nicht ins Maul. Lass es dir zehn Tage gut gehen und genieße deinen bezahlten Urlaub.
Und außerdem soll ja noch unser Fotograf, ein gewisser Herbert, mitfliegen. Vielleicht ist der ja in Ordnung.

Nachdem Anne und ich uns bekannt gemacht hatten und ich erfuhr, dass sie aus der Nähe von Moers kam, fragte sie mich: „Du, Eugen, sag mal, hast du eigentlich schon unseren Fotografen gesehen, diesen Herbert? Wir haben nur noch 60 Minuten bis zum Abflug und sollten so langsam mal einchecken!“
„Nee du, den hab ich auch noch nicht gesehen. Von dem sollen wir doch aber unsere Kohle bekommen. Der wird doch wohl nicht mit den 1.000 € abgehauen sein?“
„Nein, das glaube ich nicht, der bekommt doch für den Fotojob sicherlich mehr als nur 1.000 €.“
„Ach, was soll’s. Lass uns einfach schon mal einchecken und dann werden wir sehen. Vielleicht ist er ja auch

schon hinter der Sicherheitskontrolle und wartet im duty free-Bereich auf uns!“
Die Schlange für den Flug war lang und es dauerte eine kleine Ewigkeit, bis es voranging, als ich in weiter Ferne einen ganz in schwarz gekleideten jungen Kerl von Mitte 20 auf uns zuhasten sah, der lediglich eine große Fototasche bei sich trug.
Er war käsig weiß, hatte trübe, todmüde Augen und erinnerte mich so ein bisschen an Edward mit den Scherenhänden, wobei die Scheren natürlich fehlten und seine Haare kürzer waren.
Das muss er sein, Eugen, dachte ich so bei mir und winkte ihm fröhlich zu.
„Boa Scheiße, das war knapp. Seid ihr Anne und Eugen? Ich bin nämlich Herbie, euer Fotograf.“
„Hi Herbie. Ja, wir sind Anne und Eugen. Sag mal, hast du schon eingecheckt?“
„Nö, wieso? Bin gerade erst hier angekommen mit'm Flieger aus Hamburg.“
„Öh, na ja, dachte nur, weil du so wenig Gepäck dabei hast.“
„Ach so, na, ich dachte, in Brasilien scheint doch sowieso jeden Tag die Sonne! Hab mir einfach meine größte Fototasche geschnappt, drei Unterhosen, eine Badehose, zwei T-Shirts, meine Zahnbürste und Rei in der Tube reingepackt! Fertig. Das muss reichen und was fehlt, wird gekauft. Es wird da unten doch wohl auch Geschäfte geben, oder?“
Tja, wo er Recht hatte, hatte er Recht und so ersparte er sich wenigstens unnötige Schmutzwäsche und tonnenschweres Kofferschleppen!

Obwohl, ganz koscher kam mir unser knipsender Wäschemuffel nicht vor. Aber was soll's, einem geschenkten Gaul und so weiter … Aber das hatten wir ja schon.
Gut eine Stunde später startete unser LTU-Flieger Richtung Recive über den endlos weiten Atlantik der Sonne entgegen.

Kapitel 7 (Ankunft)

Unser Flug verlief ohne nennenswerte Vorkommnisse. Es sei denn, es wäre für jemanden von Interesse, dass unser charmanter, homosexueller Flugbegleiter Tim mir ganz unauffällig seine Handynummer auf meine Serviette gekritzelt hatte.

Na ja, ich wertete diese Art der Anmache unseres schwuppigen Hinterladers einfach mal als Kompliment und steckte die Nummer weg. Schließlich könnte ich ja mal in einem Gay-Magazin eine eindeutige Kontaktanzeige aufgeben und dann einfach Tims Telefonnummer angeben. Er hätte sicherlich seinen Spaß daran!

Während unseres 11-stündigen Fluges erfuhr ich eine Menge über Herbie und seinen Job. Er erzählte mir, dass er in Hamburg ein Fotostudio hatte und hauptsächlich für holländische Hardcore-Magazine arbeitete.
Hm, mein Thema, dachte ich so bei mir und erfuhr auf diesem Wege 'ne Menge über Hardcore-Sex und was es da so alles für Varianten gibt.
Als Herbie dann jedoch so langsam zum verbalen Finale kam und anfing, mir von Analdehnungen und rektalen Einläufen mit lauwarmer Buttermilch zu erzählen, musste ich ihn leider unterbrechen.
„Ja, ja, Herbie, es gibt nichts, was es nicht gibt und wem es Spaß macht … Aber lass mal jetzt, ich bin hundemüde und werde jetzt ein bisschen die Augen zumachen."
An dieser Stelle wäre vielleicht unser heißer Flugbegleiter Tim der richtige Ansprechpartner gewesen. Mir war in-

zwischen speiübel geworden und ich wollte bis zur Landung nur noch pennen.
In der glühenden Mittagssonne Südamerikas, so gegen 14:00 Uhr, setzte unser Pilot unsere Boing 767 gekonnt auf der Landebahn auf und es war an der Zeit, schweren Herzens, Abschied von meinem warmen neuen Freund Tim zu nehmen.
Der Hotelbus, der uns von Recive nach Bahia de Salvador brachte, war überfüllt und stickig.
Fast die gesamte Fahrtzeit säuselte uns einer unserer brasilianischen Reiseleiter in gebrochenem Deutsch die Ohren voll, wovor wir uns in Acht nehmen müssten, welche Gegenden wir meiden sollten und was wir noch am Körper tragen dürften, um auch lebend nach unserem Urlaub wieder in die Heimat zu kommen.
Mich beschlich so langsam das dumpfe Gefühl, Brasilien sei ein einziger großer Knast nur mit Kriminellen.
Aber Eugen, was soll's? Einem geschenkten Gaul … usw.
Es sei an dieser Stelle vorweggenommen, dass weder einem von uns dreien noch einem unserer Hotelbekannten auch nur ein einziges Haar in Bahia gekrümmt wurde!

Unser Hotel war ein riesiger Turm und man hatte das Gefühl, von der obersten Etage schon Afrika sehen zu können.
Mein Einzelzimmer war wirklich nobel eingerichtet. Da hatte der Bauer Verlag sich die Sache ja scheinbar echt was kosten lassen.
Fast schon eine Suite, wobei ich gegenüber meines Badezimmers im Flur eine schwere Holztür entdeckte, der ich keinen Raum zuordnen konnte.

Ich öffnete das Schloss, drückte die Türklinke nach unten und stand völlig verdutzt vor einer zweiten Tür, die sich von meiner Seite des Raumes augenscheinlich nicht öffnen ließ.
Aber ich wäre nicht Eugen Techmann, wenn ich die Sache mit der Tür so im Raum stehen ließe, schließlich hatte mein Hardcore-Freund Herbie das Zimmer links neben mir. Und so rief ich ihn einfach über das Haustelefon an.
Zwei Minuten später standen wir uns, nur in Unterhosen bekleidet, im Türrahmen unserer geheimnisvollen Verbindungstür gegenüber und waren begeistert von dem Gedanken, aus unseren beiden Zimmern, bei Bedarf, ein riesiges Appartement machen zu können.
„Mensch Eugen, jetzt fehlen uns nur noch zwei geile brasilianische Bräute und wir können hier oben voll die Orgie feiern."
„Ja, Herbie, und du schießt dann ein paar heiße Bilder von den Hühnern, die wir dann in der Heimat an deine Porno-Magazine verscherbeln können."

Wenn nur die Praxis auch immer so einfach wäre wie die Theorie. Unser Hotel verfügte nämlich nicht nur über eine Rezeption, sondern auch über eine Art Sicherheitsschleuse mit Türsteher, um eben das zu verhindern, was Herbie und ich uns gerade so in unseren schönsten Träumen ausgemalt hatten.
Es war scheinbar ein offenes Geheimnis, dass sich 80 % aller jungen Mädchen in Bahia ihr Taschengeld mit den hart erarbeiteten Euros deutscher und englischer Touristen aufbesserten.

Jetzt wunderte mich auch nicht mehr, dass es hier so viele Kinder mit schwarzer Haut und roten Haaren gab. Waren wohl alles Brasilbritten oder Englischbrasilianer. Eigentlich schade, dass die Kinder hier nicht gleich mit den Tätowierungen ihrer Väter zur Welt kamen. Hätte zumindest die Suche nach dem Herkunftsland des Erzeugers unheimlich erleichtert!

Unser erster Abend verlief unspektakulär. Zu tot waren wir alle drei von unserer fast 20-stündigen Anreise ins Land der mokkabraunen Knackärsche.
Den darauf folgenden Morgen starteten wir mit einem deftigen Frühstück vom Buffet.
Dabei lernten wir Klaus, den ganzkörpertätowierten Luden aus Hamburg, Jan, die 18-jährige männliche Jungfrau, und noch mindestens fünf andere Jungs aus Deutschland kennen!
Echt ein verrückter Haufen, dachte ich so bei mir, als uns Klaus mit dem grinsenden Indianer-Tatoo auf dem rechten Oberarm fragte: „Hey Jungs, ihr seht so aus, als wenn ihr gut drauf wärt. Was geht denn heute Abend bei euch so ab?"
Und ob wir gut drauf waren, schließlich hatten wir uns eine Menge vorgenommen.
„Also, wir wollten uns heute Abend mal in Richtung Strand begeben. Da soll es jede Menge netter Bars geben mit den geilsten Chicas und dem besten Caipirinhas von Welt", antwortete Herbie und holte sich mit meinem einverständlichen Nicken gleich mein Okay zu dieser eigentlich noch gar nicht abgesprochenen Aktion.
Aber was soll's, dachte ich so bei mir. Mit unserer reisebegleitenden Dörrpflaume aus Moers läuft hier eh nix

und was ist schon ein alter deutscher Besen gegen die vielen brasilianischen heißen Feger, die uns überall hier über den Weg laufen?

Kapitel 8 (Long Dong Herbie)

Nach einem kräftezehrenden Tag am Pool in der brütenden Sonne Brasiliens wurde es langsam dunkel und für uns Zeit für den letzten Schliff der Eitelkeit.
Für Herbie bedeutete das, das Maximum aus seinen drei Unterhosen und zwei T-Shirts herauszuholen, aber eigentlich sah er eh jeden Tag gleich aus!

Die Jungs, acht an der Zahl, saßen überall in der Lobby verteilt und warteten schon sehnsüchtig auf uns. Anne hatte sich Gott sei Dank für den Abend mit zwei Schnallen aus München verabredet und konnte uns so bei unserem Unternehmen Party, Caipi und Chicas nicht mehr in die Quere kommen.
„Hey Jungs, alles fit im Schritt?"
„Klar, Herbie, und bei euch beiden hoffentlich auch?"
Und ob wir fit im Schritt waren. Schließlich hatte ich Herbie, während wir uns bei geöffneter Zwischentür der Körperpflege widmeten, fett und breit meine APP-Theorie erläutert.
Allerdings nur mit mäßigem Erfolg. Wie sollte er auch ohne Nagelschere seine Finger- und Fußnägel schneiden? Beides sah grausam aus und ich konnte nur hoffen, dass die Zuckerhutschönheiten nicht so auf Details achteten wie unsere deutschen Frauen.

Wir schlenderten die Hauptstraße runter Richtung Beach und entschieden uns spontan und vom Durst getrieben direkt für die erste Bar in der Reihe unzähliger Bodegas.

Schon auf dem Weg dorthin wurden wir von kaffeebraunen Schönheiten umworben, die sich wie jeden Abend vor unserem Hotel nach zahlungskräftigen Touris auf die Lauer legten.
So lernten wir schnell Lorena, Maria, Antonia und all die anderen festbrüstigen, schmal-taillierten Mokkaschnitten kennen.
Die Bar, für die wir uns entschieden, war ein Schuppen, zusammengezimmert aus Treibgut, Sperrholz und Palmenblättern.
Die Tische ähnelten unseren deutschen, langen Biertischen und die Stühle waren aus pinkem, rotem, blauem oder grünem Plastik.
Einen festen Boden gab es nicht. Tische und Stühle standen einfach auf dem noch von der Sonne aufgewärmten Sand.

Schnell waren wir uns über die Sitzverteilung einig. Jeder von uns suchte sich einen Knackarsch aus und so saßen wir also Mann/Frau/Mann/Frau/Mann/Frau am Tisch, insgesamt 20 Personen. Der Caipirinha floss in Strömen und mit zunehmendem Alkoholspiegel wurden nicht nur unsere Zungen, sondern auch unsere brasilianischen Schönheiten immer lockerer.
Leider auch unsere Pipiblasen immer voller.

Für unsere Ladies war das augenscheinlich kein Problem. Sie waren wirklich sehr praktisch veranlagt.
Denn wie ich so genüsslich meinen Strohhalm zum Mund führe, um einen ordentlichen Zug Caipirinha zu nehmen, schob Lorena, die direkt neben mir saß, ihren Stuhl hinter sich, machte sich eine kleine Kuhle im Sand, ging in die

Hocke und strullerte wie selbstverständlich mitten in unserer illustren Saufrunde unter den Tisch.
Den dünnen Faden ihres roten Stringtangas zog sie dabei einfach mit zwei Fingern zur Seite.

Mensch, Eugen, dachte ich so bei mir, die Mädels sind echt geil drauf hier und so locker.
Na, wenn da heute nix mehr läuft, dann sind wir aber auch selber schuld!
„Herbie, ich müsste mal für kleine Königstiger", lallte ich Herbie ins Ohr, der mir nicht minder sprachgestört erwiderte: „Warte, Alter, ich komm mit. Mir platzt auch gleich der Sack vom vielen Saufen." Die Frage war nur, wohin schiffen? Es waren weit und breit keine Toiletten in Sicht! Mit Händen und Füßen deutete uns unser freundlicher Kellner Paolo den Weg Richtung Hauptstraße, wo angeblich irgendwelche „Casas de banho Publicas" stehen sollten.
Der Weg war weit und dunkel und wir fragten uns beide so langsam, wozu wir eigentlich Männer waren, die an jede Palme hätten pinkeln können, als wir in der Ferne das hell erleuchtete Strullerhäuschen erspähten.
Schon beim Anblick und Geruch der Hütte wäre mir fast speiübel geworden und mir schoss augenblicklich ein Spruch meines Opas durch den Kopf, der immer sagte: „Eugen, mein Junge, merke dir eines: gut gekotzt ist halb geschissen."
Oh ja, Recht hatte er damit schon, aber hier hätte ich beides nicht gekonnt, ein Segen, dass wir nur pinkeln mussten.

Es war aber auch höchste Zeit. Knapp dem urinalen Supergau entkommen genossen wir, nebeneinander am Pinkelbecken stehend, das erhebende Gefühl unserer sich entleerenden Blasen, als mich fast der Schlag traf.
Mein Blick schweifte, natürlich ganz zufällig, auf Herbies Gemächt und dieser Anblick stellte alles bisher Dagewesene bei weitem in den Schatten.
Ein Schwanz im Megaliner-Format, der im schlaffen Zustand meinen steifen Schwengel bei weitem übertraf.
Ein Ungetüm. Ein Fleischrüssel, mit dem man locker eine Ponystute hätte besamen können!
Mein Gott, Eugen, mit solch einem Gerät spielt Herbie locker in der Beischlaf-Bundesliga.
Aber was war ich dann? Mein Blick schweifte über den mit Fäkalien verschmierten Keramikrand meines Urinals wieder zurück zu meinem eigenen Lustdolch.
War ich mit meinen 16 cm denn überhaupt noch 2. Liga oder womöglich nur noch Landesliga oder sogar Verbandsliga?
Oh, mein Gott, ich bekam zum ersten Mal in meinem Leben Zweifel, ob ich die letzten 24 Jahre meines Sexuallebens vielleicht nur auf Verbandsliga-Ebene gepimpert hatte.

Wir waren schon lange wieder auf dem Rückweg an unsere nette Strandbar, als mich Herbie fragte: „Du, Eugen, alles okay bei dir? Du bist plötzlich so ruhig geworden.“
„Nee, nee, Herbie, lass mal. Ist schon in Ordnung. Merke nur so langsam den Caipi im Kopf und hab wohl auch schon Wahrnehmungsprobleme.“

Was schier weg gelogen war, denn den Alkohol im Blut spürte ich seit meiner Begegnung mit der dritten Art beim besten Willen nicht mehr.

Die Jungs waren in prächtiger Stimmung, liefen allesamt zum Pinkeln die drei Meter bis ans Meer und hatten einen Heidenspaß dabei, uns zu verarschen, weil wir inzwischen über 20 Minuten unterwegs waren, um ordnungsgemäß ein staatlich errichtetes Latrinenhäuschen aufzusuchen.
Hätten sie gewusst, welcher Anblick ihnen entgangen war, sie wären sicherlich mit uns zum Pinkeln in die grausam stinkende Fäkalienhütte gepilgert.
Allerdings kann sich wohl jeder vorstellen, dass in einer Runde von zehn notgeilen, angetrunkenen deutschen Kerlen zwischen 25 – 35 und zehn blutjungen, eurogeilen, brasilianischen Kaffeedöschen dieses Thema schnell Einzug finden sollte!

Keine Ahnung, wie die Länge der männlichen Genusswurzel plötzlich zum Gesprächsthema Nummer 1 werden konnte, als plötzlich Herbie aufsprang und in perfektem Säuferdeutsch über den Tisch lallte:
„Höört mal. Wetten, dass mein Lustprügel über einen viertel Meter lang is?"
Hört sich jetzt für einen Außenstehenden, oder besser gesagt für acht Jungs an unserem Tisch, schlichtweg unglaublich an.
„Ey Leute, ich sag euch eins. Der Herbie hat ein Teil zwischen den Beinen, da könnte man glatt zwei kleine Japaner mit glücklich machen."
„Ach was, Eugen. Mag ja schön und gut sein, aber weißt du eigentlich, was ein viertel Meter ist? Den kriegste ja in

keiner Lustgrotte unter", sprach Klaus und fügte ganz nebenbei an: „Aber das müsste sich doch leicht überprüfen lassen. Brauchen nur 'nen Zollstock oder so was zum Messen eben."
Leichter gesagt als getan. Nun war ich wieder an der Reihe, schnappte mir Lorena und machte ihr mit all meinen zur Verfügung stehenden Körperteilen klar, dass wir zur amtlichen Vermessung von Herbies Lustzapfen einen Zollstock bräuchten.
Aber das kleine Pipiluder verstand schnell, flitzte los und kam nach ca. 45 Minuten mit dem aufgerollten Maßband ihrer Oma zurück.

„Okay, Herbie, Stunde der Wahrheit. Pack dein Prachtexemplar aus und auf den Tisch damit."
„Ja hallo, jetzt muss mein Lustbolzen aber erst mal in Angriffsposition gebracht werden.
Irgendjemand muss mir erst mal an der Flöte spielen, damit sich meine Cobra aufrichtet."
Das war ein so genanntes Luxusproblem, denn er hatte die Qual der Wahl unter zehn blas-bereiten Schokohasen, die nicht im Geringsten daran dachten, ihm diesen Wunsch zu verwehren.

Diesmal war es die bildschöne, schlanke Maria, die uns ihre Dienste anbot und die Sache in Angriff nahm.
Herbie schloss genüsslich seine Augen und ließ Maria ihre mündliche Prüfung ablegen.
Es dauerte keine 20 Sekunden und es reckte und streckte sich uns seine pralle Siegessäule entgegen, wie sie die meisten von uns bisher nicht mal in einem Pornofilm gesehen hatten.

„Los, Eugen, du musst ihn messen!“, grölte und johlte es aus acht begeisterten Männerkehlen.
„Maria, you hold it in your hand and I mess it out”, versuchte ich Maria in gebrochenem Englisch klarzumachen, aber obwohl sie weder Englisch noch Deutsch verstand, wusste sie gleich, was zu tun war.
Na ja, sie war eben eines der vielen brasilianischen Naturtalente, die weder Berührungs- noch Einführungsängste kannte.

Jetzt war ich an der Reihe und hatte das Problem, Herbies monströsen Saftschwengel möglichst exakt zu vermessen, ohne ihn dabei zu berühren.
Scheiße, warum war jetzt mein warmer Schwuppensteward Tim nicht zur Stelle, wenn ich ihn am nötigsten gebraucht hätte? Er wäre mir sicherlich gerne zur Hand gegangen.
Also war ich nun alleine gefragt, setzte das Maßband todesmutig an Herbies Schwanzwurzel an und rollte es seiner Speerspitze entgegen aus.
Am äußersten Ende seines Liebesknüppels angekommen, musste selbst ich, der ihn ja bereits im schlaffen Zustand gesehen hatte, dreimal tief durchatmen.
Das Maßband zeigte wahrhaftig monströse 25,4 cm an. Ein Liebesprügel, der zu einer Entjungferung niemals zu gebrauchen gewesen wäre.
Selbst unsere Spermakanonen erprobten brasilianischen Liebesdamen konnten kaum glauben, was ihre Augen dort sahen.

Es war Herbie, der uns aus unserem Schockzustand befreite. Er packte seinen langsam wieder auf normale 20 cm er-

schlafften Liebesknüppel ein und meinte nur wie selbstverständlich:
„Tja, Jungs, hab ich euch doch gleich gesagt. Ich kenn meinen Fickbolzen ja schließlich schon seit 25 Jahren und jetzt her mit der Kohle und eine Runde Caipi auf meine Kosten."
Herbies Tischrunde folgten noch viele Runden Caipirinha und auch das Strullern im Ekelhäuschen oben an der Hauptstraße ersparten wir uns nun.
Wir gingen inzwischen mit all den anderen in 3er- oder 4er-Grüppchen zum Meer herunter und füllten den azurblauen Atlantik mit unserer promillestarken Pipi.
Aber was soll's? Pipi ist ja schließlich steril!

Diesen wunderschönen, lustigen Abend, der erst kurz vorm Frühstück um 05:00 Uhr morgens endete, werde ich niemals vergessen.
Es hatte zwar kein einziger von uns zehn Jungs an diesem Abend ein Rohr verlegt, aber dafür hatten wir jede Menge Spaß und verloren zum ersten Mal in unserem Leben gerne eine Wette.
Bis zum heutigen Tag habe ich nie wieder eine solche Samenkanone gesehen.

Gegen 06:00 Uhr, die Sonne war schon aufgegangen, lag ich immer noch in meinem Bett und dachte an all die armen Frauen, die mit diesem gigantischen Fleischprügel bis jetzt schon Bekanntschaft gemacht hatten.
Ob mein warmer Bruder Tim als erfahrener Analritter wohl Freude an einem so großen Marterpfahl gehabt hätte? Ich wusste es nicht und ehrlich gesagt war es mir auch schnuppe, schließlich hatte mich bis heute mein Oberliga-

Schniedel nie im Stich gelassen. Na gut, mal abgesehen von der Geschichte mit Anna, der Miefmuschi.
Und außerdem hatte Dr. Sommer in der Bravo mal geschrieben, dass die durchschnittliche Penislänge, um eine Frau optimal zu befriedigen, zwischen 12 und 18 cm liegt – ganz im Ernst.
Und wir wissen ja: „Ein guter Ficker wird niemals dicker." Muss was dran sein, denn ich halte jetzt schon seit fast zehn Jahren meine 90 kg bei 1,90 m. Das ist ja nun wirklich nicht zu viel.
Bei einer durchschnittlichen Nummer werden ja schließlich 225 kcal verbrannt, obwohl, viel finde ich das nun auch wieder nicht. Schließlich hat ein Big Mac schon über 500 kcal.
Na, was soll's? Dann schieb ich demnächst eben drei Nummern am Tag und kann mir noch 'ne kleine Pommes und vielleicht 'ne Cola dazu leisten.

So, Eugen, jetzt musst du aber schlafen. Morgen gibt's sicherlich wieder einen aufregenden, ereignisreichen Tag.

Kapitel 9 (Stille Wasser)

Der nächste Morgen begann grausam mit hämmernden Kopfschmerzen und einer tödlichen Gliederschwäche. Am Frühstücksbuffet war kein Mensch unserer Truppe in Sicht, außer Niclas, der sich gestern schon um 01:00 Uhr auf den Weg ins Bett gemacht hatte.
Er war ein unlustiger Typ aus Paderborn, ein richtiger Ostwestfale, mit dem nix los war. So ein richtiger Bremser, der immer auf Nummer sicher ging.
Da ich keine Lust auf ein Gespräch mit dem Langweiler hatte, schlürfte ich meine Haferschleimsuppe alleine. Dachte mir, das wäre in dieser Situation besser für meinen Magen.
Auf dem Weg zurück zum Buffet siegte dann jedoch mein ungezügelter Gaumen gegen meinen Magen und ich packte mir zwei Scheiben Toast, zehn Streifen Bacon, vier Spiegeleier und jede Menge Bohnen in Tomatensoße auf den Teller.
Eben so ein richtiger Touriteller, wie man ihn zuhause nie im Leben essen würde.
Allerdings war die Entscheidung, auf meinen Gaumen zu hören und meinen Magen gänzlich zu ignorieren, leider die falsche.
Die Quittung bekam ich schon auf dem Weg zum Aufzug. Im Fahrstuhl zählte ich sehnsüchtig die einzelnen Stockwerke, riss die Tür auf, hastete – vorbei an den erstaunten Putzmamas – direkt und mit letzter Kraft über meine Kloschüssel.

Puuh, kann kotzen schön sein. Aus mir ergossen sich sämtliche Details meines Touritellers, dazu ein halber Liter Kaffee, eine Haferschleimsuppe, zehn Saté-Spieße vom Vorabend und mindestens fünf Liter Caipirinha.
Das war's. Der ganze Spaß vom Vorabend ergoss sich nun in mein Klo und landete sicherlich irgendwann im Atlantik, genauso wie unser Pipi von gestern Abend.
Aber was soll's? Pipi ist ja schließlich steril.

Den Rest des Tages konnte ich abhaken. Gepennt bis 15:00 Uhr, dann zum Pool, wo schon Herbie und der Rest der Meute in der Sonne brüteten.
Es war mir nur ein kleiner Trost, dass alle meine Jungs über ähnliche Begleiterscheinungen unseres Sauf- und Schniedelmessgelages vom Vortag klagten.
„Und, Eugen, wie sieht's aus mit heute Abend? Fit für ein neues Abenteuer?"
„Ach weiste, Herbie, mal ein ruhiger Abend wäre gar nicht das Schlechteste – oder?
Außerdem sollten wir uns mal um unsere prüde Nuss Anne kümmern."
„Ey Eugen, meinste den Hungerhaken, der mit euch angereist ist? Die hab ich gestern knutschend mit so 'nem blonden Heini aus Holland gesehen", mischte sich Klaus in unser Gespräch ein.
„Was, unsere ‚Madame rühr mich nicht an' knutscht mit 'nem wildfremden Kerl? Gibt's ja gar nicht, so ein Luder."
„Wenigstens ist sie dann gut versorgt und wir müssen auf sie keine Rücksicht nehmen."
„Stimmt, Herbie. Komm, lass uns 'ne Runde in den Pool gehen und an die schönen Dinge des Lebens denken."

Der Nachmittag verging wie im Flug. Wir plätscherten noch so ein Stündchen seelenruhig im Pool vor uns hin, verbrannten uns in der untergehenden Abendsonne unsere Nasen und gingen dann auf unsere Zimmer, um uns der allabendlichen Körperpflege zu widmen.

Ich hatte meinen wohlgeformten Body gerade schön dick mit Kokosbutter eingerieben, als mein Zimmertelefon klingelte.

„Hey Eugen, wollt mal hören, ob ihr beiden noch lebt?“, krächzte es am anderen Ende der Leitung. Es war Anne, unser verkanntes Luder. Es ging ihr der Stimme nach zu urteilen jedenfalls wesentlich besser als Herbie und mir!

„Oh danke, Anne. Das ist aber nett von dir. Ja, uns geht's, sagen wir mal so, den Umständen entsprechend gut.“

Auf ihr Drängen hin erzählte ich ihr vom gestrigen Abend, ließ allerdings bewusst den Teil mit der Vermessung von Herbies Lustmuskete aus.

„Man, das muss ja wirklich ein lustiger Abend gewesen sein. Und die Mädchen, sind die nett?“

„Na klar sind die nett, Anne. Aber alle ein bisschen verklemmt. Weißte, das sind hier streng gläubige Katholiken in Brasilien. Die kriegen schon einen roten Kopf, wenn du nur das Wort Fuck in den Mund nimmst.“

Keine Ahnung, ob sie mir das abgekauft hatte, jedenfalls wechselte sie schlagartig das Thema und fragte: „Du, sag mal, wir haben doch noch ein Dinner hier im Hotel mit dabei. Sollen wir das nicht heute Abend machen?“

„Gute Idee, Anne. Ich bin eh zu kaputt, um noch um die Häuser zu ziehen. Ich werde gleich mal unseren Starfotografen fragen.“ Der allerdings ließ sich nicht mehr aus dem Koma erwecken. Er lag noch mit Schuhen und Jeans bekleidet so auf seinem Bett, wie er den Liegestuhl am Pool verlassen hatte. Also rief ich die Rezeption an und orderte einmal das Galadinner für zwei Personen um 20:00 Uhr.

Es war 19:55 Uhr. Ich hatte extra meine feine schwarze Hose an, da ich ja wusste, dass ein solch nobles Essen zum Programm gehören würde. In der Lobby angekommen betrat ich das Restaurant und blieb wie vom Blitz geschlagen stehen. Sollte diese, mit hochgesteckten, blonden Locken und mit einem transparenten, in leicht rosé gefärbten Kleid bekleidete Frau etwa meine Moerser Trockenpflaume Anne sein?
Ich traute meinen eigenen Augen nicht. Ich musste immer wieder auf ihre kleinen, festen Nippel schauen, die spitz und ohne BH durch den hauchdünnen Stoff ihres Seidenkleides stachen.

„Mein Gott, Anne. Du siehst ja hammermäßig aus!“, stammelte ich ihr entgegen.
„Findest du? Danke, Eugen, du kannst ja auch echt nett sein. Gefällt dir mein Kleid?“
„Also das ist megascharf, muss ich wirklich sagen.“
„Das war mal ein Unterkleid. Hab es nur vom Schneider ein bisschen ändern lassen.
Und meine Haare hab ich mir hier in Bahia machen lassen. Locken und Hochstecken für 5 Euro.“ Hm, gut angelegtes Geld, dachte ich bei mir. Die Haare genauso wie das Kleid, und zum ersten Mal seit unserer Begegnung am Düsseldorfer Flughafen sah ich Anne plötzlich mit ganz anderen Augen.

Wir bestellten uns als Aperitif einen Martini Rosso und zum Essen eine Flasche Rosé.
Der erste Gang war eine Fischsuppe, danach gab es frische Languste, dann irgendwelche Geflügelbrüste in Safran mit einem großen bunten Salat und zum Dessert einen gemischten Obstteller mit allerlei exotischen Früchten und Vanillesoße.
Zum Abschluss gönnten wir uns noch auf Kosten des Bauer Verlages ein Gläschen Sekt und genossen die gemütliche Atmosphäre bei Kerzenschein mit Blick auf den Atlantik.
Plötzlich spürte ich wieder meinen Druck auf der Pipeline, der sich schon am Vorabend mit unseren kaffeebraunen Knackärschen aufgebaut hatte.
Da war es wieder, das Tier in mir – oder waren es nur die Unmengen von Eiweiß, die ich beim Verzehr von 2/3 unserer Languste intus hatte?
Aber das war jetzt egal. Ich war megageil und Anne halt eine Frau.

„Du, Anne, weißt du eigentlich, dass du die schönste Frau des Abends bist?“, säuselte ich ihr wie ein liebestoller Kater ins Ohr.
„Findest du, Eugen?“
„Aber ja doch, sonst würde ich dir das doch nicht sagen.“
Anne hatte schon ganz schön einen sitzen und das war meine Chance.
Eugen, wenn nicht jetzt, wann dann?
„Du, Anne, was hältst du eigentlich davon, wenn ich noch mit zu dir aufs Zimmer komme und wir noch ’nen Piccolo aus der Minibar gemeinsam trinken? Können uns

dann ja noch ein bisschen unterhalten. Hast noch gar nicht erzählt, was du so die letzten Tage erlebt hast."
Anne sagte zu meinem großen Erstaunen und ohne mit der Wimper zu zucken ja und ich war mir nicht sicher, ob sie jetzt genauso scharf war wie ich oder einfach nur total naiv.

Im Zimmer angekommen schmissen wir uns aufs Bett, köpften die beiden Piccolos und sie erzählte mir alles über ihren liebestollen Kaaskop, den sie heute Vormittag zufällig händchenhaltend mit einer knackbraunen Copacobana-Braut am Beach gesehen hatte.
Tja, das war's dann wohl mit den guten, nachbarschaftlichen Beziehungen zu den Niederlanden. „Ja, ja, Anne, so sind sie eben, die Männer!"
Plötzlich sah ich ein Tränchen in ihren Augen. Dass Frauen sich aber auch immer so schnell verknallen müssen. Wir waren doch erst gerade mal vier Tage hier.

Ich sah mich augenblicklich genötigt, Anne in den Arm zu nehmen und fest an mich zu drücken, um sie zu trösten. Wir schauten uns beide tief in die Augen, als meine Klosterfrau aus Moers mich doch glatt zu küssen begann.
Wir knutschten und fummelten so eine Weile vor uns her, als meine Hand natürlich rein zufällig unter ihrem Hauch von einem seidenen Nichts landete. Ihr Slip war ebenfalls keine große Herausforderung, da er mehr oder weniger nur aus drei Strippen bestand.
Wie man allerdings unter so einem Minimum an Stoff solch eine Menge Haare verbergen konnte, war mir schleierhaft und ich zog meine Hand so langsam wie sie sich vorgetastet hatte auch wieder zurück.

Zu meinem berühmten Fingertest kam es erst gar nicht. Zu eklig war die Vorstellung, unter diesem Muschipelz ihr Lustzentrum suchen zu müssen.

Anne hatte es heute dreifach geschafft, mich zu verblüffen:
Erstens mit ihrem tollen Aussehen. Sie hatte sich für diesen schönen Abend wirklich perfekt rausgeputzt. Zweitens hätte ich ihr niemals zugetraut, mich geil zu machen und es dann auch noch zuzulassen, meine Hand in ihren Slip zu schieben. Aber drittens hätte ich es auch nie für möglich gehalten, dass eine Frau im besten Alter immer noch mit so viel Fell an ihrem Honigdöschen durch die Welt läuft.
Na ja, wer weiß, wofür es gut war. Ich verabschiedete mich kurz darauf, bedankte mich galant für den schönen Abend mit ihr und verschwand in Richtung Aufzug.
Wie sagte doch mein Opa immer noch: „Eugen, hüte dich vor blonden Frauen mit heller Haut und schmalen Lippen."

Keine Ahnung, wie er das gemeint hat, jedenfalls war Anne genau eine Frau von dieser Sorte!

Kapitel 10 (Apartamentos Horizonte)

Die Nacht schlief ich unruhig. Zu sehr beschäftigte mich die Frage, ob ich mit Anne hätte schlafen sollen oder ihr vielleicht ihre Einflugschneise einfach selber hätte rasieren sollen.
Dafür hatte ich zumindest einen geilen Traum: Ich träumte, ich wäre im Orient zu Gast bei einem Scheich, der mir für eine Nacht nicht nur seinen Palast, sondern auch gleich seinen ganzen Harem anbot.
Es war traumhaft. Ich lag auf einer Liege und wurde von 100 wunderschönen Frauenhänden am ganzen Körper massiert. Die Massageliege hatte im unteren Drittel ein Loch, durch das mein Pullermann hing, der ebenfalls kräftig durchblutet wurde.
Ein lieblich anmutender Duft lag in der Luft und im Hintergrund spielten leise, orientalische Klänge.

Es war die Telefonklingel, die mich jäh aus meinen geilsten Träumen in die Realität zurückholte. Mist, wer könnte das sein um 06:00 Uhr morgens im Urlaub?
Am anderen Ende der Strippe vernahm ich eine mir wohlbekannte Stimme. Es war Anne.
„Du, Eugen, ich hab dich doch hoffentlich nicht geweckt, oder?"
„Nein, nein, Anne, hast du nicht. Ist doch schon 06:00 Uhr und ich hatte eh so 'nen komischen Alptraum."
„Na dann ist ja gut, dachte schon. Warum ich anrufe, ich meine wegen gestern Abend. Ich wollte dir nur sagen, dass ich so was normalerweise nicht mache und dich bit-

te, dass die kleine Fummelei vielleicht unter uns bleiben könnte."
„Nee, nee, Anne, schon klar. Mach dir keinen Kopf. Ich werd bestimmt nicht gleich morgen die Bild-Zeitung anrufen. Leg dich mal noch 'ne Runde hin und morgen sieht die Welt schon ganz anders aus."
So ein Miststück. Erst macht sie mich saugeil und lässt mich fummeln, dann tötet sie alle Liebesmühe mit ihrem pelzigen Bär wieder ab und will am Ende morgens um 06:00 Uhr von der ganzen Geschichte nix mehr wissen. Eben typisch Frau.
Einschlafen konnte ich jetzt natürlich nicht mehr. Ich schaltete den Fernseher ein, schaute mir so eine Art „Brasilien sucht den Superlatino" an und entledigte mich dabei meiner allmorgendlichen Prachtlatte.

Ich saß schon fast zwei Stunden am Frühstückstisch bei meiner 12. Tasse Kaffee und hatte bereits zwei meiner berühmten Touriteller verputzt, als ein total verpennter Herbie, im gleichen Outfit wie am Tag zuvor, vor mir stand.
„Moin, Alter. Sag mal, du siehst vielleicht Scheiße aus, bist du heute Nacht von 'nem D-Zug überrollt worden?"
„Ja, so ungefähr, hab mir gestern Abend in so einer Tanzbar bei irgendeinem Salsa-Arsch ein paar Gramm Gras gekauft und es mir auf'm Zimmer gemütlich gemacht."
„Herbie, Herbie. Du mit deinen scheiß Drogen. Siehst aus, als wären in deinem Gras noch ein paar Gänseblümchen dabei gewesen!"

„Toll, halt die Klappe, Eugen, und lass mich erst mal in Ruhe 'ne Kanne Kaffee trinken. Dann bin ich wieder fit wie ein Datteläffchen."
„Na denn los, gib Gas. Frühstück ist in 15 Minuten zu Ende. Ist ja schon viertel nach zehn."
Ich schlenderte Richtung Pool, wo ich in wohlwissentlicher Voraussicht schon mal zwei Liegen mit meinen Palmolive-Badetüchern reserviert hatte.
Gut, dass es hier im Hotel fast keine Engländer gab, dachte ich so bei mir, denn sonst wäre Ärger und Stress á la Mallorca sicherlich vorprogrammiert.
Der Tag am Hotelpool verging mal wieder wie im Flug. Die Jungs trudelten so langsam, einer nach dem anderen, ein und das Cerveja floss schon am helllichten Tag in Strömen.
Wir verabredeten uns zu fünft für den Abend und ich verabschiedete mich gegen 17:00 Uhr in Richtung Zimmer, um noch ein paar Stündchen meinem Blut die Chance zu geben, die acht Flaschen Bier, die ich vernichtet hatte, abzubauen.

Gegen 21:00 Uhr klopfte ich an Herbies Zimmertür, die sich erst nach massiven Faustschlägen langsam öffnete. Ein eklig süßlicher Geruch, der mich schwer an Käsefüße erinnerte, schlug mir entgegen und ich zog es vor, im Hotelflur stehen zu bleiben.
„Boa Herbie, du alte Kiffer-Plautze. Wie kannst du es nur hier drin aushalten? Beeil dich, ich geh schon mal runter. Die anderen warten sicherlich schon auf uns."
Unten angekommen staunte ich nicht schlecht, als nur Jan, unsere 18-jährige Jungfrau, mich begrüßte. „Hey Eu-

gen, bist du alleine? Was ist denn mit Herbie? Hat der auch keine Lust?“
„Doch, doch. Der braucht aber noch fünf Minuten. Wo sind denn die anderen beiden?“
„Keine Ahnung, Klaus war nicht gut und vom Rest der Mannschaft hab ich noch niemanden gesehen.“
„Auch gut, was soll's? Wir werden schon unseren Spaß zu dritt haben, wart's ab.“
Zehn Minuten später hatte es auch Herbie endlich geschafft, mit leicht getrübten Augen und wie immer in den gleichen Klamotten, den Hotelempfang zu erreichen.
Die Frage, ob er bisher ein einziges Mal sein „Rei in der Tube“ benutzt hatte, ersparte ich mir.
Sie war ohnehin überflüssig.

Wir schlenderten also aus dem Hotelportal, wurden wie gewohnt von einem Dutzend Nougat-Pfläumchen umlagert und fragten nach Maria und Lorena, unseren beiden Favorites.
War ein toller Service unserer horizontalen Zartbittermatratzen. Sie kannten sich alle gegenseitig und so dauerte es keine 20 Minuten, da standen unsere Schönheiten auch schon abschleppbereit vorm Hotel.
Nun mussten wir ihnen nur noch irgendwie klarmachen, dass wir noch eine Schnalle zwischen 16 und 18 für unseren ratlosen Benjamin Jan brauchten.
Mach mal einer Brasilianerin klar, dass dein Kumpel seinen Schniepel bisher immer nur zum Pullern gebraucht hatte und wir jetzt 'ne blutjunge Entjungferungsbraut für ihn brauchten.

Aber Lorena verstand schnell, grinste sich einen zurecht, übersetzte es Maria und beide fingen an zu kichern, was Jan mit einem hochroten Kopf quittierte.
Dann aber nahm sie ihn mit ihren gerade mal 23 Jahren mütterlich in den Arm und sagte leise: „No problema".
Sie schickte eine der inzwischen fast 20 Mädels auf die Reise und wir fünf setzten uns derweil in eine kleine Bar, um uns schon mal ein wenig in Laune zu saufen. Obwohl, eines muss man in Brasilien mit Sicherheit nicht. Und das ist: sich die Sambabräute schön saufen.
Denn in Brasilien laufen am Abend so viele Superbräute in der Gegend herum wie in Deutschland hässliche Frauen. Eben das gleiche Verhältnis, nur umgekehrt.

Nach ca. einer Stunde und drei Caipis wurde uns dann Awesta, die Schokoschönheit für unsere „Jungfrau" Jan präsentiert.
Mann, was für ein heißer Feger, dachte ich so bei mir. Als uns allerdings Awesta ihr Alter mit 16 Jahren angab, hatte sich mein Interesse auch schon schlagartig relativiert. Außerdem hieß mein Schokopfläumchen ja Lorena.
Wir bestellten noch eine Runde Caipirinha, bezahlten und setzten uns, nachdem wir den Mädels unsere Absichten klargemacht hatten, in ein Taxi mit unbekanntem Ziel!
Der Taxifahrer schien ein alter Bekannter zu sein. Zu sehr faxten und blödelten unsere Chickas mit ihm herum. Auch schienen die Hühner hier so eine Art Provision von den Taxifahrern zu bekommen. Das hatte ich schon zwei Tage zuvor bemerkt, als wir in eine Diskothek fuhren.
Aber was soll's? Bei uns in der Heimat gibt's das ja auch. Nur, dass wir es das „Kölsche Klüngel" nennen.

Während der Fahrt klärten unsere eurogeilen Hühner uns dann auch über das Ziel unserer langen Taxireise auf.
So, wie wir es verstanden, sollte es zu einer ganz tollen Appartementanlage gehen. Mit jeder Menge Schnickschnack, also für jeden Geschmack das Richtige.
Nach 40 Minuten erreichten wir, gut angeschickert und vom Fummeln im Taxi voll aufgegeilt, endlich unsere Anlage mit dem wohlklingenden Namen „Apartamentos Horizonte".
Herbie, der inzwischen schon zwei Joints vernichtet hatte, bezahlte unseren Taxifahrer und wir betraten das, von einem bewaffneten Sicherheitsmann bewachte Empfangshäuschen.
Der Blick auf die Preistafel ließ uns allerdings augenblicklich wieder stocknüchtern werden. Die Preise waren durchaus eurotauglich und beliefen sich von 70 € bis 200 € die Nacht!
Wir mussten nicht lange überlegen und entschieden uns natürlich für das Deluxe-Zimmer. Geteilt durch drei immer noch billiger als drei einzelne Standard-Zimmer.
Allerdings war diese Sparvariante deutscher, vom Pimmel getriebener Spaßtouristen unseren brasilianischen Kollegen an der Rezeption durchaus bekannt.
Also machten sie uns klar, dass zu drei Paaren auch drei Zimmer gehören würden.

„Schöne Scheiße, Jungs. Und nu? Sagt mal kurz, was ihr an Kohle dabei habt und dann müssen wir sehen, was wir uns leisten können." Ich hatte noch umgerechnet 100 € in der Tasche, Herbie 80 € und Jan auch 100 €.

„Also, was tun. Dreimal einfach nur mit Bett oder zwei Billigzimmer und eine Suite mit Pool, Whirlpool und ’ner runden Spielwiese?“

Wir entschieden uns für die Variante mit Whirlpool, handelten die drei Zimmer noch auf 250 € runter und wurden zufrieden, vor Geilheit fast platzend, zu unserer Luxusherberge geleitet.

Von außen ein unscheinbares Gebäude in Bungalow-Format. Eckig und mit wenigen Fenstern. Im Innern hatte es unser Luxuskasten allerdings in sich! „Boa Männer, das ist ja der Hammer“, grölte Herbie vollkommen fasziniert vom nicht erwarteten Luxus in die Runde. Wir bekamen von einem Mitarbeiter sogar eine Einweisung zu den vielen technischen Details des Raumes. „Ey, das gibt’s ja nicht. Das Ding hat sogar ein Schiebedach und einen Whirlpool mitten im Wohnraum.“

„Ja, und einen randvollen Kühlschrank mit Schampus und Obst.“

„Ey, das gibt’s ja nicht. Schaut mal, eine Schale mit bunten Kondomen und verpackter Reizwäsche.“

Wir waren schlichtweg sprachlos, ließen aber den Kühlschrank vorsichtshalber zu, da wir mit umgerechnet knapp 30 € in den Taschen eh keine große Sause hätten machen können.

Wir verzogen uns jeder mit seiner Rio-Schönheit in eine ruhige Ecke des Appartements. Herbie mit seiner Blasemaus Maria, die schon im Taxi geübt hatte. Ich mit Lorena, und Jan, am Abend seiner ersehnten Entjungferung, mit der 16-jährigen Awesta.

Knutschend und fummelnd lagen wir so verteilt, als mich Jan zu sich rief.
„Du, Eugen, ich krieg das hier nicht auf die Reihe mit so vielen Leuten im Raum."
„Hm, macht sie ihren Job nicht gut? Willst du mal Lorena?"
„Nein, das ist es nicht. Sie gibt sich hier voll die Mühe, aber ich kann einfach nicht abschalten."
„Okay, Jan. Weißt du was? Ich gebe dir einfach einen Schlüssel von den anderen beiden Zimmern und ihr macht es euch da ein bisschen gemütlich. Und seid vorsichtig. Man kann hier nie wissen. Schließt einfach gut ab." Es waren wohl als dienstältester Stecher vor Ort meine väterlichen Gefühle, die mich zu dieser Warnung veranlassten.
„Was'n los, Eugen? Stimmt was mit Jan nicht?"
„Nein, Herbie, ist schon okay. Er schnackselt nur lieber unter vier Augen."

Brasilianische Stellungsrepertoires sind unergründlich und wir arbeiteten uns kreuz und quer durch das gesamte Werk des „Kamasutra".
Selbst Herbie vernahm ich auf der gegenüberliegenden Matratze nicht mehr und seltsamerweise konnte ich mich total fallen lassen, was ja in so einer Situation nicht unbedingt die Regel ist. Schließlich gehen doch sicherlich jedem Mann, bei Sex zu viert in einem Raum, die verrücktesten Gedanken durch den Kopf.
Scheiße. Was mach ich nur, wenn ich keinen hochkriege? Oder was ist, wenn die Lanze steht, aber sich während der Nummer meine Schwellkörper plötzlich vorzeitig entleeren?

Und was, wenn Lorena lieber so einen Bosch-Hammer wie den von Herbie in sich hätte als meinen Verbandsliga-Rüssel?
Und überhaupt, schaut er mir vielleicht jetzt gerade beim Pimpern zu?
Ach, scheiß drauf, Eugen. Die Braut ist scharf, die Rute hart und du weißt doch: „Lieber 'ne Latte in der Hose als ein Brett vorm Kopf."
In diesem Sinne …

Nach einer guten dreiviertel Stunde sackte ich vollkommen fertig, aber überaus erleichtert in die Kissen unserer Spielwiese, zupfte mir das gut gefüllte Kondom vom Zipfel und war einfach nur mit mir und der ganzen Welt zufrieden.
Nachdem Lorena und ich uns nach unserem anschließenden gemeinsamen Duschgang wieder frisch gemacht hatten, vernahmen wir laute, schmerzverzerrte Frauenschreie aus Richtung unseres Swimmingpools.
Wir rannten los und sahen, wie sich Maria auf das gebogene Treppengeländer der Poolleiter stützte und Herbie sich von hinten mit ihr vergnügte.
Na ja, zumindest was man in dieser Situation so Vergnügen nennen konnte!
Beide hatten sie ein verzerrtes Gesicht. Sie vor Schmerz und er vor Lust. Vielleicht hatte sie ja auch ein bisschen Spaß dabei oder auch nicht. Ist ja eigentlich egal. Zumindest nachdem Herbie ihr die ausgehandelten 20 Dollar gab, konnte sie schon wieder leicht lächeln.

Gegen 05:00 Uhr morgens riefen wir dann den Service. Der berechnete uns mal eben sechs Slips, 23 Kondome,

eine Flasche Wasser und eine Reinigungsgebühr für Bettwäsche und Handtücher.
Die letzten Kröten kratzten wir zusammen, um die Rechnung zu begleichen und ohne Ärger die Anlage verlassen zu können.
Na ja, wenigstens waren unsere Blasehasen jetzt um sechs neue Slips und zirka 15 Kondome reicher, denn die hatten sie sich kurz vor der Abreise noch in ihre Handtaschen gestopft.
Aber was soll's? Wahrscheinlich gehören Kondome hier zur Grundausstattung einer jeden Handtasche und werden morgen schon wieder auf dem nächsten Touristenschwengel abgerollt.

Kapitel 11 (Sweet home)

Am nächsten Morgen verzichteten wir auf das üppige Frühstück im Hotel. Zu groß war unser Schlafdefizit und zu erschöpft unsere Glieder vom Rammelmarathon.
Jan, unser Küken, war übrigens auch diesmal nicht zum Abschuss gekommen. Trotzdem war er mit seiner Investition in Awesta durchaus zufrieden.
Schließlich hatte er zum ersten Mal in seinem Leben eine richtig nackte Frau im Bett, die nach allen Regeln der Kunst versucht hatte, seinen Piepmatz auf Touren zu bringen. Leider ohne Erfolg! Vielleicht war Jan ja auch eher von der Fraktion „Tim, der Hinterlader".
Und wenn das so sein sollte, dann wusste er es zumindest bis jetzt noch nicht. Könnte ihm ja mal ganz unauffällig die Handynummer vom Schwuppensteward zustecken.

Unser Abreisetag war die Hölle. 04:00 Uhr morgens aufstehen, kein Frühstück, sondern nur ein bescheidenes Lunchpaket, 06:00 Uhr Abfahrt am Hotel bei schon 25 Grad Außentemperatur.
Dann zwei Stunden im schwülwarmen Bus, einchecken und die Zeit bis 11:00 Uhr am Airport totschlagen. Es war ätzend. Herbie schlief auf einem der roten Plastiksitze seinen Marihuana-Rausch vom Vorabend aus, Anne las in ihrem Buch über eine Liebesromanze im 14. Jahrhundert und ich langweilte mich zu Tode.
Andererseits war ich mir sicher, ich hätte mich genauso zu Tode gelangweilt, wenn ich Annes Buch gelesen hätte.

Irgendwie beneidete ich inzwischen meinen ewig kiffenden Hardcore-Kumpel aus Hamburg, der seelenruhig neben mir im Sitz die Schäfchen zählte.

Auf dem Weg zur Gangway blieb ich an einer rostigen Schraube hängen, riss mir eine Fünf in meine nagelneue brasilianische Jeans und bekam zu allem Übel dann auch noch einen Platz am Gang zugewiesen. Es war heute einfach nicht mein Tag!
Mein Sitznachbar war ein übel riechender Dickwanst mit fettigen Haaren in einem Hawaii-Hemd und knielangen Bermudashorts.
An den Füßen trug er ausgelatschte Flipflops und seine Fußnägel waren lang, rissig, popelgelb und wuchsen nach unten gebogen. Einfach zum Kotzen.
Seine wurstigen Arme ragten über meine Sitzlehne hinweg und so hatte ich eigentlich für den Flug in die Heimat nur einen 3/4 Sitzplatz, allerdings für einen ganzen bezahlt!

Vor lauter Frust und Selbstmitleid fielen mir schon bald die Augen zu und ich träumte von Sonne, Meer, Caipirinha und unseren brasilianischen Knackärschchen.
So schön wie mein Traum war, so schmerzhaft war mein Erwachen.
Es war ein unbeschreiblicher brutaler Schmerz mitten auf der Kniescheibe, der mich jäh aus allen Träumen riss.

Ich riss die Augen auf und schaute auf ein Ungetüm aus Aluminium, das augenscheinlich versucht hatte, mir meine Kniescheibe zu zertrümmern.

Beim zweiten Hinschauen erkannte ich ein mir nicht ganz unbekanntes Gesicht.
„Oh, entschuldigen Sie bitte. Euuugen, du bist das. Sorry, ich habe mit meinem Trolli dein Bein leider nicht gesehen. Wie war dein Urlaub? Möchtest du was trinken?"
„Boa Tim, du bist das! Ja, wie war unser Urlaub? Schön. Viel Sonne, Meer und jede Menge nette Jungs."
Mist! Hatte ich jetzt wirklich Jungs gesagt? Ein typischer freudscher Versprecher mit ungeahnten Folgen.
Tim grinste breit übers ganze Gesicht, reichte mir eine Cola und sagte: „Mensch Eugen, wir sollten wirklich mal eine Runde durch das Düsseldorfer Nachtleben machen. Und von Köln nach Düsseldorf ist doch nicht so weit. Kannst auch gerne bei mir übernachten."
Ja, ja. Das hättest du wohl gerne, du heiße LTU-Feder aus Düsseldorf, dachte ich so bei mir und antwortete: „Gerne, Tim, kann dich ja mal anrufen."
Das war eine gefährliche Aussage, denn nun hatte ich ihn natürlich ganz ungewollt noch heißer auf mich gemacht.
„Ey geil, du würdest sicherlich sehr gut zu meinen Freunden passen. Die sind alle ganz locker drauf."
Ja, schon klar, Tim. Wahrscheinlich alle super locker im Schritt und mit dem Schließmuskel.
„So, jetzt muss ich aber weiter. Die anderen Passagiere haben sicher auch Durst!"
Hatte ich ihm jetzt etwa schon zugesagt?
Eigentlich nicht. Bei mir hieß bis jetzt „kann dich ja mal anrufen", und die Betonung liegt dabei auf MAL, immer so viel wie „vergiss es".
Aber bei den Schwulis schien das eher ein klares JA zu sein. Na ja, er wird mich sicherlich in ein paar Tagen ver-

gessen haben und unser Flug dauert ja auch nur noch sieben Stunden.

Gegen 14:00 Uhr gab es endlich etwas zu essen. Ich bestellte das „Boef á la Provence“ mit Princess-Kartoffeln und einer Gemüsekreation á la Basilic.
Zu Deutsch etwa so viel wie: fünf Quadratzentimeter fades Rindfleisch mit vier haselnussgroßen Kartoffeln und Gemüsemischmasch von Bonduell.
Mitleidig schweifte mein Blick in Richtung meines 180-kg-Sitzgenossen links neben mir. Doch was ich da sah, konnte ich kaum glauben. Mein kleiner Fettsack zog sich genüsslich ein Glas Bockwürste und einen ganzen Topf Kartoffelsalat mit Mayo rein, und das, nachdem er die LTU-Sparportion schon verputzt hatte!
Ich saß halb tot vor Hunger daneben und musste hilflos mit ansehen, wie ihm die Mayonnaise bereits die Mundwinkel herunterlief. Was hätte ich nur dafür gegeben, ein einziges Würstchen abzubekommen.

Allerdings kam der Höhepunkt dieses Fress-Szenarios erst noch: Er setzte nämlich, nachdem er mit seinen dicken Wurstfingern voller Inbrunst den Kartoffelsalat-Topf ausgeleckt hatte, das Wurstglas an den Hals und trank den gesamten Würstchensaft in einem Schluck aus.
Da fiel mir gleich ein Spruch meines alten Großvaters ein, der einmal sagte: „Satt, det Jefühl kenn ick nich. Entweder ick hab Hunger wie ein Wolf oder mir is speiübel.“
Opa, ich kann dir sagen, alles Bullshit. Ich hatte nämlich noch immer Hunger wie ein Wolf und mir war trotzdem speiübel. Kein Wunder bei diesem Anblick.

Nachdem wir mit unserem opulenten Galadinner fertig waren, tauschte ich mit Herbie, der neben Anne saß, die Plätze. Wir mussten schließlich noch unseren Reisebericht für den Bauer Verlag, unseren Sponsor der Reise, fertig machen. Und so begann ich mit meiner Dörrpflaume aus Moers, frei nach Schiller, die Fragen zum Reiseort Bahia de Salvador zu beantworten.

Mit einem lauten Rums setzte der Flieger um 20:30 Uhr pünktlich auf der Landebahn des Düsseldorfer Flughafens auf und ich konnte es kaum noch erwarten, nach Hause zu kommen.
Unsere Koffer kamen recht schnell auf dem Gepäckband an und auf dem Weg, am Zoll vorbei, zum Ausgang, sah ich schon meine mütterliche Freundin Irene freudestrahlend mit den Armen schwenken. Hurra! Ich war wieder in der Heimat.

Kapitel 12 (Pornoqueen)

Mein Arbeitsalltag hatte mich schnell wieder im Griff. Ich erklärte wie immer zum 100. Mal am Tag den Weg zu den Fahrzeugen, Japanern den Weg zum Taxistand und Elfie, dass die Schranke an der Einfahrt nicht richtig funktionierte.
Ja, es war wirklich an der Zeit, mein Leben etwas neu zu gestalten und solider zu werden. Schließlich werden wir ja alle nicht jünger.
Irene hatte wohl Recht. Was ich brauchte, war eine feste Freundin. So eine, mit der man alles machen konnte. Also zum Beispiel Pferde stehlen, Sport, Reisen, Kino und richtig gut im Bett müsste sie natürlich sein. Ach ja, und sie müsste kochen können und auch häuslich sein.
Aber wo gibt's so etwas heutzutage noch?
Ist ja bei mir nicht anders als bei Millionen von Männern in der ganzen Welt auch.
Die, die dir hinterherlaufen, willste nicht und die, auf die du total scharf bist, sind entweder besetzt oder haben keinen Bock auf dich. Is doch wahr!

Als um 17:00 Uhr mein Wecker zum Feierabend läutete, entschied ich spontan, mir für den Abend noch einen heißen Porno auszuleihen. Denn so ganz ohne visuelle Vorlage ist selbst die Variante „do it yourself" nur ein billiger Abklatsch von dem, was man mit einer richtigen Pornoqueen so alles anstellen könnte.
Ich huschte schnell in meine Stammvideothek und unauffällig ohne Umwege direkt in die FSK18-Abteilung. Ein

Horror für einen naturgeilen, immer bereiten Womanizer kurz vor der midlife-crisis wie mich.
Nie kann ich mich entscheiden. Und so lese ich mir alle 25.000 Titel genau durch, obwohl es da doch immer um dasselbe geht!
Geile Analschlampen auf der Intensivstation, Tittenfick im Altenheim oder sexuelle Ausschweife demenzer Senioren, ich kannte sie alle.
Also dann zum Regal mit den Neuerscheinungen.
Ich entschied mich für den neuen Lola-Fickoletta-Streifen mit dem glorreichen Titel: Der Fäustling von Wanne Eickel.

An der Kasse konnte ich meinen Augen nicht trauen. Vor mir stand ein Abbild meiner so heiß und innig geliebten Hauptdarstellerin Lola Fickoletta. Oder war sie es womöglich selber in Fleisch und Blut? Nein, Lola hatte blonde Haare und noch etwas längere Beine, aber vielleicht war es ja eine ihrer Schwestern?
Ach was, egal. Sie sah traumhaft aus, hatte mindestens 80 DD, dicke pralle Lippen, einen geilen Arsch, auf dem man Erdnüsse hätte knacken können und strahlend weiße Zähne.
„Hallo, Techmann, öh, ich meine Eugen Techmann. Arbeitet Monika nicht mehr hier?“
„Nein, Monika hat letzten Monat gekündigt. Ich bin Dagmar und ich bin mir sicher, dass wir beide auch gut miteinander klarkommen werden!“ Dem musste ich zwangsläufig zustimmen.
„Guter Film übrigens!“
„Ääh, wie bitte?“

„Na, der Film, den Sie sich da ausgesucht haben. ‚Der Fäustling von Wanne Eickel'."
„Oh ja? Ist eigentlich für einen guten Freund, aber wenn Sie meinen. Bis morgen bitte."
„Wie, für einen guten Freund? Kleiner Tipp von mir: Schauen Sie ihn sich doch auch mal an, bevor Sie ihn wieder zurückbringen! Oder mögen Sie keine Pornofilme?"
„Ja, ähm, doch, doch. Danke für den Tipp. Werde mal reinschauen, wenn ich Zeit habe."
Völlig verdutzt und total durcheinander verließ ich wieder meine Videothek an der Ecke und machte mich auf den Heimweg.
Der Film war der Hammer. Allerdings erspare ich mir an dieser Stelle, näher auf Details einzugehen. Was mich allerdings nicht mehr losließ, war der Gedanke, dass Dagmar auf solche geilen Spielchen abfuhr. Die Frage war nur, schaute sie es sich nur gerne an oder praktizierte sie es auch selber so?
Andererseits hab ich ja auch gerne den weißen Hai Teil 1 – 3 gesehen, würde es aber in der Praxis nicht so toll finden, selber von einem Haifisch gefressen zu werden.
Ach, was soll's. Ist sicher nur so 'ne Verkaufsmasche von ihr und sie werden von der Videokette darauf gedrillt, die Kunden auf ihre Filme geil zu machen. Obwohl, Monika hatte das nie gemacht. Vielleicht war das aber auch der Grund, warum sie nicht mehr in der Videothek arbeitete.

Am nächsten Tag freute ich mich richtig auf meinen Gang zur Videothek, denn ich war höllenneugierig auf das Gesicht von Dagmar, wenn ich ihr sage, dass sie einen guten Pornogeschmack habe.

Der Laden war leer. Okay, was wollte man auch an einem Dienstag um 16:30 Uhr erwarten? Zu meinem großen Glück stand Dagmar ganz alleine inmitten der Videoregale und sortierte die kleinen bunten Märkchen wieder zu den jeweiligen Filmen.

„Hallo Dagmar, ich bringe den Film zurück, den du mir gestern so empfohlen hast. Erinnerst du dich noch an mich?"

„Na klar doch. Eugen war doch dein Name oder?"

Waaahnsinn! Sie hatte sich doch glatt meinen Namen gemerkt.

„Ja genau, richtig. Eugen Techmann, Kundennummer 1348."

„Und wie hat dir der Film für deinen Freund gefallen, Eugen?"

„Echt geil, der absolute Hammer. Besonders die Szene mit den fünf Kerlen in der U-Bahn."

„Ja, stimmt, fand ich auch toll. Besonders der Kick, dabei immer erwischt werden zu können, hat mir besonders gefallen."

„Ja, echt perfekt. Lola Fickoletta ist wirklich ein Superstar, bin ein Riesenfan von ihr.

Du, Dagmar, hat dir eigentlich schon mal jemand gesagt, dass du echt ein bisschen Ähnlichkeit mit ihr hast?"

„Nö, Eugen, das hat wirklich noch niemand gesagt, aber ich werte das mal als Kompliment."

„Ja klar, war auch echt so gemeint!"

„Na, dann komm mit zur Theke. Willst den Film doch abgeben oder biste nur hergekommen, um mir zu sagen, wie toll du ihn findest?"

„Nö, natürlich nicht. Wollte eigentlich zwei Dinge: erstens den Film abgeben und zweitens fragen, ob es gegen

die Hausordnung hier verstößt, wenn du mit einem Stammkunden 'nen Kaffee trinken gehen würdest?"
„Ha ha, ich lach mich tot. Nein, so eine Hausordnung gibt es zum Glück nicht und mit wem ich mich in meiner Freizeit treffe, bestimme ich immer noch selber und nicht mein Chef.
Aber ich kann leider nicht."
„Oh schade, hast sicherlich einen Freund – oder?"
„Nein, Eugen, hab ich nicht, aber ich trinke keinen Kaffee, sondern nur Tee und am liebsten Wodka Lemmon oder Champagner. Aber ich habe am Samstag noch nichts vor. Magst du mich nicht besuchen kommen? Dann können wir uns noch ein bisschen über unsere Lieblingsdarstellerin Lola unterhalten."
„Na, aber klar doch. Um wie viel Uhr soll ich denn bei dir sein?"
„Würde sagen um 21:00 Uhr. Hab um 19:00 Uhr Feierabend und brauche noch ein bisschen, um mich frisch zu machen."
„Okay, 21:00 Uhr bei dir. Dann bis Samstag."
Ihre letzten Worte waren „... um mich noch ein bisschen frisch zu machen". Whow, wie geil war das denn? Mein Lola Fickoletta-Double lädt mich zu sich nach Hause ein und macht sich frisch für mich. Kaum zu glauben!

Den Rest der Woche konnte ich kaum schlafen. Ich hatte Dauererektionen, die direkt in eine Morgenlatte übergingen und sich erst nach zehn Minuten unter der eiskalten Dusche wieder beruhigten. War ich etwa ein bisschen verliebt? Etwa in eine Frau, die meiner Traumdarstellerin so ähnlich sah, dass es bisher niemandem aufgefallen war?

Oder war ich nur wieder dermaßen auf sexuellem Entzug, dass mir jeder Sexualtherapeut ohne mit der Wimper zu zucken ein Rezept für den Puff ausgestellt hätte?
Ich hatte keine Ahnung. War mir auch nicht so sicher, ob Dagmar nun eine Frau für Sport, Reisen, Haushalt und das Pferdestehlen war.
Eigentlich war ich mir nur sicher, dass sie im Bett eine Granate ist, und das, obwohl ich sie erst zweimal gesehen hatte. Aber das nennt man eben männlichen Urinstinkt. So was wittern wir Männer im Unterbewusstsein und im Hodensack. Ja genau, im Hodensack, denn dieser Vorgang wird, glaube ich, von der Prostata gesteuert und die gibt dann irgendwelche Hormone ab. Das ist ja auch der Grund, warum ohne die Prostata bei einem Mann tote Hose herrscht. Ja, ja, so 'ne kleine dumme Drüse im Anus.
Frauen können sich gar nicht vorstellen, was die einem für Maleste bereiten kann.
Meine war mal, weiß der Teufel wovon, entzündet. Mein Gott, das war der absolute Horror. Keine Frau kann sich wohl vorstellen, wie es sich anfühlt, wenn man einen Tennisball oder eine geballte Faust im Arsch hat. Das ist wirklich kein Zuckerschlecken.
Obwohl, Tim, meinem schwuppenschwulen LTU-Steward, hätte so eine Prostatitis sicherlich eine Menge Spaß bereitet. Mir jedenfalls nicht.

So gegen 15:00 Uhr fuhr ich in meine Muckibude, um meine inzwischen, nach zehn Tagen Brasilien und 14 Tagen chronischer Unlust, erschlafften Muskeln wieder auf Vordermann zu bringen. Das Studio war relativ leer und ich machte wie immer vorm Training erst mal eine aus-

giebige Kaffee-Pause. Danach ein paar Kniebeugen und Liegestützen zum Aufwärmen und dann ran an die eiskalten, von Männerschweiß angerosteten Hanteln, die mir zu meinem erhofften Adonis-Body verhelfen würden.
Gegen 16:00 Uhr hatte ich keine Lust mehr auf den Schweißgeruch all der triefenden Schwarzeneggers in meinem Fitness-Tempel und bestellte mir fürs gute Gewissen noch einen halben Liter Eiweiß mit Vanillegeschmack.
Schließlich wollte ich mich ja auch nicht zu sehr verausgaben. Nicht auszudenken, wenn mein Lustrohr heute Abend zum Einsatz käme, aber meine Muskeln versagen würden.

Zu Hause dann das Standard-Programm: Fingernägelkontrolle, die berühmten drei Buchstaben APP und natürlich noch mal ausgiebig auf die Toilette gehen. Das ist extrem wichtig.
Ich stelle mir dann nämlich immer vor, ich säße wie Ben Stiller in „Und dann kam Polly“ bei einem date auf'm Klo, es gäbe kein Toilettenpapier mehr und ich müsste mir den Hintern mit einem Wiesel abputzen.
Ach, du meine Güte. Aber im Film war es ja der Iltis von Jennifer Aniston und die finde ich eigentlich noch viel toller als Lola Fickoletta. Obwohl ich mir vorstellen könnte, dass sie im Bett eher so die Ruhige ist. Na ja, Brad Pitt wird schon gewusst haben, warum er sich 'ne Neue gesucht hat.

Pünktlich um 20:00 Uhr stand ich in der Hauptstraße 111 vor Dagmars Tür und drückte auf die chromfarbene Klingel.

Die Tür wurde aufgedrückt und ich betrat einen schön in weißem Rauputz gestalteten Hausflur mit großen Fenstern und verdammt viel Grünzeug auf den unteren Stufen.
Musste wohl ein Blumenfreund sein, der Mieter auf der ersten Etage.
Ich schleppte mich hoch bis in den dritten Stock, zählte 32 Stufen und war ganz schön außer Atem, als ich oben ankam.
Wird wohl Zeit, dass ich mehr Ausdauer trainiere und die Hanteln den Steroidenbombern überlasse!
Dagmar erwartete mich schon im Türrahmen. Sie trug eine schwarze Lederhose, eine lockere Bluse über ihrem Bauchnabel verknotet und hatte ein Glas Sekt in der Hand.
„Hey Eugen, schön, dass du da bist."
„Ja, freut mich auch und, äh, danke für die Einladung."
„Ich hoffe, du magst MUMM-Sekt. Habe mir gerade schon mal ein Fläschchen aufgemacht."
„Ja, gerne, nur von Sekt werde ich immer so schnell knülle und dann …"
„Was dann, Süßer? Sag es mir."

Augenblicklich hatte ich den Eindruck, als hätte sie bereits mehr Flaschen geöffnet als nur diese eine. Sie schien absolut heiß und willig zu sein und ich würde einen Teufel tun und sie enttäuschen. Nein. Ich, Eugen Techmann, war fest entschlossen, mit dieser Frau eine geile Nummer á la Lola Fickoletta abzuziehen, mich in sie zu verlieben, sie zu heiraten und mit ihr eine Familie zu gründen. Na ja, zumindest so in der Art.

Wir leerten die angebrochene Flasche Mumm und Dagmar erzählte mir eine Menge über ihre gescheiterten Ex-Beziehungen.
Irgendwie kamen ihre Verflossenen mit ihrer offenen und lockeren Art nicht klar. Sie erzählte wie ein Wasserfall und kam so langsam aber sicher auf den Punkt. Es wurde richtig spannend und sie erzählte von irgendwelchen Partys und Treffen in geheimnisvollen Studios.
Hm, so richtig anfangen konnte ich mit ihrem ewigen Drum-herum-Gerede nichts und ich fragte mich, ob sie Quasselwasser statt Sekt getrunken hatte.
Jetzt musste ich handeln, bevor sie mich am Ende womöglich noch tot quatscht.
Also zog ich sie mit beiden Armen so fest an mich ran, dass ich schon durch Hemd und T-Shirt ihre spitzen Nippel spüren konnte und küsste sie einfach still.

Sie bog ihr Kreuz durch, ihre Beine wurden steif und starr und sie begann am ganzen Leib zu vibrieren. Oh Gott, Eugen, was für ein Vulkan. Sie ist mindestens so heiß wie dein geliebter Pornostar Lola Fickoletta.
Sie riss mir Hemd und T-Shirt vom Körper, biss mich in Nacken, Brust und Ohrläppchen und bebte dabei weiter wie der Vesuv auf Sizilien.
Aua! Sie hielt mich wohl für einen Masochisten. Hätte sie, statt so viel Mumm in sich reinzuschütten, lieber vorher was gegessen, anstatt mich hier mit Bisswunden zu verunstalten!
Aber ich machte mich sofort für die altbewährte Eugen'sche Gegenoffensive bereit.

Ich wühlte mich unter ihrer Bluse hindurch bis zum BH-Verschluss und öffnete selbigen gekonnt mit einem lockeren Zwei-Finger-Schnipp.
Perfekt. Es klappte direkt beim ersten Mal, aber sie reagierte in keinster Weise auf die plötzliche Brustfreiheit am Dekolleté.
So, Eugen. Nun war ihre super enge Lederhose an der Reihe und ich machte mich mühevoll an ihren Hosenknöpfen zu schaffen.
Man hat ja keine Vorstellung, wie beschissen sich Knöpfe aus einem Lederknopfloch lösen lassen. Aber das war mir in meiner Erregung nun auch völlig schnuppe. Zur Not hätte ich die beschissenen Knöpfe auch mit den Zähnen rausgerissen!

Gerade auf dem Höhepunkt meines Triumphes, die Lederhose besiegt zu haben, angekommen, ließ mich Dagmar mit den ernüchternden Worten: „Nana, mal nicht so schnell mit den jungen Pferden, ich gehe mal eben nach nebenan und mache mich chic für dich“ wieder auf den Boden der Tatsachen zurückkommen.
Wie, jetzt chic machen? Nackt wollte ich sie haben. Pudelnackt, wie der liebe Gott sie erschaffen hatte, und jetzt ließ sie mich einfach hier in Unterhose und Socken alleine auf dem Sofa sitzen?

Echt, das kann jetzt nicht ihr Ernst sein. Ich sitze hier schon mit meinem Fahnenmast in Lauerstellung, hatte sie nur noch im Slip auf der Liebescouch neben mir sitzen und sie will sich wieder chic für mich machen?
Nach zirka zehn Minuten hörte ich Dagmars Stimme aus ihrem Schlafzimmer, wie sie nach mir rief: „So, mein Sü-

ßer, ich wäre dann so weit. Du darfst eintreten in das Reich von ‚Madame Erotique'."

Wie, „Madame Erotique"? Ich dachte, ich würde jetzt eine Runde mit Dagmar pimpern, aber was war das für eine „Madame Erotique?

Also gut, Eugen. Sie hat dich gerufen, also lass sie auf keinen Fall zu lange warten.

Ich also rein in das Schlafzimmer, als ich sprachlos im Türrahmen stehen blieb.

Ihr Hobbyraum war so dekoriert, dass er mich anturnte, aber mir gleichermaßen auch Angst bereitete. Fast der gesamte Raum, inklusive ihrer Spielwiese, war mit dunkelroten und schwarzen Tüchern verkleidet. Ihr Bett war aus schwarzem Metall und an allen vier Bettpfosten waren Handschellen befestigt. Im Raum brannten überall Kerzen, so dick, wie ich sie bisher nur in Kirchen gesehen hatte, und auf einer Holztruhe lag ein geöffneter, roter Koffer, randvoll mit den tollsten Spielzeugen für große Jungs.

Ich war schlichtweg sprachlos. Vor allem über den Fummel, den sich Dagmar oder besser gesagt „Madame Erotique" inzwischen angezogen hatte.

Sie lag lasziv, mit leicht angewinkelten Beinen und langen schwarzen Overknee-Stiefeln auf ihrer Liebesmatratze. Ihr Oberkörper war in eine eng geschnürte, mit Nieten besetzte Lederkorsage gepresst und ihren knackigen Popo hatte sie in eine lederne Hotpan gezwängt, die vorne gerade mal einen Zentimeter über Schamlippenlänge hatte.

Selbst ihren Hals zierte ein genietetes Lederband, das sie sicherlich in irgendeiner Fressnapf-Filiale erstanden hatte.

In den Regalen standen Frauenkörper in Gips und die Wand über ihrem Bett zierte ein Liebesakt unter Frauen.

An sich ein geiles Bild in Öl, allerdings hätte ich an dieser Stelle schon stutzig werden müssen. Bin es aber nicht geworden, zu spitz war ich in diesem Moment.

Dagmar kam mir diesmal bei der Einleitung unserer Liebesnacht zuvor und begann sehr gezielt und recht schnell, mich pudelnackt zu machen.
„Whow, du stehst wohl auf heiße Liebesspielchen, Süße?“, hauchte ich ihr ins Öhrchen.
„Ja, mein scharfer Hengst. Ich mag es, wenn du hilflos vor mir auf dem Bett liegst und ich dich nach Strich und Faden verwöhnen kann.“ Sprach es und ließ, bevor ich antworten konnte, die erste Handschelle klicken.
„Ups, du gehst aber ran, Dagmar.“
„Nicht Dagmar, ich bin jetzt ‚Madame Erotique‘ für dich. Vergiss Dagmar und alles was bisher war.“

Leichter gesagt als getan, dabei einfach so abzuschalten. Zumal wir schon seit 20 Minuten auf dem Bett lagen, sie aber meinen Schniepi noch nicht ein einziges Mal berührt hatte.
Kaum hatte ich den letzten Satz von wegen „vergiss Dagmar und so weiter“ verdaut, da schnappte auch schon die zweite Handschelle, diesmal an meinem rechten Arm, zu.
Heiligs Blechle, würde ein Schwabe jetzt sagen. Genau solch eine Situation wollte ich immer vermeiden. Aber gar nicht so einfach, wenn die Sexualhormone verrückt spielen.
Irgendwie fühlte ich mich ein bisschen ausgeliefert und kam nicht richtig auf Touren. Auch wenn Madame Dagmar jetzt zumindest damit beschäftigt war, meinen Pillemann mit einer roten Hühnerfeder zu stimulieren.

Irgendwie beschlich mich das dumme Gefühl, dass „Madame Erotique“ einer dabei abging, mir dabei zuzusehen, wie ich so wehrlos dalag und vor Geilheit fast platzte. Erschwerend kam im Übrigen noch dazu, dass inzwischen nicht nur meine Arme, sondern auch meine Beine an ihren Bettpfosten angekettet waren.
Auch mein Bitten, die Sache wenigstens langsam mal in die Hand bzw. in den Mund zu nehmen, ignorierte sie gänzlich, als es plötzlich an ihrer Haustür klingelte.

Gar nicht überrascht, eher als erwarte sie noch Besuch, sprang sie freudig auf und öffnete die Wohnungstür.
Mein Gott, was für eine beschissene Situation. Was, wenn sie den Schlächter aus Halloween oder Freddy Krüger zu Besuch geladen hatte und ich hing hier pudelnackt an allen vieren gefesselt an ihrem Bett fest.
Ich vernahm eine zarte, fast schon piepsige Frauenstimme. Der nächtliche Besuch war also auf jeden Fall schon mal weiblichen Geschlechts, was mich ein wenig beruhigte.
Ich konnte von der Begrüßung und dem darauf folgenden kurzen Gespräch der beiden leider nur Bruchstücke verstehen. Eines wurde mir allerdings schnell klar, es ging darin um mich.

Nach zirka fünf bis acht Minuten öffnete sich die Schlafzimmertür und Dagmar betrat mit einer ungefähr 1,65 m großen, brünetten 25- bis 30-jährigen Superbraut den Raum.
„Darf ich vorstellen? Das ist Yvonne, meine Freundin und Spielgefährtin, und das ist Eugen, für heute Abend unser V.I.P.-Gast in der ersten Reihe.“

„Hi, freut mich. Könnte mich einer von euch beiden jetzt mal bitte aufklären, was hier überhaupt abgeht?“
„Och, du Dummerchen, sei doch nicht so neugierig. Entspann dich und genieße den Abend.
Du bist heute unser ganz besonderer Gast und leider nur der visuelle Kick, den mein Schätzchen hier braucht, um richtig auf Touren zu kommen.“
„Was? Visueller Kick? Ich will pimpern und wenn ihr wollt, auch gerne euch beide.“
Langsam dämmerte mir, was hier abging. Die beiden waren ein lesbisches Pärchen und geilten sich doch wahrhaftig daran auf, mich in dieser demütigenden Position am Bett gefesselt vor sich liegen zu sehen.

Die beiden begannen sich mit ihren Zungen zu küssen und zu streicheln, während sie sich langsam dabei auszogen.
Direkt neben dem Bett lag auf dem Boden ein flauschiges Fell, das die beiden nun hemmungslos als Spielwiese für ihre geile Lesbennummer zweckentfremdeten.
Ich konnte machen, was ich wollte. Mein Pullermann stand fest und hart auf 12:00 Uhr, die Handschellen ließen sich nicht lösen und meine Blicke ließen sich einfach nicht von den beiden ineinander verschmolzenen Frauenkörpern abwenden.
Die beiden zogen alle Register. Es kamen sämtliche Spielzeuge aus dem großen roten Koffer zum Einsatz, mit denen eigentlich ich meinem Spieltrieb freien Lauf lassen wollte.
Aber nichts dergleichen. Während die beiden Lesben-Muschis sich sämtliche Körperöffnungen mit den ausgefallensten Sexspielzeugen füllten, lag ich wie ein dusseli-

ger Depp da, war ans Bett gekettet und musste gezwungenermaßen den beiden hilflos dabei zuschauen.
Jetzt mal ehrlich. Zwei Frauen, die sich gegenseitig verwöhnen, sind doch das Geilste, was sich ein Mann vorstellen kann.
Aber doch bitte schön nur dann, wenn man früher oder später auch die Möglichkeit hat, selber irgendwann zum Abschuss zu kommen.
Mindestens eine Stunde dauerte die unbefriedigende Sexfolter, bis sich „Madame Erotique" und ihre Liebesdienerin gegenseitig zum Höhepunkt gepeitscht hatten.

Im Nachhinein muss ich zugeben, dass die Show, die die beiden Hühner aufs Parkett legten, wirklich sehenswert war und das Beste, was ich von zwei Weibern jemals wieder gesehen habe.
Mich befreiten sie nach ungefähr zwei Stunden, jedoch gefühlten fünf Stunden, von meinen Handschellen und verabschiedeten mich an der Haustür mit dem Satz: „Gute Nacht, Süßer, hoffentlich hat es dir auch gefallen."
Am liebsten hätte ich noch im Türrahmen beide entweder noch mal so richtig durchgenudelt oder ihnen zumindest ordentlich den Arsch versohlt. Ich war mir selber nicht mehr sicher, was von beidem ich lieber getan hätte.
Hundemüde und wütend über mich selbst, wie leichtfertig ich mich in solch eine aussichtslose Situation gebracht hatte, machte ich mich auf den Heimweg. Noch in dieser Nacht schwor ich bei Gott, dass mich nie wieder eine Frau an ihr Bett fesseln würde, so wahr ich Eugen Techmann heiße!

Kapitel 13 (Das blaue Wunder)

Was für ein scheiß Abend gestern, dachte ich mir noch am nächsten Tag auf dem Weg zur Muckibude, in der ich heute mein mir selbst auferlegtes Ausdauertraining starten wollte.

Da es Sonntag gegen Mittag war, war im Studio nicht allzu viel los und so war ich froh, dass neben meinem alten Kumpel Piet noch ein Stepper frei war, den ich mir gleich in gekonnter Mallorca-Manier mit meinem Handtuch reservierte.

Denn die Zeit für eine leckere Tasse Kaffee vor Trainingsbeginn würde ich mir von niemandem nehmen lassen.

Piet war ein echter Freund. So einer, den man immer um einen guten Rat fragen konnte und ein kleiner Witzbold noch dazu.

Es war nämlich ein Spleen von ihm, gute Freunde immer zuerst mit einem dämlichen Spruch oder Witz zu begrüßen.

Während ich so auf Stufe 6 vor mich hin steppte, kam ich mit Piet ins Gespräch, dem nach 78 Minuten auf Stufe 15 bereits die Schweißperlen über die Stirn liefen.

„Eugen, alter Schwede. Sag mal, wie lang kann man einen Kitzler ziehen?“

„Keine Ahnung, aber du wirst es mir sicherlich jetzt sagen.“

„So lang, bis du eine in die Fresse kriegst.“

„Oh Mann, Piet.“

„Und was machen die Frauen so, Eugen?“

„Och, nix, Piet. Kennste doch. Suchste eine, findste keine, und willste keine, nerven se alle!"
„Ja, Alter. Kenn ich, wem sachste das! Aber hör mal. Sollen wir beide nicht mal wieder 'nen richtig schönen Männerabend mit 'nem Kasten Kölsch und ein paar DVDs machen?"
„Bin dabei, gute Idee. Wann denn?"
„Och, egal. Wenn du Lust hast, auch gerne mal in der Woche. Hab noch Urlaub.
Kannst du dann ein paar Filme besorgen? Kommst nach der Arbeit doch sowieso direkt an der Videobude vorbei."
„Nee, Piet. Komm ich nicht mehr. Ich geh mir meine Filme jetzt immer woanders holen. Hab die Videothek gewechselt."
„Och, warum denn das? Etwa weil Monika nicht mehr da arbeitet?"
„Ja, genau. Das war einer der Gründe."
„Ja, Monika war echt 'ne Nette und kannte auch wirklich jeden einzelnen Film. Aber die haben auch schon eine Neue da. So 'ne Lesbe, heißt Dagmar, glaube ich."
Schlagartig dachte ich, ich hätte plötzlich einen Hörfehler oder falsch verstanden.
„Was sagst du, ist die? Lesbisch etwa? Bist du dir da sicher, Piet?"
„Aber 100 %, Eugen. Ein Arbeitskollege von mir hatte nämlich ein Date bei ihr und du kannst dir gar nicht vorstellen, was die mit ihm gemacht hat."
„Keine Ahnung, Kumpel. Schieß schon los, was denn?"
„Ey Eugen, das kann ich dir nur erzählen, wenn du auf deine Lustnudel schwörst, dass du das im Leben niemals jemandem weitererzählen wirst!"

„Ich schwöre bei meinem Heiligtum, meiner Lustnudel.“
„Also, die hat ihn am Bett festgekettet und mit einer Freundin zusammen mit Kerzenwachs übergossen und dann, stell dir vor, haben die beiden seinen Zipfel mit einer Feder stimuliert.
Aber rangelassen haben die ihn nicht. Nur mit ihm gespielt, der Ärmste.“
Plötzlich hatte ich das Gefühl, als überkäme mich ein Déjà-vu und mir blieb augenblicklich die Spucke weg.
„Ach, du meine Güte, Eugen. Ist alles okay mit dir? Du wirst ganz blass.“
„Ooooh, Piet. Mir wird ganz flau und schwarz vor Augen.“

Als ich wieder zu mir kam, schaute ich in die Augen drei besorgter älterer Damen und zweier Muskelprotze, von denen mir einer mit seinem Handtuch frische Luft zuwedelte und der andere meine Beine hochhielt.
Piet hielt meine Hand und versuchte mich mit leichten Ohrfeigen wieder fit zu machen.
Keine Ahnung, wie lange ich da so lag, aber nach dem Stand der Dinge konnte ich mich scheinbar jetzt in die Reihe der notgeilen Deppen einreihen, die die beiden Lesben-Schnecken schon verarscht hatten.
Am Montagabend saßen wir nun also zu zweit zuhause bei Piet vorm Fernseher und zogen uns zuerst einen billigen Porno und dann zum achten Mal „Coyote Ugly“ rein, weil wir beide so dermaßen auf Piper Perabo abfuhren.
Wir unterhielten uns über Gott und die Welt und natürlich unsere Lieblingsthemen Sex, Autos, Filme und Frauen.

Dabei vernichteten wir Schluck für Schluck einen halben Kasten Gilden Kölsch, den ich noch schnell eisgekühlt am Kiosk gegenüber besorgt hatte, und vier Tüten Chips.

Der Pornofilm hatte nichts Besonderes zu bieten, eben die Standards, die man zuhause ohne weiteres mit der eigenen Frau auch vollbringen konnte.
Wieder mal unglaublich allerdings waren die Penislänge unseres Hauptdarstellers und seine unglaubliche Standfestigkeit.
„Schau dir das an, Piet. Der bürstet die flachbrüstige Blondine jetzt schon fast 'ne halbe Stunde lang in allen Positionen. Das geht doch nur, wenn die den Streifen im Nachhinein zusammengeschnitten haben, oder was meinst du?"
„Ach Eugen, wo lebst du denn? Diese Pornodarsteller schmeißen sich heutzutage doch alle vorher 'ne Viagra ein!"
„Wie jetzt? Viagra? Du meinst diese Potenzpillen für Senioren und Impotente?"
„Klar, Alter, das blaue Wunder. Die wirken sogar bei Frauen."
„Bei Frauen? Was wird denn bei denen steif, der Hals etwa?"
„Nein, die werden dann einfach untenrum auch etwas besser mit Blut versorgt und dadurch schneller geil davon."
„Sag mal, Piet, woher weißt du denn das alles so gut? Hast du das Zeug etwa schon mal selber ausprobiert?"
„Ey Mann, na klaro hab ich das schon. Der Ulf aus unserer Muckibude, der kann welche besorgen und ich kann dir sagen, da gehste ab wie ein Zäpfchen.

Da kannst du spritzen wie ein Feuerwehrschlauch. Übrigens, kennste den schon?
Was ist der Unterschied zwischen einem Fixer und einem Viagra-Konsumenten?
Na, keiner. Bei beiden kommt es schon mal vor, dass sich einer totspritzt!
Ha, ha, ha. Ich könnt mich jedes Mal schlapp lachen, wenn ich den höre."
„Ja, gar nicht schlecht, aber wie findest du den?
Was passiert, wenn du Viagra und Valium zusammen einnimmst?
Du hast eine Mörderlatte und es ist dir scheißegal!
Aber jetzt mal im Ernst, Piet, ist das nicht gefährlich?"
„Eugen, was soll denn da schon gefährlich sein? Biste krank oder haste ein Herzleiden?"
„Nee, wieso? Sollte ich?"
„Nein, natürlich nicht, aber wenn es so wäre, könntest du eventuell einen Herzinfarkt bekommen. Obwohl, wäre sicherlich ein schöner Tod. Ich sehe schon die Anzeige im Kölner Express:
Eugen Techmann verließ uns diese Woche bei der Ausübung seiner Lieblingsbeschäftigung.
Er erlag völlig unerwartet und viel zu jung einem Herzinfarkt, während er es einer 48-jährigen Domina im Kölner Pascha so richtig von hinten besorgte. Gott hab ihn selig."

Am nächsten Tag konnte ich mich, voller Erwartung auf meinen Besuch im Fitness-Studio, kaum auf meine Arbeit konzentrieren.
Allerdings nicht, weil ich meine Ausdauer-Pläne endlich in die Tat umsetzen wollte, sondern weil ich hoffte, Ulf, den Bodymaster, dort anzutreffen.

Ulf war ’ne echte kölsche Jung. Einer so aus dem Leben. Er war hoch wie breit. Nicht, dass er klein war, nein, er war so dermaßen mit verbotenen Substanzen vollgepumpt, dass er wie ein vollgepackter Koffer aussah, der jederzeit zu platzen drohte.
Hochdeutsch sprach er nicht. Musste er aber als Monteur bei Ford in der Schlosserei auch nicht. Das Beste an Ulf aber war, dass er ein herzensguter Kerl war, der einem alles, was das Sortiment einer Apotheke so hergab, besorgen konnte. Woher, weiß der Teufel.

„Hey Ulf, wieder fleißig Eisen am stemmen?“
„Mensch Eujen, sieht mer dich och ens widder hee em Studio?“
„Ja, Ulf, hab eben auch noch andere Dinge zu tun. Nicht so wie du, nur Arbeit und Training.“
„Joh, Jung, esu iss dat ävver, wenn do immer su ne Sparjeltarzan blieve willst, dann bist ja op däm richtije Wäch.“
„Hör mal, Ulf, warum ich heute überhaupt hier bin. Der Pict hat mir erzählt, du könntest mir ’ne Viagra besorgen?“
„Pschhh, nit esu laut, du Schwemmbotz. Muss ja nit jeder mitbekomme!“
„Tschuldige, Ulf. Also kannst du mir das Zeug besorgen?“
„Jo sicher dat. Sin allerdings immer vier Stöck in ner Packung, einzeln jevven et die nit.“
„Okay und was kosten die für mich?“
„Jung, normalerweise 10 € dat Stück, aber für dich, Sonderpreis vier Stück für 45 €.“
„Äh, danke, Ulf, das ist ja echt ein Schnäppchen, aber …“

„Nu mach dir nit dat Höschen nass, war nur en kleiner Scherz, natürlich 35 €."
„Super, Ulf, is gebongt. Wann haste die da?"
„Morge Ovend, Eujen, so gegen 20:00 Uhr hier im Studio. Bis dann, ich muss jetzt wigger mache."

Na, das ging doch ganz einfach. War zwar viel Geld, aber ich erhoffte mir auch 'ne Menge Wirkung von meinen kleinen blauen Wunderpillen.
Jetzt brauchte ich mir die hässlichen Hühner nicht immer für viel Geld und böse Kopfschmerzen am nächsten Tag schön saufen, sondern würde gleich bei jeder einen hoch kriegen!
Ulf war wie immer pünktlich wie ein Maurer um 20:00 Uhr beim Sport. Ja, so ist das eben bei diesen Anabolika-Schleudern. Disziplin beim Training haben die wirklich. Da kann man glatt seine Uhr nach stellen.
Der Deal lief schnell in der Umkleidekabine, Geld gegen Ware und noch der gut gemeinte Ratschlag von Ulf: „So, Schmal, nemm ävver op jede Fall immer nur eine un am beste eine Stunde, bevor du poppe willst, klaro? Nit, dat du mir sonst noch ene Hätzkaspar krist."
„Ja, Ulf, danke. Werde ich machen. Immer nur eine und am besten eine Stunde, bevor's zur Sache geht, hab ich verstanden."
Über alle Backen grinsend, jetzt endlich die blauen Wunder, die mir den ultimativen Kick beim Pimpern bescheren würden, in der Tasche zu haben, machte ich mich auf den Weg zu meinem Kumpel Piet.

Kapitel 14 (Rita nimmersatt)

Piet lag wie immer auf der Couch und glotzte in die Röhre, als ich ihm freudestrahlend von meinem erfolgreichen Geschäft mit Ulf berichtete.

„Ey Eugen, da kannste aber nix sagen. Mir hat die Eiweißbombe vor drei Wochen doch glatt für vier Pillen noch 50 € abgeknöpft. Aber kennste den schon?

Was macht eine 14-jährige Blondine im Puff?"

„Sag es mir."

„Praktikum, ha, ha!"

„Sehr witzig. Aber Piet, so ist das eben im Leben. Angebot und Nachfrage bestimmen den Preis.

Wahrscheinlich laufen bei Ulf die blauen Lustverlängerer inzwischen so gut, dass er die jetzt günstiger anbieten kann. Denke, in zehn Jahren kriegste die eh überall nachgeschmissen."

„Und, Eugen, weiste denn schon, in welcher Lustspalte du die Dinger ausprobieren willst?"

„Nee, Piet, keine Ahnung. Im Moment fällt mir da echt keine ein. Hätte die Dinger lieber schon vor vier Wochen in Brasilien gehabt. Da hätte ich die jeden Tag mit 'ner anderen Zuckerschnute austesten können.

Weißt du denn nix? Denk mal nach."

„Nun, mir fällt da eigentlich so spontan nur die immergeile Nymphomanin Rita ein."

„Du meinst die Rita oben von der Rathausstraße? Die mit den drei Kindern von zwei verschiedenen Männern?"

„Ja, die! Seit wann stören dich schlafende Kinder? Die ist wenigstens immer und überall bereit und macht alle Ferkeleien mit."

Auf dem Heimweg ratterte es in meinem Kopf. Rita war 'ne echte Bumsmatratze und im ganzen Stadtteil bei allen Kerlen und ihren Ehefrauen bestens bekannt.
Sie war so ein geiles Luder, dass sie aus ihrer finanziellen Not als allein erziehende Mutter eine Tugend machte und sich ihr Geld von zuhause mit Cam-Sex verdiente.
Als ich sie mal im „4Carni" auf der Ehrenstraße traf, schwärmte sie mir vor, dass sie damit im Monat zwischen 1.000 – 1.200 Euro steuerfrei verdiene, ohne sich dabei die Hände schmutzig zu machen.
Recht hatte sie ja. Schließlich spielte sie dabei nur an sich selber rum, während sie sich auf einer roséfarbenen Frottee-Decke räkelte.
Sie hatte mich sogar schon einmal gefragt, ob ich nicht mal mitmachen wolle, da einige Kunden ganz verrückt danach wären, einen Live-Act zu sehen.
Aber ich sagte damals ab. Zu groß war meine Angst zu versagen oder gar von meinen Nachbarn erkannt zu werden.
Obwohl es ja schon ziemlich unwahrscheinlich war, dass mein Hausdrache, Frau Böhndorf, einen Computer besitzt oder sich gar auf Camsex.de einloggen würde.

Voller Gedanken, wie ich wann mit wem diese verdammten Potenzpillen austesten könnte, legte ich mich gegen Mitternacht in mein Bett.
Ich schlief schnell ein, träumte von Anna, Anne, Joy, Lorena und all den anderen Blasehasen bzw. Trockenpflaumen.
Als dann jedoch auch noch plötzlich Tim, mein schwuler Airlinehinterlader, in meinem Traum antanzte, musste ich plötzlich mal dringend Pipi.

Und nun kam das, was doch wahrscheinlich jeder kennt. Ein so genannter Pipi-Alptraum:
Ich saß in einem Gay-Club mitten in einem Toilettenraum auf einer Kloschüssel, ohne Wände drum herum. Rundum hingen an allen vier Seiten mindestens 20 bis 30 Urinale.
An jedem dieser Pissoire stand ein behaarter Kerl, oben ohne und mit Lederkäppi bekleidet, und strullerte. Während sie ihre Stange Wasser in die Ecke stellten, schauten mir alle diese heißen Hardcorefedern über ihre Schultern beim Strullern zu.
Mittendrin mein warmer Freund Tim, wie er mit heruntergelassenen Lederhotpants und entblößtem Schwengel auf mich zuschritt.
Mit einem Ruck schreckte ich hoch, setzte mich aufrecht in mein Bett und konnte vor lauter Blasendruck meine Freude darüber, dass alles nur ein Traum war, gar nicht richtig genießen.
Die endgültige Erlösung kam erst auf meiner geliebten Toilette, alleine und ohne männerliebende Analakrobaten, denen einer dabei abging, mir beim Pinkeln zuzuschauen. Schweißgebadet, aber überglücklich saß ich so auf meiner Schüssel.
Der Rest der Nacht verlief friedlich und absolut unbeeinflusst von jeglichen homo- oder heterosexuellen Interferenzen.

Um sieben Uhr holte mich mein Wecker unsanft aus meinem Schönheitsschlaf und offenbarte mir wieder die bittere Realität, dass ich jetzt zwar eine Packung Potenzverstärker besaß, aber keine Frau, um sie auszutesten!

Also musste ich Rita anrufen. Sie war zwar schon 45, hatte drei Kinder und schon 50 % der männlichen Bevölkerung über 18 in unserem Viertel vernascht, aber immer noch knackig.
Dafür war sie aber immer willig und niemals um einen Tropfen des männlichen Fortpflanzungssaftes verlegen.
Sie schluckte einfach alles, was man ihr in den Mund steckte, und manch einer war froh, dass ihm sein Pillermann angewachsen war und sie ihn nicht zum Eunuchen gemacht hatte.
Die Frage war nur, wie sollte ich ein Telefonat mit ihr anfangen? Schließlich hatte ich ihr schon mehr als nur einmal einen Korb gegeben.
Ich hatte einfach Schiss vor der eigenen Courage. Und Angst, versagen zu können, auf einer Frau, auf der schon alle meine Freunde in ihrer Jugend geübt hatten.
Aber sie war so gesehen das beste Testobjekt für die blauen Wunderpillen.

Mal wieder viel zu spät machte ich mich auf den Weg zur Arbeit und schlich mich leise, an Elfie vorbei, in unseren grünen Aufenthaltsraum.
„Sag mal, Elfie, willste heute gar nicht nach Hause fahren?“, rief ich ihr wie selbstverständlich durch die geöffnete Tür nach vorne zum Schalter zu.
„Eugen, wo kommst du denn her? Bist du schon lange hier?“
„Ey, Elfie, Liebchen, hab dich doch vor zehn Minuten, als ich gekommen bin, laut und deutlich gegrüßt. Hast du etwa schlechte Ohren?“
„Ja, muss wohl sein. Sollte vielleicht mal zum Ohrenarzt gehen! Bin dann mal weg.

Ach ja, und achte heute bei den Abrechnungen darauf, dass der Sondertarif noch bis Donnerstag gültig ist."
„Ja, mach ich, Chefin. Das weiß ich doch. Unsere Business-Spezial-Rate noch bis Donnerstag. Schönen Feierabend noch."
So, meine Vorgesetzte war weg. Keine Kunden in Sicht, also schnell ins Büro und Rita anrufen.

„Wellberger, hallo."
„Hey Rita, hier ist Eugen, Eugen Techmann. Weißte noch? Der Eugen von den Ü-30-Partys im Engelshof."
„Mensch Eugen, das ist ja ein Ding. Was verschafft mir denn die Ehre?"
„Ach weißte, wir hatten doch gesagt, lass uns einfach mal telefonieren."
„Ja, stimmt. Erinnere mich, aber das ist jetzt schon über zwei Jahre her. Hatte damals das Gefühl, du hättest kein Interesse an mir."
„Ach Quatsch. Wie kommste denn auf den Gedanken? Hatte damals nur so viel um die Ohren. Was macht die Liebe, Rita?"
„Eugen, ich bin Mitte vierzig, nicht mehr so knackig und habe drei Kinder. Was denkst du, wie groß da die Chance ist, den Richtigen fürs Leben zu finden?
Aber du bist doch noch ein junger Hüpfer. Wie alt bist du jetzt eigentlich?"
„Siebenunddreißig bin ich, aber gefühlte dreißig."
„Hm, hört sich gut an. Warst schon immer mein Typ, Eugen, aber das weißt du ja."
„Nö, woher? Hast du mir ja nie gesagt."
„Jetzt hör aber auf. Kannst du etwa die Körpersprache einer willigen Frau nicht lesen?"

„Wie? Du warst willig und ich habe es nicht bemerkt? So ein Mist, da könnte ich mich ja glatt nach so langer Zeit noch in den Arsch beißen. Wir sollten vielleicht mal einen Kaffee trinken gehen und das in Ruhe ausdiskutieren."
„Ja, das können wir gerne machen, Eugen. Nur wann? Bei mir ist das nicht so einfach wegen der Kinder. Es sei denn, du hast Lust, auf ein Fläschchen Wein bei mir vorbeizukommen, so ab 21:00 Uhr, wenn die Kiddies schlafen."
„Ja, sehr gerne. Wie sieht's denn mit heute Abend aus?"
„Das ist okay für mich. Ich bin sowieso zuhause. Wenn du magst, kannst du um neun da sein."
„Jepp, werde punkt neun vor deiner Tür stehen. Bis später dann."

Geil, das war ein Volltreffer. Wie einfach man doch mit ein paar geschwollenen Worten Frauen dazu bekommen kann, dich einzuladen. Besonders, wenn es allein erziehende Mütter sind, die wegen ihrer Kinder nicht einfach so ausgehen können.
Sollte mich vielleicht in Zukunft mehr auf notgeile, kindsgebundene Mütter konzentrieren.
Auf jeden Fall hatte ich jetzt, was ich wollte. Eine Frau, die mich ohne Alkohol bzw. meine Wunderpillen niemals geil machen würde, die alles mitmacht und die ich auch noch in ihrer eigenen Wohnung besuchen konnte – alles perfekt.

Am Abend dann wieder mein traditionelles Reinigungsritual: Finger, Füße, APP und nach dem Duschen schön mit Kokoscreme einreiben.

Noch mal schnell pinkeln, im Sitzen natürlich, und dann rein mit meiner blauen Wunderpille, in der Hoffnung, dass sie mir mindestens eine fünfstündige Erektion bescheren würde.
Schon auf dem Weg zu Rita malte ich mir in meinen wildesten Gedanken aus, was ich so alles mit ihr anstellen könnte.
Rita war eigentlich überhaupt nicht mein Typ und törnte mich fast genauso wenig an wie damals Anne, die Moerser Trockenpflaume.
Aber eben genau das machte sie zu einer optimalen Probandin für mein Unternehmen „Rammeln auf Blau kann jede Sau".
Obwohl, spüren konnte ich von der Wirkung meines oralen Potenzzäpfchens noch überhaupt nichts und jeden Kilometer, den ich Ritas Wohnung näher kam, wurde ich unsicherer.
Wirken die Dinger überhaupt oder bin ich womöglich der einzige Mann auf Erden, der immun gegen Viagra ist? Tausend Fragen schossen mir durch den Kopf und so steuerte ich auf halbem Wege eine Shell-Tankstelle an, um mir eine Flasche Vitell-Wasser zu kaufen.

Nun war ich im Endeffekt auch nicht schlauer, hatte aber wenigstens etwas zu trinken im Auto. Sollte ich vielleicht noch eine zweite Pille nachschmeißen oder erst mal eine halbe Flasche Wein mit ihr trinken?
Ach, es war furchtbar, denn umso mehr ich nachdachte, desto unsicherer wurde ich.
Sollte ich sie anrufen und unter dem Vorwand, ich hätte eine Autopanne, absagen?

Ach was. Dann würde ich es ja nie erfahren, ob Ulfs Potenzverstärker auch wirklich wirken würden.
Also fuhr ich rechts ran, schraubte meine Wasserflasche auf und schmiss mir eine zweite Viagra-Pille ein. Schließlich weiß man ja nie. Doppelt wirkt halt besser.
Rita wohnte in einer klassischen Hochhaussiedlung in einem Haus mit 15 Stockwerken und ich hoffte nur, dass der Aufzug nicht defekt war. Schließlich wohnte sie in der 12. Etage.
Vor ihrer Haustür angekommen, öffnete sie mir freudestrahlend, in einer Jeans und einem knallroten Strickpulli gekleidet, die Tür.
Ja, Rita war eben nicht so unbedingt das, was man eine Modeikone nennen würde und auch ihr Einrichtungsstil war eher gediegen billig.

Ihr Sofa war, wahrscheinlich vom vielen Cam-Sex-Geräkel, schon total abgewetzt und die Pflanzen auf ihrer Fensterbank boten ein Bild des Grauens.
In einer Ecke, direkt neben ihrem Sofa, hatte sie eine Stehlampe platziert, an deren Lampenschirm beige Stoffbommeln herunterhingen.
Auf dem Couchtisch lagen eine TV-Spielfilm, eine geöffnete Tüte Erdnussflips, roter Nagellack, Nagellackentferner und ein Aschenbecher mit mindestens 12 Zigarettenstummeln darin.
Ihre zwei fetten Katzen lagen in einem Sessel und verteilten ihre Haare gleichmäßig im ganzen Raum, während ich nur hoffen konnte, dass mich die Biester in Ruhe lassen würden.

An dieser Stelle sei erwähnt, dass ich Katzen nicht leiden kann. Du streichelst sie 20 Minuten lang und wenn die Biester keine Lust mehr darauf haben, langen sie dir eine.

Die ganze Atmosphäre in ihrer Wohnung war dermaßen unerotisch, dass ich nur beten konnte, dass 200 mg Viagra-Wirkstoff ein Wunder in mir bewirken würden, denn insgeheim bereute ich das Date mit Rita jetzt schon.
„Schön, dass du da bist, Eugen. Ich dachte schon, du würdest kneifen, weil ich schon damals ja nicht wirklich dein Typ war."
„Ach Rita, so darfste das nicht sehen. Ich war damals nur sehr beschäftigt mit anderen Sachen und hatte einfach keine Zeit für Frauengeschichten.
Aber jetzt bin ich ja hier."
„Ja, und darauf stoßen wir jetzt erst mal an, magst du lieber einen trockenen oder einen halbtrockenen Wein?"
„Och weiste, Rita, mir eigentlich egal. Entscheide du."
Ich hoffte nur, dass sie die Flasche mit den meisten Umdrehungen auswählen würde, denn ohne Alkohol würde eh nix laufen.
Aber wozu noch mal hatte ich mir vor einer halben Stunde noch zwei Viagra eingeschmissen, wenn ich jetzt nicht mal die leiseste Zuckung meines Genitales verspürte?

Rita entschied sich für den trockenen Burgunder, der so trocken und schwer war, dass ich ihn kaum die Kehle herunterbekam.
Nach dem ersten Glas und einer viertel Stunde sinnlosen Geschwafels über Leute aus unserer Schulzeit, die mich eh nicht mehr die Bohne interessierten, wurde mir langsam übel.

Daran änderte auch das zweite Glas Rotwein herzlich wenig, das ich in der Hoffnung, Rita wäre danach schöner, in drei Zügen herunterkippte.
„Mensch Eugen, die erste Flasche ist ja schon fast leer. Na hoffentlich schmeckt der Amselfelder dir genauso gut.“
Ach, scheiß drauf. Ob Amselfelder oder Burgunder, schöner wird sie von beiden nicht mehr.
„Ich muss mal schiffen, Rita. Wo war hier noch mal das Klo?“
„Im Flur gleich rechts die erste Tür.“

Wie ich vor der Kloschüssel stand und seit langem mal wieder so schön im Stehen vor mich hinpinkelte, wurde mir plötzlich und unerwartet speiübel.
Ich bekam rasende Kopfschmerzen und panische Angst, nun die gesamte Latte der Nebenwirkungen von Pfitzer zu spüren zu bekommen.
Aber ich sagte mir: Eugen, reiß dich zusammen und zieh das Ding hier professionell durch. Du hast Rita schon so gut wie in der Kiste.
Aber auch wenn das nun keine große Schwierigkeit war, so blieb doch das Problem, meinen kleinen Piepmatz auf Touren zu kriegen.
Aber kaum wieder im Wohnzimmer angekommen, übernahm Rita ohne viele Worte das Kommando, fiel mir liebesbrünstig um den Hals und begann meinen Nacken, meine Ohren und meinen Hals mit ihren Scheskettkronen zu traktieren.
Sie biss sich dermaßen in sexuelle Ekstase, dass sie mein schmerzverzerrtes Gesicht vollkommen ignorierte und

sich inzwischen unter meinem neuen Esprithemd knabbernd an meinen Brustwarzen zu schaffen machte.

Da hatte sie allerdings meine zweiterogenste Stelle entdeckt und augenblicklich hatte ich das Gefühl, mein sich aufrichtender Lustspender würde meinen Reißverschluss sprengen.
Dieser Zustand sexueller Erregung blieb natürlich auch Rita nicht verborgen und sie fragte mich: „Ui, was haben wir denn da Hartes?“
„Tja Rita, finde es selber heraus oder beantworte mir eine Frage: Was hat 20 Zähne und dahinter verbirgt sich ein Monster? – Mein Reißverschluss!
Noch Fragen?“
„Ha, ha. Na dann wollen wir das Monster mal freilassen.“
Als Rita mir die Hose auszog, fühlte ich mich ein wenig wie eine Silvesterrakete, die endlich gen Himmel steigen durfte. Mein Riemen war hart wie Stahl und stand senkrecht wie ein Marterpfahl.

Zum ersten Mal in meinem Leben ersparte ich mir beim Sex, einer Frau ihr Oberteil auszuziehen.
Schon beim Befummeln konnte ich ertasten, dass die drei Schwangerschaften nicht spurlos an ihren Brüsten vorübergegangen waren. Sie lagen wie zwei flache Lappen in ihrem BH und wurden fast schon überragt von ihren überdimensional großen, tellerförmigen Brustwarzen.
Aus ihrer Jeans hatte sich Rita selber gepellt und es blitzte mir eine sauber rasierte Muschi mit relativ großen Schamlippen entgegen, die mich gleich wieder an den Witz mit dem Truthahn erinnerten.

Aber was sollte ich machen? Ich lag inzwischen pudelnackt, wieder mal nur in Socken, auf ihrem Katzenfellsofa, hatte meine Augen geschlossen und ließ Rita machen, was sie wollte.
Nichts und niemand hätte meine Eiffelturmlatte jetzt noch erschlaffen lassen können, nicht mal Rita selbst.
Alles lief nach Plan und wenn man dabei die Augen schloss und ganz fest an Jennifer Aniston dachte, dann konnte selbst der Amalgam-Mund von Rita wirkliche Wunder bewirken.
Ich hätte platzen können vor Geilheit. Vor allem, weil es Rita meisterlich verstand, meinen Dödi jedes Mal, kurz bevor ich kommen wollte, rauszustöpseln.
So ein Luder. Und mal alle optischen Mängel beiseite gelassen, war sie eine Meisterin des Beischlafs.
Urplötzlich und ohne jegliche Vorwarnung übergoss mich Rita völlig unerwartet mit einer wahren Flut ihres heißen Lustsaftes und unterstützte diesen vaginalen Tsunami noch mit lautem rhythmischem Stöhnen.
„Ja, ja, ja, jaaaaa, ohhh, ist das geil", brüllte sie mir ins Ohr und schon der Gedanke daran, dass die Kinder bei dem Gebrüll wach werden könnten, hätte normalerweise meinen Phallus zusammenfallen lassen.
Nicht so aber heute, denn die blauen Wunder hielten ihr Versprechen und vor allem die Spannung meiner Schwellkörper.
Das ging ja schnell, dachte ich so bei mir und freute mich schon auf meine bevorstehende erektile Belohnung.
Allerdings hatte ich da wohl die Rechnung ohne die Wirtin gemacht, die nicht im Traum daran dachte, mich nun auch endlich in Würde kommen zu lassen.

Es war ein sonderbarer Abend. Ich war geil wie Sau, penetrierte fast drei Stunden eine Frau, mit der ich mich auf der Straße nicht sehen lassen würde und wurde mindestens fünfmal am Abspritzen gehindert.
Als sie es dann endlich doch zuließ, besorgte sie mir einen sauberen Abgang direkt durch die Speiseröhre und dokumentierte es mit dem Satz: „Ach Süßer, es geht doch nichts über eine gute Portion Eiweiß."
Sei es drum. War 'ne saubere Lösung und dafür hatte Rita in dieser Nacht ja mindestens vier Orgasmen und dazu noch ein klatschnasses Katzenhaarsofa.
Ich aber verspürte eine regelrechte innere Zufriedenheit, denn ich hatte bekommen, was ich wollte.
Ich hatte es vollbracht, mit einer Frau zu schlafen, die ich sonst nie im Leben angefasst hätte. Hatte eine Latte wie ein Laternenmast und einen sauguten Orgasmus, wenn auch erst nach zirka drei Stunden.
Was will man als Kerl mehr? Na gut, vielleicht noch ein Fläschchen Bier danach, aber man kann eben nicht alles haben im Leben.

Zuhause angekommen war dann auch das letzte Fünkchen meiner Geilheit verflogen und ich hatte das tierische Bedürfnis, mich gründlich zu duschen und die ekligen, dünnen Katzenhaare aus meiner Poritze zu puhlen.
Aber das kennt wahrscheinlich jeder von uns. Wenn man mit jemandem intim war, den man eigentlich gar nicht begehrt, hat man danach immer das tierische Gefühl, sich einem rituellen Reinigungsprozess unterziehen zu müssen.

Während des Duschens kam mir dann auch, dank Viagra, mein Schniedel wieder ein Stück weit entgegen und kniepte mir mit seinem einen Auge liebevoll zu, als wolle er mir etwas sagen.

Kapitel 15 (Candida albicans)

Am nächsten Morgen fühlte ich mich furchtbar und Gott sei Dank hatte ich mir auf der Arbeit frei genommen, denn ich hatte offensichtlich die Wirkung von gleich zwei Viagra-Pillen unterschätzt.
Mein Schädel hämmerte wie ein Presslufthammer, mein kleiner Freund stand immer noch prall wie eine Siegessäule gen Himmel gerichtet und durch die Nase bekam ich kaum noch Luft.
Sollten das etwa die Nebenwirkungen sein, die auf dem Beipackzettel standen, den ich nicht mal gelesen hatte?
Ich konnte mir nur wünschen, dass es das war und hoffentlich gehörte auch der unangenehme Juckreiz auf meiner Eichelspitze dazu.

Nach einem sinnlos vertrödelten Presslufthammer-Kopfschmerzvormittag machte ich mich nach dem Mittagessen auf den Weg in meine, mit Schweißgeruch verseuchte Muckibude.
„Hi Jupp, alles klar?", begrüßte ich Jupp, den aufgeplusterten, ewig mit seinem Handy telefonierenden Betreiber meiner Anabolikahütte.
„Tach Eugen, wie immer ein Käffchen?"
„Na sicher, Jupp. Wie lange kennen wir uns jetzt schon? Ohne eine Tasse Kaffee schaffe ich doch die 200 kg Bankdrücken heute niemals."
„Du bist echt ein Witzbold, Eugen."
Ja, ja, und du 'ne 120-Watt-Glühbirne in einer Niedervolt-Fassung.

Plötzlich entdeckte ich zu meiner großen Verwunderung, unter einem riesigen Stapel Gewichtscheiben, Ulf, meinen Viagra dealenden Bodymaster.

„Ey Ulf, was machst du denn heute schon so früh hier im Studio?"
„Och Eujen, du Schwemmbotz. Wie off han ich dir schon jesagt, du sollst mich nit anschwade, wenn ich he mit 180 kg op de Bank lige?"
„Tschuldigung, Ulfi, werds mir merken.
Wollte dich nur was fragen. Wegen der Blauen, du weißt schon was."
„Joh secher weiß ich wat, ich han se dir doch besorgt. Wat häste dann?"
„Also ich wollte dich mal fragen, ob du etwas über die Nebenwirkungen weißt. Ich hab nämlich die Packung schon weggeworfen."
„Och, du Jeck, da frögste mich wat.
Also Herzinfarkt, Schlaganfall un Tod sin su op die Schnelle jetz de schlimmste Nebenwirkunge. Ansonsten jet einem de Nos zu, ma wird wat hibbeliger und du krist irre Kopping davon. Dat wor et und ach ja, natürlich 'ne 24-Stunden-Dauerlatte."
„Okay, danke, Ulf. Und was ist mit Juckreiz?"
„Och Eujen, wo denn Juckreiz?"
„Na ja, eben da unten, wo es auch wirkt."
„Nee Eujen. Davon han isch noch nie jet jehört. Da würd isch et mol mit wäsche versöke."
„Ja, Ulf, dann danke für deine ehrliche Antwort und noch viel Spaß beim Training."

„Joh Jung, jään jeschehen. Ich muss jetzt och wigger mache und denk daran. Immer nur eine Pille auf einmal nehmen, nie zwei.“
„Aber na klar doch, Ulf.“

Nun war ich wieder mal so schlau wie vorher. Okay, Herzinfarkt und Schlaganfall hatte ich zum Glück keine, Kopfschmerzen dafür ohne Ende und die Atmung war auch nur noch durch den Mund möglich.
Das mit dem Jucken konnte ja auch vielleicht ’ne allergische Überreaktion auf Ritas Katzen gewesen sein.
Einzig meine Dauererektion machte mir inzwischen zu schaffen. Ich hatte mir am Morgen auf die Schnelle nur meine Trainingshose angezogen und schon im Sportstudio immer das Gefühl gehabt, mit einem Zelt herumzulaufen.
Beim rückwärts Einparken dann jedoch entpuppte sich mein erektiler Wurfspeer endgültig zu einem absoluten Hindernis.
Jedes Mal, wenn ich mein Lenkrad um 90 Grad einschlagen wollte, stand er mir als Zelt gewölbt, wie die Zeiger einer großen Bahnhofsuhr um punkt 12:00 Uhr, im Weg.
Es war echt schon nicht mehr lustig und zuhause angekommen beschloss ich, erst einmal eine erfrischende kalte Dusche zu nehmen.

Am Tag darauf weckte mich nicht wie gewohnt mein Wecker, sondern mein kleiner Piephans mit einem aufdringlichen Jucken, wie ich es bisher nur von meinen Kopfläusen in der Grundschule kannte.

Ich konnte mich kaum auf meine Arbeit konzentrieren und Elfie war nun weiß Gott nicht der richtige Ansprechpartner für mein Problem!

Also rief ich kurzerhand meine Freundin Irene an und verabredete mich auf einen Cappuccino mit ihr im Rathauscafé.

„Nun schieß schon los, Eugen. Was für ein Problem hast du denn, worüber du am Telefon nicht sprechen wolltest?", fragte Irene neugierig.

„Nun, weißt du, Irene. Ich war vorgestern bei einer Frau mit zwei vollkommen ekligen Katzen im Haus."

„Na und? Ist das was Besonderes?"

„Na ja, es geht ja noch weiter. Wir hatten nichts an und die Katzen liefen überall rum.

Und seit diesem Abend habe ich so einen schrecklichen Juckreiz. Ich dachte, du kennst dich mit so was aus. Vielleicht ist das ja 'ne Allergie oder so was."

„Ja, Eugen, wo juckt es denn? In der Nase oder den Augen oder wo?"

„Nein, leider nicht. Es juckt an meiner besten Stelle, mitten drauf."

„Oh, oh. Das hört sich aber stark nach einem Genitalpilz an. Eher weniger nach einer Katzenhaarallergie."

„Mal den Teufel nicht an die Wand, Irene. Ist so was gefährlich?"

„Nein, Eugen. Wenn du früh genug was dagegen tust nicht. Allerdings hochgradig ansteckend."

„Oh Mann, was soll ich denn jetzt machen?"

„Geh einfach in die Apotheke und hol dir was gegen Pilze, z. B. Canesten."

„Warte, das muss ich mir aufschreiben. Wie heißt das Zeug noch? Kannst du mir das bitte aufschreiben?"

„Ja, Eugen, mache ich. Einfach so, wie man es spricht. Mit C am Anfang."
„Okay, danke, Irene. Sei mir bitte nicht böse, wenn ich jetzt abhaue, aber ich flitz jetzt schnell mal in eine Apotheke."
„Nein, Eugen, ist doch kein Problem. Würde ich jetzt an deiner Stelle auch schleunigst machen."

Es war schon so eine Art Glücksgefühl zu wissen, dass ich jetzt nur schnell eine Packung von dieser Salbe kaufen musste, meinen Dödel damit einreiben und, schwupps, morgen früh alle Juckattacken Schnee von gestern waren.
„Guten Tag, kann ich Ihnen weiterhelfen?", begrüßte mich eine außerordentlich attraktive Apothekerin.
„Ähm, ja. Ich hätte gerne eine Packung Canesten."
„Ja, sehr gerne. Was für Beschwerden haben Sie denn?"
„Wieso Beschwerden? Ist nicht für mich, ich soll die für meinen Großvater besorgen."
„Ach so, dann brauchen Sie sicherlich Canesten gegen Nagelpilze. Das kommt bei älteren Herrschaften öfters vor. Wie alt ist er denn genau?"
„Ja so zirka 85, aber was gibt es denn sonst noch für Canesten-Salben?"
„Na, da gibt es eine Menge: gegen Fußpilz, Nagelpilz, Hautpilz und Genitalpilze, aber die würde ich jetzt wohl mal bei Ihrem Großvater ausschließen."
„Ja, wer weiß? Wissen Sie was? Ich nehme mal alle Sorten mit und kann die nicht benötigten Packungen sicherlich wieder umtauschen – oder?"
„Ja sicher. Kein Problem, solange die Packungen verschlossen sind und Sie den Kassenbon aufheben, gerne. Das macht dann zusammen 48,60 €."

Puuh, das war peinlich. Du stehst in einer voll besuchten Apotheke und die zirka Mitte Dreißigjährige, nicht ganz unattraktive Apothekenhelferin fragt dich aus voller Kehle, was für einen Pilz du hast. Womöglich noch nach deinem Genitalpilz.
Na ja, zumindest war ich nun gut bewaffnet und würde gleich zuhause meinem kleinen unerwünschten Eichelschmarotzer zu Leibe rücken und, wenn es sein müsste, auch mit allen Salben auf einmal.

Diesmal las ich mir die Packungsbeilage genau und sorgfältig durch. Nicht wie bei meinen blauen Potenzspendern, wo ich den Wisch leichtfertig mit der Verpackung entsorgt hatte.

„Die Creme mit dem Wirkstoff Clotrimazol dünn auf die betroffene Hautstelle auftragen und einreiben. Um einen bestmöglichen Behandlungserfolg zu erreichen, die Creme über einen Zeitraum von 3 bis 4 Wochen zwei- bis dreimal täglich anwenden."

Ja hallo? Sind die denn des Wahnsinns? Ich will mir doch die nächsten 3 – 4 Wochen nicht mit einem juckenden Pimmelpilz die Zeit um die Ohren schlagen.
Außerdem sollte man in dieser Zeit auf Sonnenbänke, Saunen und öffentliche Schwimmanstalten verzichten.
Aber das geht ja schon mal gar nicht. Einmal die Woche 20 Minuten auf dem Asitoaster müssen einfach sein. Man möchte ja schließlich nicht wie 'ne Leiche aussehen.
Also gut. Hose aus und Luzifer erst einmal gründlich waschen, dann ordentlich abtrocknen, denn Feuchtigkeit

mögen diese kleinen verdammten Eichelchampignons besonders gerne.
Dann ran an die Creme und nicht geizig sein. Ich hoffte nämlich insgeheim, dass dicker auftragen auch schneller zum erhofften Erfolg führen würde.

Aber weit gefehlt. Nach zirka drei Tagen unerträglichen Juckens hatte sich mein Pfeifenkopf knallrot verfärbt und bekam schon leichte Bläschen.
Oh Gott. Was hatte ich mir da nur geholt? Etwa Syphilis oder sogar einen Tripper?
Jetzt war guter Rat teuer und den bekam ich meistens bei Piet, meinem alten DVD-Junkie.
„Mensch Eugen, mit so ’ner Sache darfste echt nicht spaßen. Sieh zu, dass du gleich morgen zu einem Arzt fährst. Am besten gleich zu einem Dermatologen.“
„Einem was?“
„Zu einem Hautarzt, Eugen. Ein Dermatologe ist ein Facharzt für Hautkrankheiten, also genau das, was du jetzt brauchst.“
„Okay, danke, Piet. Werde gleich morgen früh einen Termin machen.“

Nun war jegliche Form von Schamgefühl fehl am Platz. Ich wählte die Nummer eines Hautarztes, den ich im Internet rausgesucht hatte, und sagte der Sprechstundenhilfe am anderen Ende der Strippe, ich hätte einen Tripper und benötige sofort heute noch einen Termin.
„Moment, Herr Teckmann. Da muss ich nachschauen, ob noch was frei ist.“
„Techmann, nicht Teckmann, und das ist wirklich ein Notfall.“

„Na, wenn das so ist. Dann kommse mal um 17:00 Uhr vorbei und bringen Sie bitte genug Zeit mit. Das Sprechzimmer ist sicherlich voll."
Wieso kann denn ein Sprechzimmer eines Hautarztes nur so voll sein? Sollte es etwas so viele hauterkrankte Menschen geben, die mit Genitalpilzen, Trippern oder Geschlechtswarzen zum Hautarzt müssen?
Na ja, egal. Ich hatte jedenfalls meinen Termin und jeede Menge Zeit mitgebracht.
Als ich endlich um 18:30 Uhr den Behandlungsraum betrat, hatte ich bereits drei Galas, viermal den Stern, zweimal den Focus und einen Spiegel gelesen.
Mit schlotternden Knien saß ich auf der Behandlungsliege und wartete auf meinen Gott in Weiß, der mich hoffentlich endlich nach fünf Tagen von meiner juckenden Plage befreien würde.
Zu meiner großen Überraschung kam ein junger Arzt, so in meinem Alter, auf mich zu, begrüßte mich freundlich und meinte ganz locker:
„So, Herr Techmann, dann lassen Sie doch bitte mal die Hose runter, damit wir uns das gute Stück mal anschauen können."
„Ja, meinen Sie ganz ausziehen oder reicht es bis auf die Knie?"
„Ja, natürlich. Das reicht oder haben Sie auch noch Fußpilze? Dann müssten Sie bitte noch die Schuhe und die Socken ausziehen."
Na, der Doc schien mir ja ein richtiger Scherzbold zu sein, was mir allerdings 100-mal lieber war als irgendein steifer Professor Doktor Doktor von über 60 Jahren.
„Hm, das sieht aber übel aus. Wie lange ist er denn schon so gerötet?"

„Na ja, das mit der Rötung fing so vor drei Tagen an."
„Tja, dann werden wir wohl eine Präputium-Entfernung vornehmen müssen."
„Tschuldigung, eine was bitte?"
„Na ja, eine Vorhautbeschneidung."
„Oh Gott, Herr Doktor. Alles, nur bitte das nicht. Gibt es denn überhaupt keinen anderen Weg?"
„Ha, ha. Aber sicherlich, Herr Techmann. Ich schreibe Ihnen jetzt mal eine Cortison-Salbe auf und nehme noch zur Vorsicht einen Abstrich, um eine Kultur anlegen zu können.
Sie haben sich da nämlich einen so genannten ‚Candida albicans' geholt. Einen kleinen, fiesen, nervigen Freund, der zur Gattung der Hefepilze gehört.
Also machen Sie sich keine Sorgen. In 1 – 2 Wochen sollten Sie den auch wieder los sein.
Wenn Sie bis Freitag nichts von uns hören, ist das die richtige Diagnose und durch unsere Pilzkultur bestätigt."
„Vielen Dank, Herr Doktor. Da fällt mir aber jetzt ein Stein vom Herzen und ich dachte schon, es wäre etwas Schlimmeres."
Da war ich aber noch mal mit einem blauen Auge davongekommen und dank der lockeren, lustigen Art meines Arztes, mit diesem doch eher peinlichen Thema umzugehen, hatte ich auch nie wieder Angst, einen Hautarzt aufzusuchen.

Kapitel 16 (Lottokönig)

Es war ein Mittwoch und in meinem Portemonnaie herrschte mal wieder absolute Ebbe.
15,90 € zählte ich gerade noch und hatte bis heute meine drei nicht benötigten Tuben Canesten nicht umgetauscht.
Aber in meiner Geldbörse fand ich nicht nur kein Geld, sondern auch der Kassenbon von der Apotheke war verschwunden.
Na, was soll's. Dann verscherbel' ich die Salbe gegen Fußpilz, Hautpilz und Schuppenflechte eben bei eBay.
Der einzig realistische Weg, jetzt noch legal an Kohle zu kommen, schien mir der Weg zur Lottobude.
Schließlich gibt es jedes Jahr in Deutschland zig Lottomillionäre. Warum sollte nicht auch ich mal das Glück haben?
„Guten Tag, einmal Quick-Tipp komplett bitte und eine Packung Extra-Kaugummis."
„Das macht dann 14,10 € bitte."
„Ja, bitte sehr. Was haben Sie denn noch für 1,80?"
„Och, da gibt es einiges. Vielleicht eine Zeitung oder was Süßes."
Ich nahm mir von meinem letzten Kleingeld eine Fernsehzeitung mit, denn das erschien mir als sinnvollste Investition. Schließlich würde ich den Rest der Woche ohne Kohle eh vor der Glotze verbringen müssen.
Es sei denn, ich räumte den Lotto-Jackpot ab und kaufte mir 'nen eigenen Fernsehsender.
Dann würde ich Stefan Raab zum Chefintendanten machen und Harald Schmidt würde Programmdirektor.

Obwohl, wer von beiden hätte dann eigentlich mehr zu sagen? Intendant oder Direktor?
Ach, was soll's. Könnte ich mir dann ja am nächsten Morgen immer noch überlegen, wenn der SKL-Geldbote vor meiner Tür stünde!

Punkt 20:00 Uhr saß ich also am Abend meines vermeintlichen Lottoreichtums vor meinem Fernseher und konnte es kaum erwarten.
Dann kamen sie: 4, 12, 24, 30, 34, 36 und als Zusatzzahl die 1. Direkt in der ersten Reihe räumte ich schon mal drei Richtige ab. Dann kam lange nichts, bis plötzlich in Reihe 10 die Ziffern 4, 12, 24 und 36 standen. Bingo, ich hatte vier Richtige und konnte mein Glück kaum fassen.
37851. Das waren diesmal nicht die Lottozahlen, sondern die Telefonnummer von Piet.
„Piet, alter Freund. Stell dir vor, ich habe den Jackpot abgeräumt."
„Du hast was abgeräumt?"
„Na, den Lottojackpot. Ich habe vier Richtige."
„Eugen, das ist echt toll, aber vier Richtige sind nicht wirklich viel. Aber hör mal, ich hab 'nen neuen Spruch für dich:
Was ist, wenn bei deiner Sexpuppe die Augen weiß sind? – Dann ist sie voll."
„Boah Piet. Du mit deinen dämlichen Sprüchen. Kannst du dich denn gar nicht für mich freuen?"
„Na klar doch, Eugen, ist nur so, dass du bestimmt enttäuscht sein wirst, meine Oma hat mal vor zehn Jahren sogar fünf Richtige gehabt und nur 80.000 DM gewonnen.

Aber weißt du was? Ich komme morgen Nachmittag mit zur Lottobude, deinen Gewinn abholen."
Ja, das war doch ein nettes Angebot. Dann hatte ich wenigstens jemanden dabei, der mir beim Geld tragen helfen konnte.

Am nächsten Tag standen wir nun voller Erwartungen vor der Lottoannahme und ich überreichte der Lottofee hinterm Tresen freudestrahlend meinen Schein.
„Oh, da haben wir ja einen Gewinner. Das sind dann 181,70 €. Herzlichen Glückwunsch."
„Ja, danke, und was gibt's für den Vierer?"
„Das ist schon alles zusammen. 173,30 € für die 4-er-Reihe und 8,40 € für die drei Richtigen. Macht zusammen 181 Euro und 70 Cent."
„Aber das kann doch nicht wahr sein. Schauen Sie bitte noch einmal ganz genau nach."
„Das brauche ich nicht. Ich habe Ihren Schein ja hier in unserem Computer eingelesen. Es wäre mehr gewesen, wenn Sie auch die Zusatzzahl noch gehabt hätten.
Aber wenn Sie es nicht glauben, können Sie gerne Ihren Lottoschein wieder mitnehmen und in einer anderen Annahmestelle abgeben."
Ich fühlte mich wie von der Panzerfaust geschlagen. Da hatte ich einmal im Leben vier Richtige im Lotto und dann fehlte die beschissene Zusatzzahl zum endgültigen Südseeglück.
„Ach Eugen. Freu dich doch über das Geld und mit der doofen Zusatzzahl wäre es auch nicht so viel mehr gewesen."
„Ach Piet, darum geht's ja gar nicht. Ich krieg nur gerade Zweifel an diesem beschissenen Lotteriesystem. Wie viele

Milliarden müssen denn eingezahlt werden, damit die einigermaßen vernünftige Gewinne ausschütten?
Das kann doch nicht sein, dass ein oder zwei Leute dann 43 Millionen auf einen Schlag gewinnen. Hätten da zwei Millionen nicht auch gereicht?
Dann hätte man den Rest des Geldes auf die 5-er und 4-er verteilen können und alle wären glücklich damit.
Aber was soll's? Für eine sorglose Zukunft ist es zu wenig, also lade ich dich heute zu einem sorglosen Abend in die Stadt ein."

Um 22:00 Uhr setzte uns das Taxi am Kölner Ring ab und wir starteten unsere Tour im Bruegel, einem schönen Laden über zwei Etagen, wo es ab 22:30 Uhr immer die geilste black music mit Live-Bands gab. Wir hatten uns für den Abend viel vorgenommen und so starteten wir erst einmal mit ein paar Fläschchen Corona-Bier.
Gegen Mitternacht, wir waren schon leicht angeschickert, verließen wir den Laden, da uns das Publikum zwar gut aussehend und gepflegt, aber zu steif erschien.
Was wir jetzt brauchten, waren Samba-Rhythmen, Salsa oder Merengue.

Nicht weit entfernt, auf Kölns pulsierender Partymeile, gab es einen Club, der einmal im Monat Salsa-Abende veranstaltete.
Diesen Laden steuerten Piet und ich nun zielstrebig an. Um nicht nur geile, hüftkreisende Samba-Ladies kennenzulernen, sondern um uns selber, rein tänzerisch natürlich, in Caipirinha-Laune zu bringen.
Der Club war brechend voll und es herrschte ein feuchtes, subtropisches Klima.

Nicht nur auf der relativ kleinen Tanzfläche wurde eng umschlungen und immer mit einem Bein zwischen den Schenkeln des Tanzpartners abgetanzt.
Nein, nahezu der ganze Laden war eine einzige Tanzfläche. In der Mitte einige Profis, meistens mit mulattenbrauner Haut und rundherum die ganzen Merengue-Amateure, so wie Piet und ich es waren.
Es war das Paradies für zwei megagut gelaunte Partyhengste von Ende 30, denn das Durchschnittsalter in dem Tanzclub schätzten wir so auf Anfang 30.

Piets erster Gang war natürlich der zur Theke, wo er ganz weltmännisch erst einmal zwei Caipis auf meine Rechnung bestellte und dann in Richtung Toilette verschwand.
Na ja, was soll's. Ich hatte ihn ja schließlich für den Abend eingeladen und immerhin noch ungefähr 150 € meines gigantischen Lottogewinns in der Tasche.
Ich hatte schon die Hälfte meines Cocktails getrunken, als mir auffiel, dass Piet jetzt schon gut eine halbe Stunde verschwunden war.
Doch lange brauchte ich nicht nach ihm zu suchen, denn er hatte sich eine attraktive, kaffeebraune Karibikschönheit geschnappt und führte mitten auf der Tanzfläche eine Art südamerikanischen Befruchtungstanz auf.
Den Damen rundum schien es zu gefallen, denn jetzt wechselte er plötzlich von einer Knackarschperle zur nächsten, während er seinen rechten Arm um ihre Taillen legte und mit seinem Unterleib zuckungsartige Vor- und Rückbewegungen, wie ein Rodeoreiter auf einem Stier, zum besten gab.
Die linke Hand steckte er dabei hinter seinem Rücken in seine linke Gesäßtasche.

Also, wie gesagt, den Frauen rund um die Tanzfläche schien seine lockere, leicht angetrunkene, unbeholfene Art, mit der Hüfte zu kreisen, wirklich zu gefallen.
Den abgefuckten Gesichtern ihrer männlichen Begleiter konnte allerdings scheinbar nur ich entnehmen, dass sie meinen hüftgrapschenden Freund Piet gar nicht so originell fanden.
Als hätte ich es kommen sehen, stürmte ein gut gebauter Kerl so um die 40 auf Piet zu, schubste ihn beiseite und begann ihn zu beschimpfen.
Ich musste handeln, bevor es hier noch zur Sache gehen würde.
„Hey Piet, komm zu mir an die Theke und trink deinen Caipi. Das Eis schmilzt schon."
„Gleich, Eugen. Von so einem Arschloch lasse ich mich hier doch nicht in der Gegend rumschubsen."
Gerade in dem Moment, als ich Piet zu mir rüberziehen wollte, holte er aus und traf seinen Gegner mit der flachen Hand mitten im Gesicht.

Dann ging alles blitzschnell.
Dieser wiederum hielt es nämlich nicht für nötig, sich mit der flachen Hand zu verteidigen.
Seine Faust traf mich hart und unerwartet direkt an der Schläfe. Meine Beine versagten mir den Dienst und ich sah nur noch schwarz vor Augen.
Als ich wieder zu mir kam, funkelten mich mindestens acht glitzernde Augenpaare an, doch ich nahm nur die beiden grünen wahr. Direkt über meinem Mund, Nasenspitze an Nasenspitze sozusagen.

„Er kommt wieder zu sich“, vernahm ich eine sanfte Frauenstimme, die so sexy klang, dass es mir direkt schon besser ging.

„Was ist passiert und wie lange liege ich hier schon?“

„Mensch Eugen, du hast uns vielleicht ’nen Schreck eingejagt.

Na ja, so ungefähr drei Minuten liegst du hier, bist übrigens mein Winnetou.“

„Dein was bitte?“

„Na, mein Winnetou, der hat sich doch auch schützend vor Old Shatterhand geworfen und die Kugel voll abgekriegt.“

„Na prima und du meinst, ich hätte mich extra vor dich geworfen, weil ich so gerne eine Faust in die Fresse kriege? Wo ist der Arsch eigentlich?“

„Ach, den haben die Türsteher gleich rausgeworfen, weil er mit dem Stunk hier angefangen hat.“

„Na, denn ist ja gut. Sag mal, was hat die süße Brünette da eben eigentlich mit mir vorgehabt?“

„Tja, Kumpel. Da muss ich dir leider sagen, bist du ein paar Sekunden zu früh wieder wach geworden. Die ist nämlich Krankenschwester und wollte dich gerade Mund zu Mund beatmen.“

Nachdem ich wieder klar sehen und denken konnte, bahnten wir uns den Weg durch die Menge nassgeschwitzter Frauenkörper und setzten uns an die Bar, von wo aus wir einen guten Blick direkt auf die Tanzfläche hatten. Meine vermeintliche Lebensretterin schien nicht nur ihren Beruf, sondern auch die hohe Kunst des Merengue-Tanzens zu beherrschen.

Außerdem schien sie in festen Händen zu sein, da sie eng umschlungen, fast schon intim, mit einem Model-Typen aus dem Playgirl tanzte.
Leider begnügten sich beide nicht nur mit Tanzen, sondern ließen dabei auch noch ihre Zungen tief in der Mundhöhle des jeweils anderen verschwinden.
„Tja, Eugen. So sind die Frauen. Fast hättest du ihre Lippen eben noch spüren können und schon leckt sie wieder mit ihrem Typ rum."
„Danke, Piet, ich sehe es selber. Kannst dir deine blöden Kommentare ruhig sparen.
Frauen sind eben entweder besetzt oder beschissen, genau wie die Kloschüsseln hier."
„Ich geh dann mal wieder 'ne Runde tanzen, Eugen. Kommste mit?"
„Nee, lass mal. Mein Kopf brummt noch. Ich brauche erst einmal einen Cocktail."
Piet verschwand wie ein Furz im Nebel in Richtung Tanzfläche und ich starrte wie gebannt auf den perfekten Hüftschwung meiner tanzerprobten, wohlgeformten Krankenschwester.

Sie war einfach der absolute Feger. So um die 40 Jahre, tolle Figur, brünette, lange Haare und eben jene funkelnden, grünen Augen, in die ich nach meinem Niederschlag als erstes blickte.
Als ich meinen vierten Caipirinha beim Kellner orderte, fiel mir mein graumelierter, sehr seriös wirkender Tresennachbar auf.
Augenscheinlich fokussierte er genau die gleiche rassige Salsaperle, die immer noch eng verschmolzen mit ihrem Tanzpartner alle Blicke auf sich zog.

„Wahnsinnsfrau, die Brünette – oder?“
„Ja, da haben Sie Recht. Sie hat Temperament und Körpergefühl.“
„Jau und noch ’ne Menge mehr, nämlich Sexappeal und Klasse. Ein richtiges Vollweib. Nur leider scheinbar in festen Händen.“
„Och, würde Sie das etwa stören, wenn Sie sie für sich haben könnten?“
„Nö, ist doch das Problem von ihrem Lackaffen und nicht meines. Übrigens, ich heiße Eugen.“
„Freut mich, Eugen. Ich heiße Joachim und hebe hier wohl etwas den Altersschnitt an.“
„Wieso denn das? Wie alt bist du denn?“
„Nun, ich werde bald schon 63 Jahre alt.“
„Ey, Kompliment. Hätte dich höchstens für 55 geschätzt. Bist du alleine hier?“
Nein, ich bin mit meiner Ehefrau hier. Denke, sie schwirrt hier irgendwo auf der Tanzfläche rum. Darf ich dich auf einen Drink einladen?“

Wir beide kamen richtig gut ins Gespräch und ich erfuhr eine Menge über ihn und seinen Job.
Er kam aus Düsseldorf und lebte dort kinderlos mit seiner Gattin im Nobelvorort Meerbusch.
Er machte bis vor zwei Jahren in Sachen Eisenerz und hatte damit ’ne Menge Kohle verdient.
Doch Kohle alleine machte auch ihn nicht glücklich und eine schwere Diabetes zwang ihn dazu, sein Unternehmen zu verkaufen und sich jetzt auf das Golfspielen zu konzentrieren.

Was für ein schreckliches Schicksal, dachte ich so bei mir, und sicherlich ist er mit einer von den ollen, weiß- oder lilahaarigen Kö-Tussis verheiratet.
Von denen konnte man auf Düsseldorfs Prachtstraße im Sommer eine Menge sehen, wie sie mit ihren weißen Pudeln über die Kö flanierten, nur um ihre Nerze und Brillis einem breiten Publikum zu präsentieren.
Aber das war ja nicht mein Problem und so bestellten wir uns eine weitere Runde Caipirinhas.
„Sag mal, Joachim. Warum fährt ein Düsseldorfer Unternehmer mit seiner Gattin extra bis nach Köln, um auszugehen?"
„Ach, weißt du, Eugen. Wir beide lieben diese offene und fröhliche Art in Köln und verbinden so einen Abend immer mit einer Nacht im Hyatt Hotel in Deutz."
Nicht schlecht. Schließlich waren ja auch schon Michael Jackson, Robbie Williams und Geri Halliwell zu Gast im Nobelhotel.
Kaum hatte ich diesen Gedanken zu Ende geführt, löste sich unsere salsatanzende Traumperle von ihrem hüftkreisenden Sugar-Dandy und kam schnurstracks auf uns zu marschiert.
„Hi Schatz, hast du mich vermisst?"
„Und wie, meine süße Tanzgöttin. Darf ich vorstellen? Meine Frau Maja und das ist Eugen, der junge Mann, der sich eben so mutig vor seinen Freund gestellt hat."
„Hallo Eugen, wie geht es Ihnen?"
„Danke, wieder gut. Sie können mich ruhig duzen."
„Na denn. Trinken wir doch einen Cocktail auf unser Kennenlernen. Schatz, bestellst du mir bitte einen ‚Sex on the Beach'?

Ich werde mich schnell ein bisschen frisch machen." Sprach es und verschwand in Richtung Damentoilette.
„Oh Mann, Joachim. Tut mir leid, was ich vorhin da so gesagt habe, von wegen Wahnsinnsfrau und Sexappeal."
„Ey Eugen. Ist doch nicht schlimm und du hast ja vollkommen Recht. Sie ist eine Wahnsinnsfrau und ich genieße die Blicke der anderen Männer.
Es gefällt mir, wenn sie mit Maja tanzen und dabei einen Ständer bekommen, ihre Brüste berühren und ihre Lippen küssen."
„Ja, aber bist du denn kein bisschen eifersüchtig?"
„Nein, Eugen. Wir sind seit über 20 Jahren verheiratet. Maja ist jetzt 42 und sie weiß, gegessen wird immer noch zuhause."
„So, Jungs, da bin ich wieder. Jetzt aber erst mal Prost auf uns und den schönen Abend."

Oh Gott, was war ich für ein Idiot. Die ganze Zeit lief mir der Sabber aus dem Mund beim Betrachten dieser geilen Frau und saß dabei, ohne es zu wissen, seit fast zwei Stunden mit ihrem Mann Cocktail schlürfend an der Theke.
Nachdem ich Caipirinha Nummer 5 und 6 vernichtet hatte, verabschiedete sich Joachim eben mal auf die Toilette.
Nun stand ich da mit Maja, hätte sie am liebsten direkt hier auf der Theke flachgelegt, als sie mir sanft eine Hand auf mein rechtes Knie legte und sagte:
„Du, Eugen. Sag mal, gefalle ich dir eigentlich?"
„Aber Maja, was für eine Frage. Aber du hast leider schon einen Mann und einen sehr netten noch dazu."
„Ja, das stimmt, Eugen, aber ich will dich ja auch nicht heiraten, sondern nur mit dir schlafen."

Ich war sprachlos. Sie saß nun maximal eine Stunde mit ihrem Mann und mir an der Bar und bei der erstbesten Gelegenheit hauchte sie mir doch glatt ins Ohr, sie wäre scharf auf mich.
Was ging hier denn ab, dachte ich mir, als Joachim am anderen Ende des Tresens auftauchte.
„Du, Schatz, was hältst du davon, wenn wir Eugen mal zu uns nach Hause einladen würden?"
„Ja, Schatz, das ist eine grandiose Idee. Das hätte ich sowieso heute noch vorgeschlagen. Mir scheint, ihr beide kommt gut miteinander klar."

Ich war offen gesagt nun ein wenig überfordert von der Situation und tat so, als würde ich nach Piet suchen und von den Worten der beiden nichts mitbekommen.
„Was hältst du von nächster Woche Samstag, Eugen?"
„Nächsten Samstag? Wozu denn, Joachim?"
„Na, Maja dachte, du hättest vielleicht einmal Lust, uns zu besuchen und natürlich bist du auch über Nacht unser Gast. Platz haben wir in unserem 300-qm-Haus zu Genüge."
„Ja gerne, wenn ihr meint?"
„Super, Eugen, ich freue mich schon sehr. Komm, lass uns tanzen."
Mein Blick schweifte zu Joachim, dessen wohlwollendem Lächeln ich entnahm, dass er damit einverstanden war.
Maja umschlang mich mit ihren langen, schlanken Armen, presste ihren Unterleib fest an den meinigen und begann an meinem Hals zu knabbern.
„Maja, denkst du, das ist jetzt der richtige Ort für solche erotische Knabbereien?"
„Aber absolut, Eugen. Du meinst wegen Joachim?"

„Ja genau, er ist dein Mann und ich mag ihn."
„Ich weiß, Eugen, und genau darum machen wir das hier. Hat er dir denn nicht erzählt, dass es ihn scharf macht, wenn ich mit attraktiven Kerlen wie dir rummache?"
„Doch, hat er. Hab es allerdings nicht für ernst genommen."
„Solltest du aber. Dass er impotent ist, hat er dir aber sicherlich noch nicht anvertraut – oder?"
„Er ist was?"
„Du hast schon richtig gehört. Er kriegt keinen mehr hoch. Er wird stockgeil, aber kann keinen Sex mehr mit mir machen. Liegt an seiner blöden Diabetes. Und das schon seit fünf Jahren."
„Oh, das tut mir leid, Maja."
„Für wen, Eugen? Für ihn oder für mich?"
„Keine Ahnung. Für euch beide."
„Also Süßer, unsere Verabredung steht?"
„Aber sicher, schöne Frau. Ein Mann, ein Wort."
Wir tanzten so noch eine Weile weiter, ich knabberte an ihren Ohrläppchen, sie knetete meinen Arsch und Joachim schaute uns freundlich lächelnd dabei zu.
Nachdem auch Piet inzwischen an der Bar stand und ich meinen siebten Caipi intus hatte, überkam mich plötzlich eine ungekannte Müdigkeit und wir bestellten uns ein Taxi Richtung Heimat.

Eigentlich hatten wir ja vor, meinen Lottogewinn sinnlos zu verprassen, stattdessen aber bezahlte Joachim unsere gesamte Rechnung, lud mich zu sich nach Hause ein und überließ mir für die zweite Hälfte des Abends auch noch seine Ehefrau.

„Netter Typ, dieser Joachim", kommentierte Piet die von mir geschilderte Situation und fügte hinzu: „Halt dir die beiden gut warm. Vielleicht bezahlt er dich ja noch dafür, dass du seine Alte pimperst. Bei diesen reichen Geldsäcken kann man nie wissen.
Übrigens, kennste den schon?
Was ist der Unterschied zwischen Uncle Ben's Reis und einem weiblichen Orgasmus? – Uncle Ben's Reis gelingt immer!
Lustig, nicht wahr? Oh, wir sind ja schon zuhause. Machen wir halbe-halbe, Eugen?"
„Nee, Piet, ist schon okay. Hab doch noch fast 150 € übrig. Ich übernehme das Taxi."
Saumüde ließ ich mich in mein Bett fallen und musste lange über den heutigen Abend und das unmoralische Angebot der beiden nachdenken.

Kapitel 17 (Die Einladung)

Die Nacht über hatte ich einen unruhigen Schlaf und einen wirren Traum.

Ich träumte, wir wären wieder in unserem Salsa-Club in Köln. Ich mit Maja auf einem riesigen Wasserbett mitten auf der Tanzfläche, Piet mit einer Kamera filmend und Joachim saß wie heute an der Bar, allerdings auf einem Regisseurstuhl.

In der Hand hielt er ein großes Megaphon und gab uns Anweisungen.

„Eugen, jetzt dreh sie mal um und nimm sie von hinten. Maja, das rechte Bein ein bisschen höher. Du wirfst sonst einen Schatten. So, und jetzt beide einen bisschen geileren Gesichtsausdruck bitte und das Stöhnen nicht vergessen, Maja. Mehr Konzentration.

Eugen, und du denkst daran, auf keinen Fall zu früh kommen. Das müssen wir close up haben und wenn möglich auf ihre Brüste."

Puuh, was für ein Stress, wenn man schon beim Träumen unter Druck gesetzt wird. Wie soll man sich dann noch aufs Schlafen konzentrieren?

Vor allem, wenn man es in einer Salsa-Bar, mitten auf der Tanzfläche, mit der Frau eines anderen treibt und 200 Gäste einem dabei zuschauen.

Ich war froh, als mich meine Morgenlatte, wenn auch etwas früh, aus den Federn warf und ich keinen vorchoreografierten Sex mehr machen musste.

Zumindest eines wusste ich nun nach diesem Traum: Pornodarsteller würde ich auf keinen Fall mehr werden, ich habe lieber selber beim Vögeln das Ruder in der Hand.

Die folgende Woche verging wie im Flug. Ich hatte ein paar Tage frei und in dieser Zeit Dinge erledigt, die ich immer vor mir hergeschoben hatte.
Am verabredeten Abend wurde ich immer nervöser und schmiss mir vorsichtshalber noch eine meiner blauen Wunderpillen ein.
Dann packte ich meinen BUKO (Beischlaf-Utensilien-Koffer) und machte mich auf den Weg nach Meerbusch bei Düsseldorf.
In der Parkstraße, wo die 300-qm-Hütte der beiden stehen sollte, gab es nicht ein einziges Mehrfamilienhaus oder Grundstück unter 1.000 qm Größe.
Die Straße war eine wunderschöne Allee mit altem Kastanienbestand und die Häuser verfügten ausnahmslos alle über eine Doppelgarage.
Parkstraße 122, hier musste es sein.
Kaum fassbar, aber ich war mir echt nicht sicher, ob das gesamte Grundstück um das Haus herum nun dazugehörte oder es sich dabei um eine öffentliche Parkanlage handelte.
Ich suchte mir auf der Straße einen Parkplatz und betrat die in weißem Kies gebettete Hauseinfahrt mit meiner Tasche in der Hand und einigen Zweifeln, ob ich hier richtig sei.
Vor der zirka 3 m hohen und 2 m breiten Eingangstür angekommen, las ich die Initialen M+J Wagner, kaum zu glauben. Aber ich war wirklich am richtigen Haus.

Ich drückte zweimal auf den Klingelknopf und es dauerte nicht lange, da öffnete mir Maja freudestrahlend die Tür, küsste mich mitten auf den Mund und sagte:
„Hey Eugen, wie schön, dass du da bist. Ich hatte schon Angst, du würdest kneifen."
„Hi Maja. Kneifen wovor? Sollte ich etwa?"
„Nein, natürlich nicht. Gibt ja keinen Grund zum Kneifen. Lass dich überraschen."
„Ah, unser Gast ist da", vernahm ich aus der oberen Etage.
Der Eingangsbereich war wie ein Atrium gebaut und es führte in der gesamten ersten Etage eine Balustrade rund herum.
Vor dort oben begrüßte mich Joachim mit einem Whiskeyglas in der Hand und einem Zigarillo zwischen den Zähnen.

„Macht es euch doch schon mal bequem. Ich komme gleich."
„Okay, Schatz. Was möchtest du trinken, Eugen?"
„Och, was trinkst du denn so?"
„Also, ich habe mir gerade einen Martini eingeschenkt und Joachim trinkt seinen geliebten Malt-Whiskey."
„Na, dann nehme ich auch einen Malt, so was Feines bekommt man ja schließlich nicht alle Tage."
Als Maja die Flasche auf den gläsernen Couchtisch stellte, überlegte ich wahrhaftig, ob ich sie nicht lieber nach einem einfachen Bier fragen sollte.
Auf der Flasche las ich Macallan Fine Oak 25 Years. Ich war kein Whiskey-Fachmann, konnte aber mit Sicherheit sagen, dass diese Flasche nicht unter 200 € zu bekommen war.

Aber da ich mich ja hier scheinbar nicht in einem Arme-Leute-Haushalt befand, legte ich meine Skrupel schnell beiseite und schenkte mir ein Glas des edlen Tropfens ein.
Joachim hatte Stil. Er war ein gut aussehender Mann, trank den edelsten Malt, hatte eine schlossähnliche Hütte und eine bezaubernde Ehefrau.
Dafür bekam er aber keinen mehr hoch. Was mich zu dem Gedanken veranlasste, mir einzugestehen, dass ich lieber auf all die Kohle verzichten würde, dafür aber noch in 40 Jahren die Omis im Seniorenheim beglücken könnte.

„Es ist echt schön, Eugen, dass du heute hier bist und mit uns den Abend verbringen magst.
Sag mal, letzte Woche, da waren wir wohl etwas angeschwipst oder?"
„Ja, das ist wohl wahr. Nach vier Flaschen Corona und so ungefähr sechs Caipirinhas kein Wunder."
In diesem Augenblick rechnete ich mit einer Entschuldigung für ihre freizügige Art in der Salsa-Bar und einem 100%igen Rückzieher, aber es kam ganz anders.
„Na, dann möchte ich dir nur sagen, dass ich dich heute noch viel attraktiver finde als letzte Woche in der Tanzbar, wo ich dich schon soo süß fand.
Es war toll, wie du dich für deinen Freund eingesetzt hast und dann noch die Prügel für ihn einstecken musstest. Hätte so gerne Mund-zu-Mund-Beatmung mit dir gemacht, aber du musstest ja unbedingt von selbst wieder zu Bewusstsein kommen.
Komm mal etwas näher zu mir. Ich finde, wir sollten das mit der Beatmung jetzt endlich nachholen."
„Aber Maja, Joachim könnte doch jeden Augenbl…"

Weiter kam ich nicht, um meine Zweifel anzubringen, denn Maja stopfte mir im wahrsten Sinne des Wortes das Maul, und zwar mit ihrer gesamten Zunge in voller Länge.

Dabei knöpfte sie mir mein Hemd bis zum Bauchnabel auf und begann sich an meiner zweiterogensten Stelle, meinen Nippeln, zu schaffen zu machen.

Ich hatte das Gefühl, als würde mir die Hose mit allen fünf Knöpfen daran platzen und bereute es in diesem Augenblick schon, eine Jeans angezogen zu haben.

Es war eine Qual für meinen Triumphbogen, der sich wacker gegen den harten Jeansstoff meiner Hose stemmte und verzweifelt versuchte, sich in vollem Umfang auszubreiten.

Er wollte raus. Raus in die Freiheit und rein in das Feuchtbiotop dieser Wahnsinnsfrau.

Freiheit für Eugens Schniedel hieß die Parole und wäre ich jetzt mit Maja alleine gewesen, ich hätte ihn aus seiner Gefangenschaft befreit.

Aber da war ja schließlich noch Joachim, ihr erektionsfreier Gatte, der hoffentlich heute noch eine Menge seines Nobelwhiskeys in sich reinschütten würde, um dann möglichst früh, müde im Bettchen zu verschwinden.

„Also, dann will ich mal euren tollen Whiskey testen", versuchte ich die Situation für diesen Moment zumindest erst einmal zu entschärfen.

Schon beim Einschenken verbreitete der 25 Jahre alte Malt-Whiskey eine wunderbare Blume und schimmerte im Glas goldgelb bis zartbraun.

„Na denn Prost, Eugen. Auf einen schönen, harmonischen Abend."

„Ja, Prost, Maja."
Nachdem ich mein Glas halb leer getrunken hatte, gesellte sich auch Joachim zu uns und wir unterhielten uns über Gott und die Welt.
Die Runde wurde zunehmend lustiger und schon bald wurden auch unsere Gesprächsthemen schlüpfriger.
Ich erfuhr, dass die beiden in der Vergangenheit oft Pärchenclubs besucht hatten, regelmäßig FKK-Urlaube machten und auch sonst nicht das waren, was man prüde nennen würde.
Auch seine Impotenz schien kein allzu großes Problem für die beiden zu sein.
„Ach, weißt du, Eugen, es hat auch Vorteile, keinen mehr hochzukriegen. Es zwickt und klemmt nichts mehr in der Hose und du kriegst keine nervige Morgenlatte mehr.
Und außerdem mag es Maja sehr, wenn ich sie mit der Zunge verwöhne, und die funktioniert noch bestens."

Es wurde später und so gegen 01:00 Uhr verabschiedete sich Joachim in Richtung Arbeitszimmer von uns. Er konnte das Spekulieren auf den internationalen Börsen einfach nicht lassen.
„Komm, Eugen. Ich zeige dir mal die obere Etage und dein Zimmer."
„Oh ja, gerne. Nehme mir nur eben noch mein Glas mit auf die lange Reise."
„Wieso lange Reise?"
„Na ja, bei 300 qm Wohnfläche denke ich, wird die Schlossführung etwas länger dauern als in meiner 45-qm-Bude."

„Ja, das wird wohl so sein, Süßer, aber ich will dir ja auch nicht alles zeigen. Nur die beiden Zimmer, die für uns heute von Bedeutung sein werden."
Von Bedeutung? Wie meinte sie das? Ich war seit meinem Erlebnis mit Dagmar und ihrer lesbischen Freundin nämlich mehr als vorsichtig geworden.
Augenblicklich gingen bei mir die Alarmglocken los und ich malte mir die wildesten Situationen aus.

Was, wenn die beiden im Haus eine Folterkammer hatten und mich zu ihrem Sklaven machen wollten? Oder Joachim womöglich ein bi- oder homosexueller Sadist war?
Ach Eugen, reiß dich zusammen. Es wird schon nicht so schlimm sein.
„So, das ist Zimmer Nummer 1, unser Schlafzimmer mit einem 2,5 x 3 m großen, leicht ovalen Bett. Eine Maßanfertigung.
Und direkt nebenan der Raum ist dann dein Schlafzimmer. Eines unserer vier Gästezimmer."
Eines ihrer vier Gästezimmer. Ei der Daus, hier wird nicht gekleckert, hier wird geklotzt! So viel war klar.
„Du kannst deine Sachen ruhig hier lassen, wenn du magst. Ich zeige dir noch schnell dein Badezimmer."
Beim Anblick m e i n e s Badezimmers konnte ich meinen Augen kaum trauen.
Die Badewanne stand erhöht mitten im Raum und in einem Oval, rund um die Wanne, führten zwei Stufen nach oben.
Der gesamte Boden war aus veredeltem Naturstein und die Luxusdusche, von oben bis unten mit Massagedüsen, war mindestens 2 x 2 m groß.

Ein Paradies von einem Badezimmer, in dem ich liebend gern gleich sofort ein Bad mit Maja zusammen genommen hätte.
„Wenn du magst, kannst du gerne ein Bad nehmen oder dich duschen."
„Ja, das würde ich gerne tun. Wenn das okay für dich ist?"
„Ja natürlich. Dazu ist die Dusche doch da. Die beiden Handtücher am Waschbecken sind ganz frisch."
Maja ließ mich im Bad alleine und ich freute mich darauf, die Nobeldusche mit Massageeffekt auszutesten.

Es war traumhaft. Düsen von allen Seiten. Es kribbelte am ganzen Körper und wenn man nicht aufpasste, hatte man direkt einen Düsenstrahl mitten im Popoloch.
Aber kein Problem. Alle Düsen ließen sich von Hand einzeln einstellen und so entschärfte ich gleich mal das Risiko, mir hier selbst einen Klistier zu verabreichen.
Es war wirklich Körperpflege auf höchstem Niveau. Rosenöl, Aloe-Vera-Peeling und Lavendelextrakt waren nur einige der extravaganten Körperpflegeprodukte, die ich an meiner zarten enddreißiger Haut austestete.
Die gläserne Duschwand war vom heißen Wasser so sehr beschlagen und ich dermaßen mit meiner übertriebenen Körperhygiene beschäftigt, dass ich überhaupt nicht bemerkte, wie sich leise die Badezimmertür öffnete.
Ich war gerade dabei, meinen Schniepi mit einer Essenz aus Orchideenblüten einzumassieren, als ich eine Hand an meiner rechten Pobacke verspürte.

„Maja. Was, was machst du denn hier?"

„Sag mal, denkst du, ich lasse es mir entgehen, mir einen gut gebauten, jungen Mann beim Duschen anzuschauen? Und außerdem habe ich jetzt auch Lust auf ein paar heiße Wasserspielchen.“

Maja gehörte scheinbar zu der Art Frauen, die nicht lange fackelten, und so packte sie meinen inzwischen zu einem stolzen Rambock herangewachsenen Lustmolch und übernahm den Massagejob mit dem gut duftenden Blütenzeug.

Wir küssten und umarmten uns, während wir alle möglichen Öle, Blütenextrakte und Duschcremes auf unseren Körpern verteilten.

Für einen Hautallergiker hätte unsere Schaumparty wahrscheinlich den sicheren Tod bedeutet, ich allerdings fühlte mich so sauber wie noch nie im Leben.

Maja schien sexuell dermaßen unterfordert und ausgehungert zu sein, dass sie schon raubtierähnliche Züge annahm.

Sie schien meinen Körper geradezu auffressen zu wollen und die Welt um sich herum einfach zu vergessen. Scheinbar auch ihren Ehemann, der nur zwei Zimmer weiter in seinem Büro noch die Aktienkurse in den USA abcheckte.

Sie war wild, leidenschaftlich und gerade intensiv damit beschäftigt, meinen Johannes mit ihren Lippen und ihrer Zunge zum Explodieren zu bringen.

Das Schlimme an der Sache war nur, dass ich ebenfalls total untervögelt war und schon nach wenigen Minuten mit ihr unter der Dusche dieses verheißungsvolle Kribbeln in der Eichel spürte, das wohl jeder Mann kennt, kurz bevor es abgeht.

Es war der Moment, in dem ein Mann innerhalb weniger Sekunden eine Entscheidung treffen muss. Entweder er gibt nach und genießt den wollüstigen Moment des befreienden Abspritzens, wenn das Ejakulat dem Schrei nach Freiheit folgt, oder er hat die Stärke und die Kraft, ihren Mund vom Gemächt zu trennen, um sich den Lustgewinn noch für später aufzuheben.

Aber ich war mir an diesem Abend der Kraft von Ulfs blauem Potenzwunder sicher und so gab ich gerne dem Kribbeln meines Liebesschaftes nach.
Es war ein königliches Gefühl. Es passte einfach alles. Ein Luxusbad und mit einer Traumfrau, die es wahrlich verstand, auf meiner Oboe zu spielen, unter einer Massagedusche.
„Whow, Eugen. Das war aber eine Menge Eiweißsaft. Hätte mich fast verschluckt."
„Tja, was soll ich sagen, Maja? Hab halt echt 'ne Zeit lang gelebt wie ein Mönch."
„Aber das macht doch nix. Dafür bekommst du heute auch deine Belohnung."
Wie schön. Eine Belohnung dafür, dass ich seit über einem Monat nichts mehr zu pimpern hatte. Das lässt man sich als echter Kerl doch gerne gefallen.
Nachdem wir unsere Duschorgie endlich beendet hatten, cremten wir uns gegenseitig mit einer Vanille-Body-Lotion ein, zogen uns Bademäntel über und verschwanden nach nebenan in das Schlafzimmer mit der ovalen Spielwiese.

Maja wusste genau, wie man einen Mann so richtig auf Touren bringen kann. Sie konnte mit ihren Händen ge-

nauso gut umgehen wie mit ihrem Mund und ihrer Schnecke.
Nicht etwa, dass sie mich gleich zwischen ihre heißen Schenkel ließ. Nein, sie genoss es, mich vom dicken Zeh bis zum Scheitel zu verwöhnen.
Eigentlich wusste ich gar nicht, wie mir geschah. Ich war hier zu Gast, bekam Luxus geboten, und zwar auf höchstem Niveau und wurde dann auch noch von der Dame des Hauses nach allen Regeln der Kunst verwöhnt. Andere Kerle zahlen dafür an einem Abend locker mal ein paar hundert Euro.
Aber warum sollte ich mich beschweren? Ich ließ Maja machen, schloss die Augen und genoss es, ihre Hände und Lippen auf meiner Haut zu spüren.
Als sie dann begann, meinen Nacken zu massieren, wusste ich gar nicht, was mir besser gefiel. Die sanfte Nackenmassage, die sie mir verabreichte, oder das Gefühl ihrer feuchten Muschi auf meinem Rücken, während sie es tat.
Sie rutschte, während sie sich an meinem Nacken und den Schultern zu schaffen machte, auf meinem Rücken auf und ab und hinterließ auf diese Art und Weise eine regelrechte Schleimspur. So wie eine typische Nacktschnecke.
Sie war eine Meisterin des Liebesaktes und ließ keine einzige Variante ihrer sexuellen Experimentierfreude aus.
Es war der helle Wahnsinn. Wir liebten uns von vorne, hinten, oben und unten und ich war schon wieder kurz davor, meinen Fortpflanzungssaft herauszuschießen.
Diesmal musst du stark sein, Eugen, dachte ich bei mir und zog meine Lanze aus ihrem Liebestunnel.

Hätte ich gewusst, was mich in den nächsten fünf Minuten erwartete, ich hätte besser meinem Druck nachgegeben und ganz schnell abgespritzt.

Eigentlich war es nur der Stuhl, der ein knirschendes Geräusch auf dem Terrakotta-Fußboden hinterließ und mich brutal aus meiner sexuellen Ekstase riss.
Ich löste mich aus Majas Schoß und drehte den Kopf nach links, in Richtung des Geräusches, als ich Joachim direkt neben unserer Spielwiese splitterfasernackt auf einem schweren Holzstuhl sitzen sah.
„Oh, Joachim. Es ist nicht das, wonach es aussieht", stammelte ich ihm entgegen.
Aber Joachim sagte keinen Mucks. Es herrschte Totenstille. Nur ein leises, gleichmäßiges Surren konnte ich wahrnehmen.
Es war Maja, die diese Stille durchbrach. „Ey Süßer. Los, mach weiter und kümmere dich nicht um meinen Mann. Er hat schon seinen Spaß."
„Moment! Ich soll hier mit dir rumvögeln und mir dabei von Joachim zuschauen lassen? Spinnst du?"
„Aber Eugen, Joachim kann keinen Steifen mehr bekommen. Ihm macht es Spaß, uns dabei zuzuschauen. Er hat auch gerade seine eigene Art von Spaß."
„Wie, er hat Sex?"
„Noch nie etwas von Elektrostimulation gehört?"
„Nö, hatte mal eine Reizstromtherapie wegen meines Tennisarmes, aber ansonsten keine Ahnung."
„Ja, so ähnlich ist das auch. Joachim hat sich ein Butt-Plug in den Hintern eingeführt und einen Klettgurt mit Elektroden um den Schwanz befestigt."

„Wie jetzt? Er schießt sich den Strom vom Arsch in den Pimmel?“
„Ja, genau. Eine Elektrode im Po und eine am Penis. Er kann so sogar einen Orgasmus bekommen, nur eben ohne einen Steifen zu kriegen.“
„Ey, ihr beiden. Seid mir jetzt bitte nicht böse, aber ich kann das hier echt nicht so als elektronische Wichsvorlage. Außerdem bin ich hundemüde.
Joachim kann dich sicher noch ein bisschen mit der Zunge verwöhnen und ich geh mir jetzt die Zähne putzen.“
Beide schauten mir verdutzt hinterher, während ich in Richtung Luxusbadezimmer verschwand. In meinem Gästezimmer angekommen, verschloss ich gleich mal vorsichtshalber die Tür hinter mir. Man konnte ja nie wissen.
Es war schon echt eine bizarre Situation. Man stelle sich mal vor: Ich wurde von einem stinkreichen Ehepaar eingeladen, er impotent, sie saugeil, pimperte sie in allen erdenklichen Liebesstellungen und stelle dann plötzlich fest, dass er uns dabei zuschaut, während er mit dem Arsch auf ’nem Stromkabel sitzt.
Obwohl mich die ganze Geschichte ja ein bisschen an meine Jugend im Sommerurlaub in Tirol erinnerte.

Damals wollten wir Jungs auch immer wissen, wie es ist, wenn man auf einen elektrischen Kuhzaun pinkelt. Es war ein furchtbares Gefühl. Sollte sich Joachims Elektrodenscheiß etwa genauso anfühlen? Keine Ahnung. Ich wollte es ehrlich gesagt auch gar nicht so genau wissen.
Ich schlief schnell ein, träumte ein wildes Zeug von wegen Stromfolter á la Rambo II und wachte so gegen 09:00 Uhr am Morgen, hungrig wie ein Wolf, auf.

Schon auf dem Weg ins Bad empfing mich der unwiderstehliche Duft gebratener Eier mit Speck.
„Guten Morgen, Eugen. Wie lange brauchst du im Bad? Es gibt Rühreier mit Schinkenspeck."
„Whow, Eier mit Speck am frühen Morgen. Das klingt ja fast wie Urlaub. Brauche ungefähr 15 Minuten, dann bin ich so weit."
„Okay. Tee, Kaffee oder Cappuccino?"
„Ich nehme einen schwarzen Tee, wenn du hast."
Ich kam mir wirklich wie in einem guten 5-Sterne-Hotel vor. Sogar die Handtücher am Waschbeckenrand waren wieder lenorfrisch gewaschen und pikobello gefaltet.
Während ich auf der Toilette mit meiner Viagra gestärkten Morgenlatte kämpfte, überlegte ich ernsthaft, ob ich mich nicht besser direkt nach dem Duschen wieder verdrücken sollte.
Konnte mir wirklich nicht vorstellen, Joachim am Frühstückstisch in die Augen zu schauen.

Frisch geschniegelt und gestriegelt betrat ich das zirka 50 qm große Esszimmer und fand zu meiner großen Verwunderung nur Maja vor.
„Hey, guten Morgen. Bist mir nicht böse, dass ich gestern abgebrochen habe?"
„Aber nein, Eugen. Wir hätten dich vielleicht ein wenig auf Joachims Neigungen vorbereiten sollen. War unsere Schuld."
„Wo ist Joachim denn? Kommt er nicht zum Frühstück? Du hast nur für zwei Personen gedeckt."
„Ja, richtig bemerkt. Er ist wie jeden Sonntag früh auf den Golfplatz gefahren und kommt auch vor 17:00 Uhr nicht wieder zurück."

„Aber sein SL steht doch noch vor der Tür."
„Keine Angst, Eugen. Er ist weg. Er ist mit seinem Porsche gefahren, der Mercedes gehört mir. Joachim hat ihn mir zu meinem 40. Geburtstag geschenkt."
Auch nicht schlecht, mal eben einen 500er Mercedes SL zum Geburtstag.
Aber da der Herr des Hauses ja allem Anschein nach lieber mit seinen Kumpels die Zeit auf dem Golfplatz verbrachte, ließ ich mich nicht zweimal bitten, Majas Einladung zum Frühstück anzunehmen.
Es gab neben den gebratenen Eiern frischen Kräuterquark, Roastbeef, tausend Käsesorten, einen frischen Obstsalat und frisch gepressten O-Saft. Ich fühlte mich wie im Hilton-Hotel.
Nach dem opulenten Frühstück verschwanden wir beide dann noch einmal für den letzten Ritt in die obere Etage auf die ovale Spielwiese.

Maja kam dreimal während unserer morgendlichen Bettsportorgie und ich fühlte mich auf dem Heimweg über die A3 richtig gut. Ich war satt, gut befriedigt und hatte das Gefühl, eine durchaus zufriedengestellte Millionärsgattin in Meerbusch hinterlassen zu haben.
An diese Art von Luxus hätte ich mich glatt gewöhnen können, allerdings war Maja glücklich mit Joachim verheiratet und für mich, als feste Partnerin, gut und gerne zehn Jahre zu alt.
Für den Rest des Tages gönnte ich mir nur noch mein Sofa, eine Flasche Corona und zum 1.001. Mal die DVD von „Coyote Ugly".

Maja und Joachim sah ich übrigens nie mehr wieder und so blieb dieses erotische Abenteuer in der Luxusvilla in Meerbusch einzigartig und für immer und ewig in meinen Erinnerungen.

Kapitel 18 (Isabelle)

Es war an einem Freitag und in meinem Steroide-Tempel war nicht besonders viel los.
Also beschloss ich, mit Piet in die kleine hauseigene Sauna zu gehen.
„Ach, luurens do, die beiden Luftpumpe", begrüßte uns Ulf, der bereits auf höchster Stufe vor sich her schwitzte.
„Tach Ulf, wir freuen uns auch, dich zu sehen", erwiderte Piet ihm mit einem etwas zweideutigen Unterton. Ich hatte mich im Laufe der Jahre schon daran gewöhnt, von Ulf – immer wenn er mich sah – „Schwemmbotz", „Handtuch", „Luftpumpe", „Würstchen" oder „Spargeltarzan" genannt zu werden.
Aber für Ulf waren Kerle eben erst ab einem 50-cm-Bizep richtige Männer. Ihn darauf aufmerksam zu machen, dass sein Schniedel dafür höchstens 5 cm lang war, trauten wir uns leider beide nicht.
„So, Jungs. Ich jeh jetz noch en Rund Latissimus trainiere. Dat solltet ihr och lieber tun, sonst wir nie jet us üch!" Sprach es und verschwand unter die Dusche.

„Du, Piet, weißt du eigentlich, ab wann man von einem Mikropenis spricht?"
„Nee, Eugen. Du etwa? Denke, das ist so was, das Ulf da zwischen den Beinen hat – oder?"
„Ja, Alter. So ungefähr. Also ein Mikropimmel ist von null bis 2,5 cm im steifen Zustand.
Hab ich letzte Woche bei Wikipedia entdeckt."
„So was findet man bei Wikipedia?"

„Klaro und noch 'ne Menge mehr. Hab so einen aber auch schon mal live in der Sauna in Refrath gesehen."
Wir fachsimpelten so hin und her, Mikropenis pro und kontra sozusagen, als die Saunatür aufging und es uns schlagartig die Sprache verschlug.
Im Türrahmen stand eine blonde Elbin, und hätte ich nicht gewusst, dass es Elben nur im „Herr der Ringe" gab, ich hätte schwören können, sie wäre eine gewesen.
Lange blonde Haare, stahlblaue Augen, ca. 1,70 m groß und einen dermaßen süßen Kussmund. Einfach himmlisch.
„Hallo zusammen. Habt ihr was dagegen, wenn ich einen Kräuter-Aufguss mache?"
„Nein, haben wir nicht. Gerne jeden Aufguss dieser Welt, wenn du magst."
Typisch Piet. Kaum war ein nettes weibliches Wesen in seiner Nähe, hatte er auch schon einen dummen Spruch drauf.
„Ich heiße übrigens Isabelle und habe mich letzte Woche hier im Fitness-Club angemeldet."
„Hallo Isabelle. Ich heiße Eugen und das hier ist mein vorlauter Freund Piet."

Wir redeten an diesem Tag nicht mehr viel miteinander. Ich, um nicht aufdringlich zu wirken, und Piet wohl eher, weil er ein bisschen angesäuert über meinen Spruch von wegen vorlauter Freund war.
Was wir allerdings noch von Isabelle erfuhren, war, dass sie Krankenschwester in Köln war und ursprünglich aus Bielefeld kam.
Aber wie sagt man doch immer? Manchmal ist weniger mehr und eine noch so hübsche Frau sollte man auf kei-

nen Fall am ersten Tag schon volltexten und schon gar nicht in der Sauna.

Eine ganze Woche verging und ich rannte jeden Tag in den Schweiß-Club, um Isabelle wiederzusehen.
Eine ganze Woche lang musste ich mir Beleidigungen von Ulf und dumme Sprüche von Piet gefallen lassen. Alles umsonst. Isabelle ließ sich nicht blicken.
Ich hatte schon fast die Hoffnung aufgegeben, als ich sie eines Tages unverhofft auf einem Liegefahrrad erblickte.
„Hallo Piet, schön, dich wiederzusehen. Wie geht es dir?"
„Hallo Isabelle. Ich bin Eugen, Piet war der Andere. Du weißt schon, der mit den lustigen Sprüchen."
„Oh, tschuldige. Ich hab wohl eure Namen verwechselt. Dabei siehst du doch viel besser aus als er."
„Ja, wirklich? Findest du? Obwohl das ja auch eigentlich nicht so schwer ist. Ich meine, besser auszusehen als Piet."
Ich konnte es kaum fassen, aber dieses liebliche Wesen mit seinen himmelblauen, funkelnden Augen hatte mir gerade ein echt nettes Kompliment gemacht.
Sollte diese Superbraut womöglich auf mich stehen?

Das herauszufinden war nun meine Herausforderung und ich beschloss, jetzt voll in die Offensive zu gehen, und zwar ohne Rücksicht auf Verluste.
„Sag mal, Isabelle, was machst du eigentlich sonst so, wenn du nicht im Sportstudio in der Sauna oder auf dem Fahrrad sitzt?"
„Oh. Da gibt's 'ne Menge. Ich tanze gerne, mag die Natur, liebe lange Spaziergänge, gehe gerne ins Kino und reise für mein Leben gerne. Wieso fragst du?"

„Och, nur so. Vielleicht hättest du ja mal Lust, mit mir ins Kino zu gehen?"
„Ja, gerne. Was siehst du denn gerne? Ich am liebsten was Lustiges oder Fantasy."
Wir einigten uns auf das kommende Wochenende und auf „Herr der Ringe", Teil 2.
Es war Samstagabend, Schmuddelwetter, und ich stand wie verabredet punkt 20:00 Uhr vor der Drehtür am Cinedom im Kölner Mediapark.
Muss schon so gegen 20:05 Uhr gewesen sein, als mein Handy plötzlich klingelte und ich am anderen Ende der Strippe Isabelles Stimme vernahm.

„Eugen, ich bin's, Isabelle. Du, ich bin wohl ein bisschen spät dran. Kannst ja schon mal die Karten holen, dann geht's gleich auch schneller."
Typisch Frau. Ruft um 20:05 Uhr an, um mir zu sagen, dass sie es bis 20:00 Uhr nicht mehr schafft. Für wie dämlich halten die Weiber uns Männer eigentlich? Rufen fünf Minuten nach der verabredeten Zeit an, um uns dann zu sagen, dass sie es fünf Minuten früher nicht mehr schaffen. Diese Art von Logik soll man dann als Kerl auch noch verstehen.
Unser Film begann um 20:30 Uhr und exakt pünktlich um diese Zeit meldete sich mein Handy zum zweiten Mal.
„Ich bin unterwegs und kurz vorm Parkhaus. Wenn du magst, kannst du mir schon mal eine kleine Tüte Popcorn und 'ne mittlere Coke Light besorgen."
Am liebsten hätte ich an dieser Stelle das Unternehmen „Kino mit Isabelle" abgebrochen, aber ich wollte diese süße Nuss unbedingt knacken und hätte nichts unversucht gelassen, um diese Wahnsinnsfrau für mich zu erobern.

Gegen 20:50 Uhr, der Hauptfilm hatte gerade begonnen, saßen wir dann endlich auf unseren Plätzen. Bewaffnet mit Nachos, Popcorn und zwei Litern Cola Light. Viel Reden war jetzt nicht mehr möglich, also musste ich handeln.
Da wir uns die Nachos mit heißer Käsesoße teilten, hatte ich einen genialen Gedanken.
Ich wartete so lange, bis Isabelles Hand nach einem Mais-Chips tastete und tat so, als hätte ich zur gleichen Zeit dasselbe vor. Doch statt nach einem Nacho zu greifen, drückte ich, natürlich völlig aus Versehen, ihre Hand mitten in die lauwarme Käsepampe.
„Ups, sorry. Das wollte ich nicht. Gib mal her, deine Hand, ich bringe das wieder in Ordnung."
Ich griff ihre verschmierte rechte Hand und lutschte einen Finger nach dem anderen ganz genüsslich ab. Natürlich nicht, weil ich auf Fingerschlecken oder kalorienreiche Käsesoße abfuhr. Nein, eigentlich war es nur ein Test, wie Isabelle wohl darauf reagieren würde.
„Hm, scheint dir ja echt zu schmecken, Eugen. Wenn du fertig bist, kannst du bitte meine linke Hand auch noch sauberlecken."
Nie und nimmer hätte ich mit solch einer erfrischend lockeren Reaktion gerechnet.
Sie steckte doch wahrhaftig auch noch ihre schöne, schlanke linke Hand in den Käsedip und hielt sie mir auffordernd vor die Nase.
Just in dem Moment, als ich auch die Finger ihrer linken Hand abschlecken wollte, strich sie mir mit Zeige- und Mittelfinger über die Lippen, beugte sich zu mir herüber und leckte mit ihrer kleinen spitzen Zunge die Käsesoße von meinem Mund ab.

Das war der Moment, als alle Barrieren von mir fielen und wir küssten und fummelten bis zum Ende der drei Türme und noch länger.
Es muss so 15 Minuten nach Filmende gewesen sein, als mir jemand auf die rechte Schulter tippte. „Entschuldigung. Bitte mache fertig, isch musse putze hier."

Wir konnten uns beide ein Grinsen nicht verkneifen und auch die kleine türkische Reinigungsfrau, die neben uns stand, lächelte gönnerhaft, als wir unsere Oberteile zuknöpften und Richtung Cocktailbar verschwanden.
„Du bist echt ein guter Küsser, Eugen. Muss ich schon sagen."
„Das Kompliment kann ich nur zurückgeben. Wenn du wüsstest, wie viele Frauen zu doof zum Knutschen sind."
„Echt, ist das so? Was machen die denn falsch?"
„Also, die schlimmste Technik ist die Propellermethode. Das ist dann so, als hättest du einen Mixstab im Mund. Genauso mies ist die ‚Ich-rücke-meine-Zunge-nicht-raus'-Technik.
Und dann gibt es noch die ‚Stocksteif-Zungen-Technik'."
Isabelle kringelte sich vor Lachen.
„Wirklich so schlimm?"
„Ja und noch schlimmer. Die kannste alle in die Tonne kloppen. Eine Zunge muss elastisch sein, leicht erotisch kreisen können und auf keinen Fall hektisch rumkreisen."
„Okay, dann weiß ich ja jetzt Bescheid. Da kann ich aus den Fehlern deiner Exfrauen ja echt noch was lernen."
Wir unterhielten uns noch so eine Weile über das richtige Küssen und landeten dann natürlich prompt bei meinem Lieblingsthema, der schönsten Nebensache der Welt.

„Wie magst du es denn am liebsten, so beim Sex, Eugen?“
„Hm, ich denke, das hängt immer ganz vom Partner ab – oder?“
„Ja, das stimmt. Er muss eben genauso wie ich auf verrückte Dinge stehen.“
„Was meinst du mit verrückten Dingen?“
„Ach, ich stehe eben nicht auf 08/15-Sachen im Bett, weißt du?“
„Okay und wo magst du es dann am liebsten?“
„Also, ich finde es im Freien prickelnd, im Aufzug, in einer öffentlichen Sauna, auf der Motorhaube und solche Sachen eben.“
Oh Mann, hoffentlich litt sie nicht an einer Öffentlichkeitsneurose. Ewig an Orten poppen, an denen man jederzeit entdeckt werden konnte. Das war doch nicht normal.
Und das, wo ich mich doch gerade auf dem besten Wege befand, mich in Isabelle zu verlieben.
„Na, das hört sich ja spannend an. Sag mal, hast du denn gar keine Bedenken, du könntest mal erwischt werden?“
„Doch klar, aber das ist doch der Kick an der ganzen Sache.“
Ich war mir nicht wirklich sicher, ob es mir einen Kick geben würde, mit runtergelassener Hose im Aufzug zu vögeln, wenn plötzlich in der 5. Etage die Tür aufging und eine alte Omi davor stände.
Aber zumindest wusste ich jetzt, dass Isabelle mit Sicherheit nicht prüde war.
Die Zeit verging wie im Flug und wir bemerkten nicht, dass es in der Cocktailbar langsam leer wurde. Gegen 02:00 Uhr begann das Personal dann die Stühle auf die

Tische zu stellen, um demonstrativ durchzufegen, und wir machten uns auf den Weg ins Parkhaus.
Dort angekommen stellte sich nicht die Frage, ob wir es machen würden, sondern in welchem Auto wir es tun würden. Wir entschieden uns für Isabelles VW Lupo.
Selten hatte ich solch eine gelenkige Frau kennengelernt. Sie öffnete mir die Hose, schob ihren Rock hoch, zog ihren Slip herunter und schwang sich über den Schaltknüppel hinweg von der Fahrerseite auf meinen Schoß.
Die Reaktion meiner Liebeslanze ließ nicht lange auf sich warten und so lugte er senkrecht aus meinem geöffneten Hosenschlitz Richtung Schiebedach hervor.
Isabelle war nicht nur gelenkig, sondern auch überdurchschnittlich eng gebaut.
Es war ein Kampf, meinen Lustdolch bei ihr einzustöpseln, aber mit steigendem Feuchtigkeitspegel ihrer Liebesspalte funktionierte es am Ende doch bestens.
Dabei fiel mir übrigens der Werbeslogan einer Bowlingbahn ein, den ich mal gelesen hatte. Da stand nämlich auf einem Banner geschrieben: „in ist, wer drin ist". Und welcher Mann mag es nicht, wenn eine Muschi schön eng gebaut ist?

Vollkommen relaxt und total ausgeglichen fuhr ich an diesem Abend nach Hause und auch der Umstand, dass wir fürs Schnackseln im Parkhaus an der Kasse jeder noch 4,80 € nachzahlen mussten, konnte mich in dieser Nacht nicht mehr missmutig stimmen.
Kurzum, ich hatte mich verknallt.
Die Zeit mit Isabelle verlief herrlich, harmonisch und ohne nennenswerten Streit.

Sie war eine hübsche, intelligente Frau, die sogar kochen konnte und sehr ordentlich im Haushalt war. Nur in Sachen Sex tickten wir ein wenig anders.

Es fing eigentlich alles recht harmlos an einem Freitagabend an.

Wir lagen splitterfasernackt im Bett, küssten und streichelten uns, als sie plötzlich sagte:

„Du, Schatz, ich hab echt keine Lust heute im Bett. Lass uns doch runter an den Rhein gehen."

Ich war sprachlos. Sollte ich mich jetzt etwa geil wie Nachbars Lumpi wieder komplett anziehen, um zum Knallen mit meiner eigenen Freundin an den Rhein zu gehen?

Die Geilheit siegte und so zogen wir ohne Unterwäsche, ich in Bermudashorts und sie nur mit einem Minirock bekleidet, los in Richtung Rheinufer.

Die Nummer war wirklich filmreif. Sie nach vorne gebeugt an einem Baum lehnend, mit dem rechten Bein gespreizt an einem zweiten Baum. Ich mit heruntergelassener Hose seitlich von hinten zwischen den beiden Bäumen. Ich wusste zwar, wie heftig Isabelle kommen konnte, doch dieses Mal übertraf sie sich selbst mit ihrem eigenen Orgasmus.

„Ah, ah, ah, jaaaaa, gibs mir."

Mittendrin rutschte sie mit ihrem rechten Fuß vom glatten Baumstamm ab. Ich machte einen Ausweichschritt nach hinten und fiel wegen meiner blöden Shorts, die noch zwischen meinen Beinen hing, mit dem Arsch mitten in die Brennnesseln.

„Oh, Schatz. Warum hast du aufgehört?"

„Au, Scheiße aber auch. Weil ich jetzt einfach mal Lust darauf hatte, mich mit dem nackten Arsch in die Brennnesseln zu hocken."
Zwei Tage später wurden wir aus einer der schönsten Saunaanlagen Kölns geworfen, weil uns zwei ältere Damen beim Pimpern beobachtet hatten.
Während mir Isabelle einen blies, brachte ich mehrfach meine Zweifel bei ihr an. Doch sie meinte nur lapidar:
„Lass sie doch zuschauen. Die haben bestimmt auch ihren Spaß dabei und kriegen so was zuhause bestimmt nicht mehr geboten."
Klang logisch, aber wie uns der Geschäftsführer nachher erklärte, handelte es sich bei der Claudius-Therme leider um ein Thermalbad und nicht um einen Swingerclub.
Schade eigentlich, ich besuchte die Therme schon seit über zehn Jahren. Diese Ära endete nun an einem Sonntagabend, nur weil meine Freundin immer wieder den ultimativen Fick-Kick suchte.

Ich versuchte sie immer wieder für ausgefallene Sexspielchen im heimischen Bett zu begeistern, aber sie konnte einfach nicht im Bett.
Oft weckte sie mich mitten in der Nacht, um noch Sex im Freien zu praktizieren.
„Los, Schatz, auf mit dir. Wir müssen den Sommer nutzen und ins Freie."
„Süße, man kann den Sommer auch anders nutzen. Wir könnten morgen Eis essen gehen, Tretboot fahren, ins Freibad gehen oder Inliner fahren."
„Och, Eugen. Du mit deinen Sprüchen. Los jetzt, wir fahren in den Königsforst und machen Liebe, und zwar mitten im Wald."

„Das ist jetzt nicht dein Ernst, Süße. Da gibt's bestimmt Wölfe und Bären oder Wildschweine, Schlangen und Pumas."
Es nützte alles nichts. 15 Minuten später saß ich auf der Beifahrerseite meines Autos und Isabelle fuhr zielsicher Richtung Staatsforst.

Es waren nicht die großen Raubtiere, die unsere Nummer zu einem Quickie werden ließen.
Es waren vielmehr die kleinen Blutsauger, die ich auch eine Woche nach unserer Dschungelnummer nicht vergessen konnte.
Mein gesamter Körper war von Mücken, Bremsen und Ameisen zerstochen und ich hatte noch nicht mal einen Orgasmus bekommen.
Im Gegensatz zu Isabelle, die, wenn sie geil wurde, irgendwelche chemischen Stoffe zu produzieren schien, die sie alles um sich herum vergessen ließen.
Ich jedenfalls hatte rund 28 Insektenstiche, keinen Höhepunkt und zirka 15 Liter Benzin weniger im Tank, tolle Aktion!

Der Abend, der das Ende unserer Beziehung bedeutete, begann eigentlich sehr schön und vollkommen normal in den Kölner Rheinterrassen.
Gegen 01:00 Uhr machten wir uns auf den Heimweg und Isabelle bat mich, auf dem Rückweg an den Poller Wiesen vorbeizufahren, da wir an diesem Abend einen wunderschönen, romantischen Sternenhimmel hatten.
Eigentlich hätte mir spätestens da schon ein Stern aufgehen müssen, denn Isabelle interessierten die Sterne genauso wenig wie der Mond und der Rhein.

Sie hatte nur eins im Kopf, und das war splitterfasernackt auf einer Rheinwiese mit mir einen orgastischen Ritt zu erleben.
„Süße, wir haben noch nicht mal eine Decke dabei. Es ist etwas frisch heute."
„Aber Schatz, wir machen doch heißen Sex. Wozu brauchst du da eine Decke? Schau mal, wie feucht ich schon bin."
Welcher Kerl hätte da schon nein sagen können?
Aber schon bei der Auswahl unseres Plätzchens fühlte ich mich unwohl und hätte das Auto als Austragungsort jederzeit vorgezogen.

Es war klar. Meine Süße wollte reiten und so lag ich nackig auf dem kalten Rasen.
Isabelle nahm auf meinem geilen Zauberstab Platz und begann ihn, wie eine Hexe ihren Besen, zu reiten, als ich an meinem rechten Schulterblatt eine weiche, leicht cremige Masse spürte.
„Baaah, ach du meine Kacke." Und das meinte ich im wahrsten Sinne des Wortes.
„Was ist denn jetzt schon wieder los?"
„Was los ist? Ich liege mitten in einem Scheißhaufen und du mit deinem bekloppten Freilandficken gehst mir langsam dermaßen auf die Nerven.
In einem Monat Beziehung haben wir gerade 3-mal im Bett miteinander geschlafen.
Dafür hab ich jetzt Hausverbot in meiner Lieblingssauna, wurde von Insekten verunstaltet, hab in den Brennnesseln gelegen und liege jetzt mitten in einem Hundescheißhaufen.

Ich hab auf jeden Fall die Nase gestrichen voll. Ich brauche eine Frau, die auch im Bett ihren Spaß haben kann."
Isabelle nahm meinen Ärger schweigend zur Kenntnis und redete bis zu mir nach Hause kein einziges Wort mehr mit mir. Sie stieg aus, packte ihre sieben Sachen in meiner Wohnung zusammen und verschwand für immer aus meinem Leben.
Wer weiß, wofür es gut war. Irgendwie hatte sie für meinen Geschmack eben etwas zu stark ausgeprägte exhibitionistische Anwandlungen.
Womöglich hätte sie als nächstes Sex im Kölner Dom haben wollen. Nee, nee, nix für mich!

Eigentlich hatte ich ja bis dato immer gedacht, die Frauen zu verstehen, aber bei ihr war ich da wohl an meine Grenzen gestoßen.
Kurzum, ich war wieder solo und das, wo man doch sagt, dass auf jedes Töpfchen ein Deckel passt.
Na ja, was soll's? Dann war ich wahrscheinlich ein Wok.

Kapitel 19 (Online)

Wir saßen nach langer Zeit in einer lauen Sommernacht mal wieder gemeinsam bei Irene auf der Terrasse. Piet, Klaus und Petra (Freunde von Irene), die Gastgeberin und ich.
Wir lachten viel und kamen irgendwann natürlich wieder mal zu unserem Lieblingsthema Beziehungen.
Bis auf Klaus und Petra waren wir alle mal wieder Singles, was auch kein Wunder war.
Irene verliebte sich jede Woche aufs Neue, Piet hatte einfach zu viele blöde Sprüche auf Lager, die die Frauen gar nicht lustig fanden, und ich lebte getreu meinem Motto: „Lieber eine gute Affäre als eine beschissene Beziehung" so vor mich hin. Obwohl ich mir ja eigentlich nichts sehnlicher wünschte, als irgendwann endlich mal meine Mrs. Right kennenzulernen.

Klaus und Petra waren erst seit einem halben Jahr ein Paar und erzählten uns, dass sie sich über das Internet kennengelernt hatten.
„Wie? Und das hat funktioniert? Wo muss man sich denn da anmelden?"
„Also, Alter. Erst mal brauchst du 'nen Computer, dann einen Internet-Anschluss", antwortete mein alter Weggefährte Piet.
„Ja, Eugen. Das ist natürlich der erste Schritt oder du gehst in ein Internet-Café", erwiderte mir Klaus.
„Na ja und dann meldest du dich bei ELove.de, Finka.de oder Neighbour-Scout.de an, ganz einfach."
„Und dann? Wie lernt man sich dann kennen?"

„Mensch, Eugen. Du bist doch nicht auf den Kopf gefallen“, raunte Irene mich an.
„Dann tauscht man eben Telefonnummern aus oder verabredet sich zu einem Date.“
Das klang wirklich einfach und der Gedanke, es selber einmal auszuprobieren, ließ mich von nun an nicht mehr los.
Das Problem war nur, ich brauchte dieses doofe Internet, das, außer mir, scheinbar schon jeder zu haben schien.

Am nächsten Tag nahm ich mir vor, NetCologne aufzusuchen. Ironie des Schicksals war nur, dass sich direkt neben diesem Laden ein Internet-Café befand.
Der Blick durch das Fenster nahm mir gleich alle Scheu, denn es befanden sich ausnahmslos jüngere Leute und vor allem verdammt hübsche Weiber an den PCs.
„Guten Tag, einmal Internet bitte.“
„Aha, zum ersten Mal hier, was?“, grinste mich eine dämliche Studentenfratze hinter der Theke an.
„Internet direkt zum hier essen oder zum mitnehmen?“
„Nein, bitte einpacken. Und wenn du mich verarschen willst, du pickeliger, fettsträhniger Hornbrillenträger, bist du schief gewickelt. Klar?“
„Hey Mann. Man wird doch wohl noch mal ’nen Spaß machen dürfen – oder?“
„Klar darf man, aber nicht mit mir! Verstanden – oder?“
Von diesem Moment an waren Benny, die studentische Aushilfskraft des Internet-Shops, und ich beste Freunde und ich konnte ihn jederzeit fragen, wenn ich mal nicht weiterkam.

Es machte richtig Spaß. Surfen mit unbekannten Frauen und dabei den jungen Hühnern im Internet-Café beim Hausaufgabenmachen zuschauen.

Zunächst einmal musste ich mir einen einprägsamen Nicknamen aussuchen, den die Frauen sich gut merken konnten. Ich schwankte noch zwischen „Blackmamba“ und „Steelhammer“.
Aber wozu hatte man gute Freunde und so rief ich Irene an.
„Hallo Irene, hier Eugen. Sag mal, würdest du ’nem Typen auf einer Singlehotline eher antworten, wenn er sich ‚Blackmamba‘ nennt oder ‚Steelhammer‘?“
„Eugen, weder noch. Zumindest wenn es um den Nick geht, aber versuch es doch mal mit einem netten Bild im Profil.“
„Ein Bild! Etwa von mir selber? Nie im Leben. Womöglich erkennt mich da noch jemand aus der Nachbarschaft oder von der Arbeit.“
„Aber mit einem Foto im Profil würden deine Chancen enorm steigen. Denk mal darüber nach. So, ich muss jetzt los. Mach’s gut, Eugen.“
„Ja, Irene. Danke für deine tolle Hilfe. Ich muss auch weitermachen.“
Na prima. Frag eine Frau um Rat und du bist hinterher 100%ig genauso schlau wie vorher.
Ich entschied mich für „Blackmamba“, denn „Steelhammer“ hörte sich vielleicht doch ein wenig zu sexistisch an.

Meine Taktik war klar. Ich schaute mir alle Fotos der Damen im Umkreis von 50 km an und schrieb allen einen

Standard Text: „Na du, hab gerade dein Profil entdeckt. Finde dich echt nett. Was machst du so?“
Das schrieb ich den ganzen Tag zirka 30-mal, bis ich mich erschöpft an die kleine Theke setzte, mir einen Kaffee bestellte und meinem neuen Studentenfreund Benny von meinem anstrengenden Treiben berichtete.
„Ey Eugen. Du willst mir jetzt nicht wirklich erzählen, du hättest jeder Frau den gleichen Text aufs Neue geschrieben?“
„Mensch Benny, du Studipflaume. Denkst du etwa im Ernst, ich würde mir für jede Frau einen neuen Text ausdenken?“
„Nein, das nicht. Aber schon mal was von kopieren und einfügen oder wie der Engländer sagt copy/paste gehört?“
„Mann, Alter. Ich war noch nie so richtig im Internet. Wir haben auf der Arbeit eine eigene Software, um Autos zu disponieren, sonst hab ich noch nie einen PC benötigt.“
„Ein Programm wozu?“
„Na, um Autos zu dispo… Ach vergiss es, hilf mir lieber.“
„Na gut, komm mit, ich zeige dir, wie das funktioniert.“
Ich kam mir richtig dämlich vor, so wie ein kleiner Schuljunge, der eine Rechenformel nicht schnallte. Irgendwie beschlich mich das dumme Gefühl, hier im Internet-Café der einzige Kunde zu sein, der von Computern und dem Internet keinen blassen Schimmer besaß.
Dabei war alles so kinderleicht. Man musste nur den Text mit der linken Maustaste markieren, dann mit der rechten Maustaste auf Kopieren klicken und dann dort, wohin man den Text haben wollte, wieder mit der rechten Maustaste auf Einfügen gehen.

Toll. Und ich hatte mir über eine Stunde lang fast einen Wolf geschrieben.
„Ja, dann sag ich mal danke, Benny. Hättest du mir das nicht schon vor zwei Stunden sagen können?“

Für heute beendete ich das Unternehmen „Traumfrau“ im Internet und freute mich schon auf den kommenden Nachmittag, denn ich konnte es kaum erwarten, die Antworten meiner auserwählten Kandidatinnen zu lesen.

Auf der Arbeit war an diesem Tag die Hölle los und ich hatte das Gefühl, die Kunden würden nerven wie nie zuvor. Vielleicht lag es aber auch einfach daran, dass ich mich nicht richtig auf meinen Job konzentrieren konnte. Zu groß war meine Erwartungshaltung in Sachen Internetdating.
Gegen 17:30 Uhr schlug ich im Internet-Café auf und musste zu meinem Entsetzen feststellen, dass alle PC-Plätze besetzt waren.
Also entschied ich mich, für die Wartezeit einen Kaffee bei Benny an der Theke zu trinken.
Als eine dürre Endzwanzigerin ihren Arbeitsplatz räumte, hechtete ich in bester Oli Kahn-Manier auf den frei gewordenen Stuhl und musste feststellen, dass die dünne Blondine vergessen hatte sich abzumelden.
So ein Zufall. Der weibliche Hungerhaken trieb sich doch glatt bei ELove rum. War das nicht eine der Seiten, die mir Klaus und Petra genannt hatten?
Im Posteingang fanden sich 320 Nachrichten von Kerlen, die sich „lover78“, „klabautermann“ oder „sexy beast“ nannten.
12. September, 18:30 Uhr, von „sexy beast“:

„Hi Süße, wie geht es dir? Lange nix mehr von dir gehört. Melde dich mal."
Aber das wandelnde Skelett hatte ihm nicht geantwortet. Das musste ich ändern.
Also schrieb ich im Auftrag von „Sonnenröte", so nannte sie sich, folgende Antwort:
„Na, schöner Mann. Geht es dir gut? Ich hatte viel um die Ohren und mir auf irgendeiner bakterienverseuchten Toilette einen ekligen, kleinen Intimpilz zugezogen."
Ich war mir sicher, sie mit dieser Antwort von diesem lästigen, notgeilen „sexy beast" befreit zu haben und machte mir für meine eigene Mission ein neues Browser-Fenster auf.

Was mich auf meiner Singleseite erwartete, war ein herber Rückschlag. 30-mal hatte ich den gleichen, dämlichen Text geschrieben, und das ohne diese tolle copy/paste-Erfindung, und nicht ein einziges Huhn hatte geantwortet.
Ich war am Boden zerstört. Lag es an meinem Text oder wirklich daran, dass ich kein Foto im Profil hatte? Wie dem auch sei, ich brauchte eine neue Strategie.
Während ich so grübelte, bemerkte ich plötzlich, dass unten in der blauen Task-Leiste etwas orange blinkte. Es war das Profil von Hungerhaken „Sonnenröte".
Ich öffnete das Fenster und musste feststellen, dass „sexy beast" scheinbar hartnäckiger war als ich dachte.
„Oh, das tut mir aber leid. Hoffe, dein Pilz ist inzwischen weg und du wieder einsatzfähig!"
Einsatzfähig? Wie er das wohl meinte? Na warte, Bürschchen.

„Ja, danke. Es geht schon wieder ganz gut. Hatte gestern seit längerem mal wieder meinen ersten Gangbang und bin jetzt noch ein bisschen wund, aber sonst alles bestens."
Na, wenn ihm das nicht den Rest geben würde, was dann?
Aber seine Antwort ließ nicht lange auf sich warten:
„Hey, das hört sich gut an. Ruf mich bitte das nächste Mal an, wenn ihr noch mal so eine Session plant."
So ein geiler Bock. War ich hier auf einer Single-Plattform oder bei www.ficken.de?
Na ja, wie auch immer. Ich schloss ihren Account und widmete mich wieder meinen eigenen Problemchen.
Schließlich musste ich mir irgendetwas einfallen lassen, das die Frauen dazu veranlassen könnte, mir auf mein Profil zu antworten.

Es war Benny, mein Bummelstudent, der mich mit seinem Onlinewissen überzeugte, doch ein Bild ins Profil zu setzen.
„Weiste, Eugen, du musst ja nicht dein eigenes Bild da reinsetzen. Nimm doch irgendein anderes Foto von jemandem, der dir ähnlich sieht."
„Ja, geht das denn so einfach? Und kriegen wir da keinen Ärger?"
„Ach was. Komm, ich zeige dir, wie es geht. Wir suchen uns einfach ein paar ausländische Modelagenturen mit Fotos aus und du sagst mir, wenn dir ein Typ da gefällt."
„Ey, wie geil ist das denn, Benny? Und wie bekommen wir das Foto da raus?"
„Na, mit copy/paste. Schon vergessen? So wie dein toller Anmachtext auch."

„Ach, das funktioniert auch mit Bildern? Wie geil ist das denn?"
Ich war hin und weg von den grenzenlosen Möglichkeiten, die mir das World Wide Web bot und entschied mich für einen blonden Schönling aus einem holländischen Modelkatalog.
Leider dauerte es 24 Stunden, bis der Betreiber meiner Flirtseite das Bild freigeben würde und so wagte ich einen neuen Versuch, die Frauenwelt für mein Profil zu begeistern. Diesmal natürlich mit copy/paste:
„Hallo, schöne Frau, du hast wirklich ein interessantes Profil und eine tolle Ausstrahlung.
Ich würde mich freuen, mehr von dir zu erfahren. Natürlich nur, wenn du magst."
Bei diesem sympathischen Text, dazu noch mit dem Bild meines Kaaskopf-Schönlings, konnte sicherlich keine Frau nein sagen. 20-mal versendete ich die Nachricht und hoffte dieses Mal auf mehr Erfolg.

Am nächsten Tag konnte ich es wieder mal kaum erwarten, meinen Posteingang zu checken.
Diesmal hatte ich mehr Glück und ergatterte gleich einen der zehn begehrten PC-Plätze.
Der Internet Explorer zeigte die Seite www.weg-mit-kevin.de an, eine Seite für all diejenigen, die gegen das neue Kinderschokolade-Gesicht protestierten.
Eigentlich keine schlechte Idee, dachte ich mir, aber dann müsste man sich auch mal Gedanken darüber machen, der wievielte Herr Kaiser uns im Laufe der Jahre etwas über die Hamburg-Mannheimer verklickert hatte. Na, egal. Vielleicht würde ich mit Bennys Hilfe auch mal 'ne Protestseite gegen den neuen Herr Kaiser einrichten.

Auf jeden Fall zeigte ich mich solidarisch und unterschrieb die auf der Seite angefügte Petition an die Ferrero Marketingabteilung gegen die neue Kinderschokolade-Fratze auf der Verpackung.
Dann widmete ich mich wieder meiner eigenen Angelegenheit und öffnete voller Erwartung mein Postfach.
Neue Posteingänge: 3 Stück, stand da geschrieben. Na, immerhin!
Eine Mail von Heidi Klum, eine von Piper Perabo und eine von Eva Longoria, und ich wäre rundum zufrieden gewesen.
Aber die Angelegenheit gestaltete sich leider etwas anders.
Zuschrift Nummer 1: „Elfentanz", 53 Jahre, Witwe aus Oberbayern: „Hallo, schöner Mann, bin gerade beim Stöbern auf dein Profil gestoßen und wollt mal ein nettes Grüß Gott dalassen."
Boah, was war denn das? Sehe ich etwa aus wie ein Witwentröster, der nur darauf wartete, sich vom lieben Gott aus Oberbayern grüßen zu lassen?
Nachricht löschen. Ja, was sonst!
Zuschrift Nummer 2: „Elkelein", 48 Jahre, 4 Kinder, geschieden, aus dem schönen Westerwald: „Tach, junger Mann. Bist echt ein Hübscher, aber von einem schönen Teller wird man ja bekanntlich nicht satt."
Ich konnte es mir nicht verkneifen, der abgrundtief hässlichen Elke aus dem Westerwald auf ihre tolle Mail zu antworten: „Ja, liebe Elke. Aber lieber vor einem schönen Teller Hunger schieben, als mit vollgefressenem Magen vor so einem hässlichen Teller zu sitzen, wie du einer bist."

Dann aber endlich Nachricht Nummer 3: „Sonnenschein“ aus Bonn: „Hallo ‚Blackmamba‘ aus Köln. Lieben Dank für deine nette Mail. Ich heiße Silke, komme aus Bonn und studiere dort BWL. Würde mich sehr freuen, etwas mehr über dich zu erfahren.“

Na, das war doch mal eine positive Zuschrift. Allerdings auch leider die Einzige, die mir auf meine Anschreiben geantwortet hatte.
Ihr Foto war umwerfend. Lange braune Haare, Beine bis zum Arsch und ein tolles Gesicht mit kleinen Grübchen.
„Hi Silke. Nett, dass du mir geantwortet hast. Ich heiße übrigens Eugen und wenn du magst, können wir gerne mal telefonieren. Meine Nummer ist 01520-0729226.“
Ich war total aufgeregt, denn an dem grünen Punkt in ihrem Profil konnte ich erkennen, dass sie scheinbar auch gerade online war.
Ich vertrieb mir die Zeit bis zu Silkes Antwort auf der Seite www.affenvermietung.de, eine echt nette Seite, auf der man sich einen Affen mieten konnte.
Schade eigentlich, dass diese Idee allem Anschein nach schon jemand anderes gehabt hatte. Sonst wäre das echt die optimale Geschäftsidee für mich gewesen, sozusagen vom Autovermieter zum Affenvermieter.

Es dauerte nicht lange und Silkes Antwort flatterte in meinen Posteingang:
„Hallo Eugen, scheinst es ja wirklich eilig zu haben. Was ist denn das für ’ne komische Vorwahl? Ist doch hoffentlich keine kostenpflichtige Nummer – oder?“
Oh Mann. Was für ein misstrauisches Huhn. Obwohl sie mich da auf eine gute Idee gebracht hatte. Ich würde mir

einfach eine 01377er Servicenummer besorgen, die Chickas auf den ganzen Flirtlines hier so richtig heiß auf mich machen und steinreich dabei werden.
Coole Vorstellung. Bräuchte dann aber auch noch zumindest ein paar Bilder von Brad Pitt oder Jonny Depp in meinem Profil.
Ach, was für ein Quatsch. Jetzt erst mal Silke für ein Date klar machen, also antwortete ich ihr:
„Keine Angst, Silke. Das ist eine ganz normale Vodafone-Nummer und kostet nix, wenn du anrufst. Finde es einfach viel persönlicher, wenn wir mal unsere Stimmen hören."
Und wieder auf die Antwort warten. Ich platzte fast vor Ungeduld, fand aber dann eine Seite, auf der ich mich stundenlang hätte amüsieren können.

www.string-emil.de hieß die Domain und da konnte man eben Emil sehen, wie er nur mit seinem String bekleidet in der Weltgeschichte herumstand.
Emil war so ein hässlicher Kerl, dass er es scheinbar nötig hatte, mit Kaffeeautomaten zu pimpern. Jedenfalls sahen einige der Bilder verdammt danach aus. Na ja, wem's gefällt. Ich zumindest musste erst mal recherchieren, wo diese Kaffee-Kiste stand. Ich bekam schon alleine bei dem Gedanken das kalte Kotzen, mir eine Tasse Kaffee aus einem Automaten zu ziehen, in dem schon Emil gekommen war.
Weitere Bilder zeigten ihn beim Telefonsex, im Haushalt, bei Lidl, an der Tankstelle und sogar pudelnackt bei Mc Donalds, igitt.
Seit diesem Tag habe ich übrigens nie mehr einen Kaffee aus einem öffentlichen Kaffeeautomaten getrunken.

Die Adresse von String-Emil merkte ich mir natürlich für die Zukunft. Für den Fall, dass ich mal wieder Zeit bis zur Antwort einer Flirt-Maus überbrücken müsste.

Silkes Antwort ließ auf sich warten, als plötzlich und unerwartet mein Handy klingelte.
„Ja, hallo."
„Hallo? Eugen?"
„Ja, wer ist denn da?"
„Hier ist Silke. Du hast mir doch eben deine Nummer geschickt."
Silke hatte eine wirklich sympathische Telefonstimme und war auch sonst sehr gesprächig.
Ich wechselte vom PC-Platz an die Theke, bestellte mir ein Malzbier und so quatschten wir bestimmt eine halbe Stunde lang über dieses und jenes.
„So, Eugen. Jetzt muss ich aber einkaufen gehen. Hab gar nicht bemerkt, wie schnell die Zeit vergangen ist."
„Ja, stimmt. Ich muss auch noch zum Sport. Was hältst du denn davon, wenn wir uns mal auf einen Kaffee treffen?"
„Ja, finde ich eine gute Idee. Was hältst du von Samstagabend um 21:00 Uhr im Ivory?"
„Ja, prima. 21:00 Uhr vor der Tür und wie erkennen wir uns?"
„Ganz einfach, Eugen. Ich ziehe meine rosafarbene Lederjacke an. Die kann man nicht übersehen."
„Okay, also denn bis Samstag."
Ich verabschiedete mich von Benny, der mir noch ein aufmunterndes „Toi, toi, toi" mit auf den Weg gab, und machte mich auf zur Muckibude.

Richtig Lust auf Sport hatte ich an diesem Tag nicht und da Piet gerade mit seinem Training fertig war, setzte ich mich mit ihm an einen Bistrotisch und bestellte ein Eiweiß-Shake.

„Na, Eugen. Alles klar? Übrigens, kennste den schon? Zwei Männer unterhalten sich über Sex. Fragt der eine: Du, sag mal, hast du eigentlich auch so wenig Sex? Sagt der andere: Na ja, wenn meine Frau nicht ab und zu mal mit offenem Mund schlafen würde, hätte ich gar keinen mehr!"

„Ha, ha. Sehr komisch, Piet."

„Jetzt sag nicht, du fändest den nicht gut?"

„Geht so. Die arme Frau würde doch ersticken beim Oralsex im Schlaf."

„Ach, egal. Was macht denn überhaupt deine Internet-Aktion?"

„Läuft gut an. Habe am Samstag im Ivory ein Date mit einer süßen Maus aus Bonn."

„Oho, dein erstes Blind Date also?"

„Ja, sozusagen. Hab bisher nur ein Foto von ihr in ihrem Profil gesehen und vorhin eine halbe Stunde mit ihr telefoniert."

„Mensch, Alter. Dann drücke ich dir die Daumen, dass du mal wieder ein Rohr verlegen kannst."

„Danke, Piet. Du bist ein wahrer Freund, aber mal so langsam die richtige Frau fürs Leben finden, wäre auch nicht das Schlechteste."

Wir bestellten uns noch einen Kaffee, quatschten über das Leben und die Frauen und ich war mir ziemlich sicher, in Silke eine heiße Kandidatin für eine feste Beziehung gefunden zu haben. Na ja, zumindest insoweit man das am Telefon beurteilen konnte.

Es war Samstagabend und ich wurde langsam hibbelig. Mein APP-Ritual bereits abgeschlossen, fiel mir beim Zähneputzen auf, dass mir meine Nasenhaare bereits aus beiden Nasenlöchern herauswucherten.
So ein Scheiß. Ich hasste es, mir die Nasenhaare zu entfernen und jeder, der das gleiche Problem hatte, kannte diese lästige Prozedur.
Es gab ja nur drei Möglichkeiten. Entweder man zupfte sie einzeln aus, was die Hölle ist, denn bei jedem einzelnen Haar schossen einem die Tränen in die Augen.
Oder man benutzte einen Nasenhaarschneider, was einem Harakiri gleichkam, denn die Dinger zerfetzen wirklich alles, was ihnen zwischen die Scheren kommt.
Also entschied ich mich für die Variante mit der Nagelschere, denn die erschien mir immer noch als die sicherste und effektivste Methode.

Gegen 20:00 Uhr machte ich mich auf den Weg Richtung Innenstadt, voller Erwartung und einem etwas flauen Gefühl in der Magengegend.
Ich fuhr das Gerling-Parkhaus an und schlenderte lockerflockig in Richtung Ivory, denn ich hatte noch gut 15 Minuten Zeit.
Irgendwie musste es eine innere Stimme gewesen sein, die mir sagte: „Eugen, stell dich mit deinem Handy am Ohr auf die gegenüberliegende Straßenseite und schau erst mal, was so mit einer pinkfarbenen Lederjacke rumlauft."

Mir allerdings reichte das Handy am Ohr nicht und so kaufte ich mir am Kiosk gegenüber noch schnell eine Zeitung für die perfekte Sherlock-Holmes-Tarnung.
So stand ich da locker eine viertel Stunde, als plötzlich in der Ferne eine pinke Jacke direkt auf den Eingang des Ivory zusteuerte.
Okay, die Jacke passte zur Beschreibung, allerdings der Rest in keinster Weise. Die Frau, die dort strammen Schrittes angetrabt kam, war höchstens 1,62 m groß, mindestens 65 kg schwer und hatte straßenköterblonde Haare.
Sollte das da etwa wirklich Silke sein? Oh, mein Gott. Auf was hatte ich mich da nur wieder eingelassen?!
Ich beobachtete die aschblonde Rumkugel noch eine Weile und war mir inzwischen felsenfest sicher, dass auch sie auf eine Verabredung wartete.
Ohne Zweifel, diese abtörnende Schummelkuh war Silke und ich der Dumme, der direkt beim ersten Blind Date seines Lebens einen Volltreffer gelandet hatte.
Ich war schon auf dem Rückweg und mir immer noch nicht sicher, ob ich froh oder traurig sein sollte.

Einerseits war ich froh, den Abend nicht mit dieser fiesen Mogelpackung verbracht zu haben, andererseits ärgerte ich mich völlig umsonst, nach Köln gefahren zu sein.

Abends im Bett hatte ich mich wieder beruhigt und quälte meinen Düllerich wie schon gewohnt, mit harter Handarbeit, gemäß dem Motto: „Nur Feiglinge heiraten, Helden stehen zur Onanie."

Ich schlief ein wie ein kleines Baby in Abrahams Schoß und freute mich auf all die vielen Dates, die im World Wide Web noch auf mich warteten. Ich war bereit.

Kapitel 20 (Black Ass)

Am Montagmorgen fiel ich erst einmal in ein kleines Loch. Zu sehr ärgerte ich mich immer noch über das versaute Date mit dieser Silke.
Der Ärger fing schon früh morgens auf der Toilette an. Ein Problem, das sicherlich viele Menschen auch haben. Man sitzt auf dem Klo, möchte gerne wie gewohnt ein großes Geschäft abwickeln, um nicht auf der Arbeit gehen zu müssen, kann aber nicht, weil man sich immer noch über etwas Vorangegangenes ärgert.
Bei mir war es das Treffen mit Silke und vor lauter Frust konnte ich einfach meinen Schließmuskel nicht entspannen.
Das ist so was Ähnliches wie der so genannte Pinkel- oder Kack-Komplex. Du musst dermaßen dringend, dass dir schon fast die Gedärme platzen, aber es kommt einfach nichts.
Und was hat man dann mit 50 von der ganzen Drückerei? Hämorrhoiden, na danke!

Zu allem Überfluss waren meine Raffaellos leer und ich vergaß meine Schilddrüsentablette einzunehmen. Toller Start in einen neuen Tag.
Auf dem Weg zur Arbeit waren wieder mal alle Ampeln rot und so kam ich auch prompt zehn Minuten zu spät im Büro an.
Elfie war verdächtigerweise an diesem Tag gar nicht sauer und begrüßte mich überaus freudestrahlend.
„Hallo Eugen. Rate mal, was ich vorhin gemacht habe?"
„Keine Ahnung. Ein Auto an George Cloony vermietet?"

„Nein, leider nicht. Ich habe Urlaub gebucht, zwei Wochen Malediven für nur 999 €."
„Na, das ist ja ein richtiges Schnäppchen. Gibt's da auf der Insel kein warmes Wasser oder nur ein Plumpsklo für alle Gäste zusammen? Oder warum ist diese Reise so billig?"
„Ach was. Ist eine Last-Minute-Reise und es geht schon in zwei Wochen los."
Na, Gott sei Dank. Dann hatte ich wenigstens für zwei Wochen Ruhe auf der Arbeit und musste mir nicht das ewige Genörgel von Elfie anhören.
„So, Eugen. Dann bin ich mal weg. Bis morgen."
„Ja, Adios und schönen Tag noch."

Meine Arbeitszeit spulte ich auf meiner rechten Arschbacke ab und entschwand schnellen Fußes um 17:00 Uhr in Richtung Internet-Café.
Benny begrüßte mich schon erwartungsvoll hinter seinem Tresen mit einer defekten Tastatur in der Hand.
„Hi Eugen. Wie ist es am Samstag gelaufen? Schieß schon los."
„Benny, ich sag es dir. Die Maus war eine echte Granate. Heiß wie ein Schmiedeeisen und geil wie Nachbars Lumpi."
„Nein, sag bloß, du hast sie gleich am ersten Abend schon flachgelegt."
„Und wie, Benny. Ich hab sie nicht nur flachgelegt, ich hab sie sogar tiefergelegt und dann ordentlich getunt!
Nein, Spaß beiseite. Sie war ganz nett und so, aber leider nicht ganz mein Typ.
Ich werde mich jetzt mal an die Arbeit machen und die anderen 250 Zuschriften etwas besser selektieren."

Insgeheim hätte ich mich schon über fünf Zuschriften gefreut, aber das musste Benny ja nicht unbedingt wissen.

Ich loggte mich ein und stellte fest, dass mich doch wahrhaftig drei Damen angeschrieben hatten. Mail Nummer eins war prompt von Silke. Sie schrieb:
„Hallo Eugen. Schade, dass du mich gestern Abend versetzt hast. Wir hätten sicherlich eine Menge Spaß gehabt. Aber wie heißt es doch so schön: Wer nicht will, der hat schon. Ich wünsche dir bei deiner Suche weiterhin noch viel Glück."
„Liebe Silke, sei mir bitte nicht böse, aber ich habe gestern Abend plötzlich ganz fürchterliches Prostatasausen bekommen und der Akku von meinem Handy war auch leer. Sorry, tut mir leid."
Mail Nummer 2: Sonntag, 18:47 Uhr, von „Dschungelbaby", 45, aus Limburg: „Hallo, schöner Mann aus Kölsch. Hast einen tollen Body und ein sehr einnehmendes Lächeln. Lieben Gruß von der Lahn, Annegret."
„Liebe Annegret, ich weiß ja nicht, was du eingenommen hast, ich jedenfalls suche Frauen, die deutlich jünger sind als ich selber und im Übrigen: Kölsch ist ein Getränk. LG Eugen."
Mail Nummer 3: Sonntag, 22:30 Uhr, von „La Bella" aus Düsseldorf: „Na, du gut aussehender, junger Mann aus der zweitschönsten Stadt am Rhein. Ich heiße Erika und würde gerne ein wenig mehr über dich erfahren."
Das war Provokation auf höchstem Niveau. Eine Düsseldorferin, die Köln als zweitschönste Stadt am Rhein bezeichnete. Was für eine Herausforderung.
„Liebe Erika, welcher Fußballverein spielt denn in der Bundesliga? Der FC oder die Fortuna?

Und wer hat einen Dom und das beste Bier in ganz Deutschland? Düsseldorf oder Köln?
Aber wenn du Lust hast, können wir das ja mal gerne unter vier Augen ausdiskutieren."
So, jetzt war ich wirklich gespannt, denn „La Bella" war nicht nur nicht auf den Mund gefallen, sondern passte auch ansonsten voll in mein Beuteschema.
Schwarze Haare, grüne Augen, 1,76 m groß, 61 kg und 29 Jahre alt, fast schon zu perfekt.

Den Kaffee an der Theke sparte ich mir heute und so ging ich noch schnell ein paar Erledigungen in der Stadt machen. In der Hoffnung, bis dahin eine Antwort von „La Bella" aus der verbotenen Stadt zu bekommen.
Ich war gerade bei Hertie raus, da lief mir auch schon Piet mit seiner Sporttasche bewaffnet über den Weg.

„Ey Alter. Auf dem Weg zum Sport?"
„Ja, jetzt gleich. Hab mir nur eben noch ein paar neue Sportschuhe gekauft."
„Komm, lass uns noch schnell auf einen Milchkaffee zur Eisdiele rübergehen."
Wir setzten uns auf die Terrasse, bestellten zwei Kaffee und ich erzählte Piet von meiner Web-Bekanntschaft aus Düsseldorf.
„So ein Luder, Eugen. Unsere schöne Stadt so runterzumachen. Aber kennst' den schon?
Was ist das Beste an Düsseldorf?"
„Keine Ahnung, Piet. Da gibt's sicherlich 'ne Menge."
„Na, Löwensenf und die A3 Richtung Köln!"
„Ey, der ist wirklich gut. Den merke ich mir für mein erstes Date mit ihr!"

„Du, sag mal, Eugen. Wo willste dich denn mit ihr treffen, wenn sie sich meldet?"
„Ach, das ist doch Schnuppe oder pimpert es sich in Düsseldorf schlechter als in Köln?"
„Da hab ich wirklich keine Ahnung, Alter. Ich hatte bis jetzt weder etwas mit einer Düsseldorferin noch etwas in Düsseldorf mit irgendeiner anderen."
Wir schlürften unseren Kaffee aus und machten uns wieder auf den Weg. Piet zum Sport und ich Richtung Internet-Café.

Ich hatte wieder mal Glück, denn just, als ich den Raum betrat, wurde einer der zehn begehrten Computerplätze frei.
Zwei Antworten zeigte mir mein Startmenü und ich konnte es kaum erwarten, diese beiden zu öffnen. Natürlich in der Hoffnung, dass mir Erika geantwortet hatte.
Die erste Mail war von Silke:
„Lieber Eugen, dann kann ich dir nur raten, schnellstens einen neuen Akku für dein Handy zu kaufen und schleunigst einen Urologen aufzusuchen, um dein Prostatasausen behandeln zu lassen, denn ich kenne keine Frau, die auf einen inkontinenten Mann steht."
Ich verzichtete, auf diese doofe Nachricht zu antworten, denn es interessierte mich vielmehr, von wem meine zweite Mail im Posteingang wohl war.

Bingo. Es war Erika, die schrieb:
„Hey ‚Blackmamba', du bist aber empfindlich. Bist wohl ein waschechter Kölner oder? Wenn du dich dazu durchringen würdest, mit mir in der Düsseldorfer Altstadt ein leckeres Bierchen zu trinken, würde ich mich gerne am

Wochenende mit dir treffen. Natürlich nur, wenn du magst."
Hey, eine Frau, die nicht lange fackelt und direkt zur Sache kommt. Das war nach meinem Geschmack, denn ich war nun wirklich nicht auf der Suche nach einer Chat-Freundin, sondern mehr so der Typ für reale Treffen.
„Du, das ist eine gute Idee. Wo schlägst du ein Treffen vor? Ich kenne mich nämlich nicht so gut aus in der verbotenen Stadt. Und, ach ja, fast hätte ich es wieder vergessen. Ich heiße übrigens Eugen."

Ihre Antwort ließ nicht lange auf sich warten, denn Erika schien noch online zu sein.
„Also, ich schlage das ‚Blue Diamant' vor. Direkt in der Altstadt und du erkennst mich an einer kleinen goldenen Handtasche, die ich tragen werde. Wäre schön, wenn du mit einer roten Rose kommen würdest. Erstens erkenne ich dich dann sofort und zweitens bin ich ein bisschen altmodisch romantisch, wenn es um ein Blind Date geht.
Ich würde vorschlagen am Samstag um 20:00 Uhr vor dem ‚Blue Diamant'."

Ich sagte ihr zu und begab mich auf den Weg nach Hause. Diesmal, ohne Benny, meinem PC-Studi, von meinem anstehenden Blind Date zu erzählen.
Ich war es einfach satt, jedes Mal, wenn ich kam, über mein letztes Treffen ausgefragt zu werden.
Wie würde das wohl aussehen? Ich mit 'ner Rose in der Hand vor 'nem Club in der Düsseldorfer Altstadt. Na ja, immer noch besser als mit einer Nelke im Knopfloch und einem Smoking vor der Oper.

Ich machte mir an diesem Abend noch ein paar Spaghetti mit einer leckeren Pfefferschoten-Pesto, schnitt mir die Finger- und Fußnägel und verschwand früh im Bett.
Doch was ich in dieser Nacht träumte, war nicht besonders aufmunternd:
Ich stand mit einer Rose in der Hand vor dem „Blue Diamant" und Erika kam mit offenen Armen auf mich zu. Wir küssten uns sofort und befummelten uns wie die Geisteskranken in einer dunklen Ecke, als mir plötzlich auffiel, dass sie eine Latexhose trug und eindeutig Linksträger war.
Linksträger? Mein Gott, Erika hatte einen Freudenspender. Erika war eine Transe und hatte plötzlich von jetzt auf sofort eine tiefe Stimme wie Roberto Blanko.
Schweißgebadet schnellte ich empor, riss mir die Bettdecke vom Leib und schaltete das Licht an. Ich war zuhause, Gott sei Dank. Es war nur ein Alptraum.
Hätte ich gewusst, dass dieser Traum wohl so eine Art Warnung war, ich wäre besser in Köln geblieben …

Am Samstag machte ich mich um 19:00 Uhr auf den Weg über die A3 Richtung Leverkusen nach Düsseldorf.
Da ich nicht davon ausging, einen Parkplatz zu finden, entschied ich mich, direkt in ein großes Parkhaus gleich an der Altstadt zu fahren.
Es war eine dunkle, kühle Spätsommernacht und in der Altstadt war eine Menge los.
Das „Blue Diamant" hatte ich schnell gefunden und da es schon 19:58 Uhr war, postierte ich mich brav und voller Erwartung mit meiner Rose in der Hand vor der Tür.
Nach zehn Minuten, also gegen 20:08 Uhr, bekam ich meine ersten ernsthaften Zweifel an dieser Aktion und

um 20:25 Uhr war ich mir sicher, es würde niemand mehr kommen.
Ich hätte mir am liebsten selbst in den Arsch gebissen. Leider fehlte mir dafür die nötige Gelenkigkeit.

Direkt neben dem „Blue Diamant“ schien in einer typischen Altbierkneipe richtig die Post abzugehen und so entschied ich mich, dort ein paar Pilz zu trinken, denn Kölsch würde es hier ja sicherlich nicht geben.
Der Laden war proppenvoll und gemütlich rustikal eingerichtet. Am Tresen wurde geredet, gesungen und diskutiert.
Okay, Eugen. Jetzt erst mal ein Bierchen gegen den Frust und lass dir bloß nicht anmerken, dass du aus Köln kommst, dachte ich bei mir.
„Guten Tag, ein Pils bitte.“
„Ein was?“
„Ein Pils. Ich hätte gerne ein Pils.“
„Und was für ein Pils soll’s denn sein?“
„Ja, was gibt’s denn bei Ihnen so?“
„Wir haben Jever, Becks, Warsteiner und Bitburger.“
Ich bestellte mir ein Bitburger und beobachtete die Gäste rundherum.
Was mir auffiel, mich aber nicht weiter störte, war, dass es hier keine wirklichen Pärchen gab.
Lustig war nur, dass einige von denen sehr gewagte Outfits trugen.
„Tschuldigung, könnte ich bitte noch ein Bit haben?“
Der Wirt stellte mir noch ein Bier auf die Theke und ich versuchte der ganzen Situation zumindest etwas Positives abzugewinnen.

Was, wenn mir Erika ebenfalls nicht gefallen hätte und ich den ganzen Abend mit einer Frau verbracht hätte, mit der eh nix passiert wäre?
Wahrscheinlich hätte ich wieder alles geblecht und wäre schlecht gelaunt nach Hause gefahren. Dann lieber alleine ein paar Bierchen schlürfen und mir die Leutchen hier in der Kneipe anschauen.
Nach dem achten Pils wurde ich jedoch so langsam müde und vor allem sentimental.
Ich fühlte mich alleine und wurde anlehnungsbedürftig, wie es öfter bei mir der Fall war, wenn ich angetrunken war, als ich auf einmal eine bekannte Stimme hinter mir hörte.

„Das kann ja wohl nicht wahr sein. Eugen, du hier in Düsseldorf und dann auch noch in einer Homo-Kneipe?"
„Mensch Tim, mein kleiner fliegender LTU-Kellner. Was machst du denn hier?"
„Eugen, das fragst du mich? Ich treffe mich hier im ‚Pumpenschwengel' samstags meistens mit Freunden, bevor wir weiterziehen."
Okay, die Kneipe hieß „Pumpenschwengel". Ein Name, der unter diesen Voraussetzungen schon eine ganz andere Bedeutung bekam. Tim traf sich hier mit Freunden und ich mittendrin. Na, das konnte ja heiter werden. Genau die Situation, die ich noch vor einem halben Jahr im Flieger von Brasilien nach Düsseldorf so verdammt hatte.
Aber was sollte ich tun? Die Stimmung war gut und Tim ja schließlich kein Unmensch.

„Los, Eugen. Erzähl doch mal, wie es dir in der Zeit ergangen ist. Du, Erich, machste uns noch mal zwei Bierchen?“

„Och, du. Was willst du hören? Ich bin immer noch solo, wohne immer noch in Köln und hatte heute eigentlich ein Date hier in Düsseldorf.“

Ich erzählte Tim von meinem vermeintlichen Fake und auch die Geschichte von Silke vor dem „Ivory“ in Köln.

„Na, siehste, Eugen. Dann ist das jetzt eben deine gerechte Strafe gewesen und vielleicht war es ja auch Silke, die dich unter falschem Namen nach Düsseldorf gelockt hat.“

Da hatte er gar nicht mal so Unrecht. An diese Variante, sich an mir zu rächen, hatte ich bisher noch überhaupt nicht gedacht.

Wir kamen vom Hölzchen aufs Stöckchen und ich wunderte mich, dass ein so heißer Bruder wie Tim doch so eine Menge Ahnung von Beziehungen und zwischenmenschlichen Gefühlen hatte.

War ich etwa zu festgefahren in meiner Meinung über Schwule? Schließlich dachte ich doch bisher immer, dass es da nur in Darkrooms darum geht, bei irgendeinem anderen ordentlich von hinten in die Garage einzuparken.

So ohne Gefühle, einfach nur rein in die Futt und fertig.

Aber Tim schien eher der Gefühlsmensch zu sein, der, genauso wie ich, solo war und sich sehr nach einem festen Partner sehnte.

Inzwischen hatte ich zehn Pils intus und schon leichte Sprachschwierigkeiten, als mich Tim fragte: „Du, Eugen. Was hältst du davon, wenn du mit ins ‚Black Ass‘ kommst?“

„Black Ass" frei übersetzt so viel wie schwarzes Arschloch. Na, hoffentlich war da der Name nicht auch gleich das Programm.
„Kein Thema, Tim. Mir schmeckt das Bier hier eh schon nicht mehr. Bin dabei."
Ohne mir der Bedeutung meiner Zusage im Klaren zu sein, verließ ich leicht schwankend gemeinsam mit Tim den „Pumpenschwengel" in Richtung „Black Ass".

Der Laden war so eine Art kleinere Diskothek und es waren hier sowohl Frauen als auch Männer jeder Altersklasse vertreten.
Wir setzten uns auch hier an die Theke, bestellten uns zwei „Sex on the beach" und schauten uns das Treiben auf der Tanzfläche an.
Was mir extrem auffiel, war, dass hier viel mehr Körperkontakt stattfand, als in Clubs, die ich so kannte. Es wurde eng getanzt, viel geknutscht und auch sonst hatte ich das Gefühl, dass hier jeder auf seine eigene Art und Weise Körperkontakt suchte.
Es dauerte nicht lange, da gesellten sich die ersten Bekannten von Tim zu uns und so lernte ich schnell Jens, Olaf und Jürgen kennen.
Alles gut gebaute, durchtrainierte Kerle in gewagten Outfits. Vielleicht sollte ich mich künftig in meiner Muckibude mehr aufs Sportliche konzentrieren, anstatt immer nur Kaffee zu trinken.

Jens war ein sehr ruhiger, sachlicher, normaler Mann und wenn er was sagte, dann hatte das Hand und Fuß. Olaf dagegen war ein Schwätzer, der Pupillen so groß wie 1-Cent-Stücke hatte, und die ganze Zeit, während er bei uns

stand, versuchte Jürgen den Dritten im Bunde dazu zu überreden, mit ihm in den Darkroom zu gehen.
Jürgen, der inzwischen schon leicht angenervt schien, war ein tuntiger, femininer Typ mit schulterlangen Haaren. Eine waschechte Schwuppe eben.

Scheinbar hatte Jens Gefallen an mir gefunden, denn er lächelte mich den ganzen Abend über an und spendierte mir einen Drink nach dem anderen. Tim dagegen schien das zu missfallen und so erzählte er mir, dass Jens sein Ex-Freund war, mit dem er sich aber noch sehr gut verstand.
„Und warum ist das zwischen Jens und dir auseinandergegangen?", fragte ich neugierig nach.
„Ach, weißt du, Eugen, das ist bei uns genau das Gleiche wie bei euch Heten. Wir haben uns eben ganz einfach auseinandergelebt. Jens ist eher der heimische, ruhige Typ und ich mag es gerne etwas flippiger und hasse Abende zuhause vor der Glotze. Er mag Adventure-Urlaub mit Rucksack und ich mag Ibiza und Partys bis zum frühen Morgen."
Hm, das klang ja ganz so, als hätten die Homos echt dieselben Beziehungsprobleme wie wir Heteros. Irgendwie war ich froh und erleichtert, hier scheinbar nicht der Einzige zu sein, der sich für beziehungsunfähig hielt.

Irgendwann, lange nach Mitternacht, stand ich mit Tim und seinen Jungs auf der Tanzfläche, umgeben von kurzhaarigen Bräuten mit Tatoos und Piercings. Und angesichts meines Alkoholpegels machte ich mir inzwischen auch keine Gedanken mehr darüber, ob es Frauen- oder

Männerhände waren, die ich die ganze Zeit über an meinem Arsch spürte.
Ich hatte mich in einen regelrechten Rausch getanzt, sodass es mich auch nicht mehr störte, dass alle Kerle inzwischen oben ohne tanzten und mir Jens mein Hemd aufknöpfte.
Werde mir wohl auch so ein Piercing durch die Brustwarze schießen lassen, wenn ich wieder in Köln bin. Oder ist das vielleicht ein Erkennungszeichen für Homos?
Ach, egal. Ich war einfach nur gut drauf, hatte ein Kribbeln im ganzen Körper und fühlte mich leicht wie eine Feder im Wind.
Es war wirklich ein geiler Abend. Ich hatte jede Menge Sex, allerdings Gott sei Dank nur den „On the Beach", getanzt wie Prince in seinen besten Zeiten und zum großen Finale, so gegen 05:00 Uhr morgens, mit voller Inbrunst „I am what I am" mit all meinen neuen Schwuppenfreunden gesungen.

Da eine Rückfahrt nach Köln in meinem Zustand undenkbar erschien, nahm ich ohne zu Zögern das Angebot von Tim an, bei ihm zu übernachten, zumal mir auf dem Heimweg plötzlich sauübel wurde.
Am liebsten hätte ich die gesamte Kö zusammengekotzt, schaffte es aber mit Mühe mich zu beherrschen, da inzwischen die ersten Passanten unterwegs waren.

Der Rest des Morgens bleibt ein Geheimnis. Ich kann mich bis heute zumindest an nichts mehr erinnern.
Als ich so gegen 11:00 Uhr wach wurde, lag ich pudelnackt im Bett von Tim. Neben mir, eng umschlungen und im Tiefschlaf, Tim und Jens.

Oh, mein Gott, Eugen. Was hast du nur getan?, fuhr es mir durch den Kopf. Sollte da womöglich was gelaufen sein mit uns dreien? Und wer zum Teufel hatte mich ausgezogen? Ich wäre am liebsten im Erdboden versunken und erst in meiner eigenen Wohnung in Köln wieder auferstanden.

Leise wie ein Mäuschen packte ich meine Klamotten zusammen, zog mich vorsichtshalber im Hausflur wieder an und machte mich auf den Weg zu meinem Auto.

Die Tatsache, dass meine Parkhausrechnung inzwischen 38 € betrug, konnte mich in Anbetracht meines vorangegangenen Schocks jetzt auch nicht mehr aus der Bahn werfen.

Kapitel 21 (Domina)

Ich war heilfroh, dass es Sonntag war und ich mich wieder ins Bett hauen konnte. Nach so einer Nacht wollte ich einfach nur noch ausschlafen.
Ich hatte inzwischen irre Kopfschmerzen und war froh, dass mir meine Arschrosette nicht brannte. Ansonsten hätte ich das, was letzte Nacht abgegangen war, wohl noch mal genau überdenken müssen. Aber ich war mir so was von sicher, dass mir weder im „Black Ass“ noch bei Tim in der Bude jemand von hinten in die Kiste gefahren war, sodass ich beruhigt einschlief und schon bald im Tiefschlaf versank.

Es dauerte drei Tage, bis ich mich wieder so weit fühlte, um ins Internet-Café zu gehen.
Hoffentlich würde mir Benny keine dummen Fragen stellen, sonst könnte es nämlich schnell passieren, dass ich ausgeflippt wäre. Zu tief saß der Schwuppenstachel noch.
„Hey, Eugen. Lange nicht gesehen. Wo hast du die ganze Zeit gesteckt?“
„Ach, Benny. Ich hab mich drei Tage mit einer Nymphomanin zuhause eingeschlossen und aus ihr eine anständige Frau gemacht.“
„Na, das hört sich ja gut an und ich hatte mir schon Sorgen um dich gemacht.“
Zielstrebig steuerte ich einen freien Platz an, direkt neben einer attraktiven Mittdreißigerin.
Sie hatte schulterlange, dunkle Locken, einen recht stabilen Körperbau und riesige Bubis.

Allem Anschein nach studierte auch sie aufmerksam einige E-Mails.
Ich öffnete meinen Account, klickte meinen Posteingang an und musste zu meiner großen Enttäuschung feststellen, dass ich nur eine einzige Zuschrift hatte.
Na immerhin, besser als gar nichts.
Die Nachricht war von Rosi, 49, geschieden, 2 Kinder, aus Celle: „Hallo ‚Blackmamba' aus Köln, was macht ein so gut aussehender Mann wie du hier in der Singlebörse?"
„Liebe Rosi, ich studiere hier das Leben einsamer, allein erziehender Frauen über 40 für die Uni Köln und erstelle zum Ende des Semesters einen Bilanz-Bericht für das Bundesfamilienministerium."

What a fuck. 20 Anschreiben, zwei verkorkste Dates und nur alte, allein erziehende Mütter vom Arsch der Welt.
Es machte wirklich keinen Spaß mehr, meine wertvolle Zeit weiter hier in der Internetbude zu vergeuden. Am liebsten hätte ich die Maus in den Monitor katapultiert.
Scheinbar wurde durch meine Zornesröte meine PC-Nachbarin auf mich aufmerksam.
„Oh, da scheint sich aber jemand geärgert zu haben."
Was für eine sympathische Stimme. Gab ich ihr nun die wahre Antwort oder dachte ich mir irgendeine abstruse Story bezüglich meines Ärgers aus?
Ich entschied mich für die Wahrheit und damit gleich für die Mitleidsschiene, in der Hoffnung, dass sie darauf eingehen würde.

„Ach, ist doch alles Kacke. Ich bin jetzt schon seit zwei Wochen hier auf so einer Singleseite angemeldet und es fühlen sich allem Anschein nach nur Witwen, ältere Semester oder Frauen aus mindestens 300 km Entfernung angesprochen."

„Hm, das kann ich aber überhaupt nicht verstehen. Schließlich bist du doch ein gut aussehender Mann."

„Oh, danke für die Blumen. Ich heiße übrigens Eugen."

„Gerne geschehen. Ich bin Tanja."

„Und scheinbar auch ohne einen eigenen Computer?"

„Ja, stimmt. Hab zwar einen, aber da hab ich letzten Monat das Motherboard zerschossen. Ich komme jetzt erst mal 2- bis 3-mal die Woche hierher, um meine E-Mails zu checken. Zumindest so lange, bis ich mir einen neuen PC kaufe."

„Ah, ich werde mir so ein Ding wohl auch mal so langsam anschaffen. Surfst du hier eigentlich geschäftlich oder privat im Internet rum?"

„Na ja, so halb und halb. Ich bin eigentlich Sekretärin in einer Werbeagentur und habe noch einen kleinen Nebenerwerb."

Wir verlagerten unser Gespräch an die Theke und ich erzählte Tanja einige von meinen, in die Hose gegangenen Dates bei einer heißen Tasse Kaffee.

Bennys blöde Fratzen im Hintergrund ignorierte ich genauso wie meine Uhr, denn eigentlich hatte ich mich schon vor einer viertel Stunde mit Piet zum Sport verabredet.

„So nette Kerle wie dich gibt's also im Internet auf diesen Single-Portalen? Sollte mich da wohl auch mal anmelden."

„Na ja, wenn du da genauso viel Erfolg hättest wie ich, lass es lieber gleich bleiben. Es lohnt sich nicht."

„Och, Eugen. Lass den Kopf nicht hängen. Ein guter Fotograf schießt auch oft zehn oder mehr Fotos, um dann im Nachhinein neun davon wegzuschmeißen. Du musst einfach noch ein paar Dates mehr machen. Dann klappt's schon."
Tanja hatte es einfach drauf, einen frustrierten Mann wieder aufzubauen. Sie war eben eine starke Persönlichkeit mit jeder Menge Ausstrahlung.
Gegen neun verabschiedeten wir uns voneinander, natürlich nicht, ohne vorher noch unsere Telefonnummern ausgetauscht zu haben und ich machte mich auf den Weg zu Piet.

Da ich ihn zum Sport versetzt hatte, beschloss ich als kleines Versöhnungspräsent, ein Sixpack Desperados mitzubringen.
„Ey Eugen, du treulose Tomate. Was war denn mit Sport heute?"
„Sorry, Alter. Aber ich hab 'nen guten Grund."
„Ach, lass mich raten. Irgend so 'ne Internetschnalle, mit der du dich festgetextet hast?"
„Nee du, die kannste alle in die Tonne kloppen. Nur Fakes, Schabracken und Gestörte.
Hört sich zwar banal an, aber als ich festgestellt habe, dass es im Internet kaum Zweck hat, da spricht mich doch glatt die Zuckerstute vom Nachbartisch an."
„Wie, wo? In diesem Internet-Shop?"
„Ja, genau. Sie saß neben mir am PC und hat mich einfach angequatscht, als ich mich mal wieder über die Missachtung meines Profils aufgeregt hatte."
„Ey, geil, Eugen. Und wie ist die so?"

„Na ja, nicht gerade Modelmaße, aber eine Ausstrahlung, sag ich dir. Auf jeden Fall würde ich mich beim Höggeln mit ihr nicht verletzen."
„Hey, das ist aber jetzt nicht mein alter Eugen, so wie ich ihn kenne. Stehst doch sonst immer nur auf Bräute in 90-60-90 und nicht auf Mona Lisas."
„Tja, mein Freund. Da sag ich nur: auf zu neuen Ufern. Vielleicht ist das Üppige ja viel besser als immer diese dürren Hühner, die sich dann nicht richtig gehen lassen können."
Wir vernichteten jeder brav unsere drei Flaschen Desperados, erzählten noch ein bisschen über typische Männerthemen wie Frauen, Sex, Fußball und Autos und ich machte mich auf den Weg nach Hause, in freudiger Erwartung auf mein erstes Telefonat mit Tanja.

Der Tag begann wie jeder andere. Doch das schlimmste an ihm war, dass Tanja nicht anrief.
Sollte ich mich einfach mal bei ihr melden und sie fragen, ob alles in Ordnung sei? Oder war das schon zu aufdringlich? Schließlich hatten wir vereinbart, sie würde mich anrufen.
Der Nachmittag schwand und es wurde langsam dunkel, als plötzlich, ich hatte mir gerade 'ne Lasagne in den Ofen geschoben, mein Handy klingelte.
„Hallo Eugen, hier ist Tanja. Ich hab's leider heute nicht früher geschafft, dich anzurufen. Mir war noch kurzfristig ein Kunde dazwischengekommen."
„Hi Tanja. Ist doch kein Problem, du wärst mir schon nicht entkommen. Habe doch schließlich auch deine Telefonnummer. Du, sag mal, was ich dich fragen wollte.

Hast du morgen Nachmittag schon was vor? Würde dich gerne auf einen Eisbecher zum Italiener einladen."
„Ja, gerne. Hab morgen Nachmittag frei."
Wir machten unser Date aus und quatschten mindestens noch eine Stunde über dies und das, bis uns Tanjas Handyakku brutal trennte.
Was soll's? War eh Zeit ins Bett zu gehen und schließlich stand unsere Verabredung für den nächsten Tag ja schon fest.

Es war ein schöner, sonniger Nachmittag. Zwar schon leicht kühl, denn der Herbst kündigte sich mit seinem braunen Laub so langsam an, aber für einen Früchtebecher in unserer Eisdiele auf der Terrasse war es nie zu spät.
Tanja war pünktlich wie ein Maurer und sah wirklich toll aus. Sie hatte ihre wilden Locken zu einem kleinen Schwänzchen gebunden und trug ein beiges Kleid mit einer Strumpfhose und langen, braunen Stiefeln. Rein farblich war sie schon prima auf den kurz bevorstehenden Herbst abgestimmt.
„Hi Tanja. Kompliment. Du siehst klasse aus und bist eine von maximal drei Frauen, die ich kenne, die pünktlich zu einer Verabredung erscheinen."
„Hallo Eugen. Was kennst du denn für Frauen?"
Wir bestellten unsere Kalorienbomben und waren schnell wieder beim Thema Nummer eins zwischen zwei Singles. Tanja erzählte mir von ihren gescheiterten Beziehungen und dass sie sogar einmal mit einem Mann zehn Jahre zusammengelebt hatte. Kaum zu glauben, schließlich hatte ich es gerade mal auf fünf Jahre gebracht.

Aber was soll's? Offensichtlich schien er ja auch nicht der Richtige gewesen zu sein, sonst wäre er ja jetzt nicht ihr Ex.
„Du, sag mal, Tanja. Woran hat es denn bei dir gelegen, dass deine Beziehungen alle in die Hose gegangen sind?"
„Na ja, mit Einigen habe ich mich einfach auseinandergelebt. Das kennst du doch bestimmt auch? Man hat sich halt anders weiterentwickelt. Und bei meinen letzten Beziehungen hat es meistens Probleme wegen meines Nebenjobs gegeben."
„Wieso denn das? Bist du Stripperin oder etwa Prostituierte?"
„Nein, das nicht, aber eigentlich erzähle ich das nicht gerne direkt am Anfang jedem."
Toll, typisch Frau. Erst machen sie Andeutungen und dann erzählen sie nicht, um was es geht.
Ich musste es einfach aus ihr herauskitzeln. Schließlich hatte man ja auch als Kerl den Anspruch, neugierig zu sein. Aber eben nicht zu auffällig, schließlich musste sie ja nicht gleich merken, dass ich vor Neugierde fast schon platzte.
Und aus der Bahn werfen würde es mich sicherlich auch nicht mehr, nach dem, was ich in der letzten Zeit so alles erlebt hatte.

„Na ja, wenn du nicht so gerne darüber reden magst, ist das auch okay. Aber es muss ja schon etwas nicht ganz Alltägliches sein, wenn deine Kerle alle die Segel gestrichen haben", versuchte ich die Brisanz aus der Sache zu nehmen und das Ganze geschickt von hinten herum anzugehen.

„Ja, stimmt. Alltäglich ist es wirklich nicht, aber für jemanden, der nicht total verklemmt ist, auch nichts besonders Außergewöhnliches."
Verdammt noch mal. Sie schaffte es doch wahrhaftig, mich immer neugieriger zu machen und wollte scheinbar freiwillig nicht mit der Sprache rausrücken.
Bis plötzlich …
„Aber weißt du? Eigentlich hatte ich mir ja vorgenommen, wenn ich wieder mal einen netten Mann kennenlerne, nicht lange damit hinterm Berg zu halten. Ich sag es dir jetzt, aber nur, wenn du mir versprichst, dass es allein dein Geheimnis bleibt und du es nicht rumerzählst."
„Tanja, ich schöre auf meinen Dödel und der ist mein absolutes Heiligtum."
„Ha, ha. Na, dann glaube ich dir das mal. Also, ich arbeite nebenbei als Domina und habe einen festen Kundenstamm. Ich wechsle dann mein eigenes Ich von Tanja in ‚Lady Passion'."
So, so. Dame der Leidenschaft. Das hörte sich zumindest schon mal sehr vielversprechend an.
„Was, so mit Peitsche, Fesseln, Knebeln, Kerzenwachs und dem ganze Kram?"
„Ja, genau. Du scheinst dich ja bestens auszukennen. Bist du jetzt geschockt?"
Kaum zu glauben, aber dieser eher solide wirkende dunkelbraune Lockenkopf führte allem Anschein nach ein aufregendes Doppelleben.
„Öh, nein. Wieso? Ich meine, ist doch eine saubere Angelegenheit, so ein Domina-Job."
„Ja, da hast du Recht. In gewisser Weise schon. Ich habe zumindest keinen Sex mit meinen Kunden, wenn du das meinst."

An diesem Nachmittag erfuhr ich eine Menge über Bondage, Spanking und Strap-Ons. Ich musste mich einige Male umdrehen, um mich zu vergewissern, dass uns nicht alle Leute im Eiscafé bei unserem pikanten Gespräch zuhörten.

„Manchmal brauche ich für eine Session auch einen männlichen Partner, um einen Kunden zu bestrafen."

Auch das noch. So eine arme Kreatur auch noch zu zweit malträtieren.

Es war unfassbar, was Tanja mir soeben mal zwischen Früchtebecher und Latte Macchiato über ihren Zweitjob erzählte.

„Wäre das nicht was für dich, Eugen? Gibt auch gut Kohle dafür."

Was für eine Frage. Ich in Latex mit Gummidildo und Lederpeitsche?

„Wie soll das denn gehen? Hast du etwa auch weibliche Kunden?"

„Ja, auch. Die sind aber alle eher auf ihre Herrin fixiert und brauchen für ihren Fetisch keinen Kerl dabei.

Ich sage dir einfach mal Bescheid, wenn ich mal wieder männliche Unterstützung für eine Spezialbehandlung brauche."

Aus Höflichkeit sagte ich: „Ja, tu das."

War mir aber über die Tragweite dieser Aussage wohl nicht so recht bewusst.

In der Nacht verarbeitete ich wie gewohnt das Erlebte vom Tage und so träumte ich, ich läge wie eine Wurst in der Pelle verpackt in Frischhaltefolie eingewickelt auf einer Liege vor Tanja. Die einzigen Öffnungen waren Augen, Nase, Mund und mein Schniedel, der von Tanja mit heißem Kerzenwachs behandelt wurde.

Es war wieder mal der reinste Alptraum und so real, dass ich am nächsten Morgen erst einmal mit einer Tube Fenestil-Gel in der Hand mein bestes Stück nach Brandblasen untersuchte.

Kapitel 22 (Lady Passion)

Es vergingen einige Wochen und ich traf mich mit Tanja noch ein paar Mal, allerdings immer nur ganz brav auf eine Tasse Kaffee oder ein kühles Kölsch.
Überhaupt lief rein frauentechnisch absolut nichts und ich fühlte mich schon so langsam wie ein Eunuch auf Entzug, obwohl die ja, glaube ich zumindest, gar keinen Bock mehr aufs Pimpern haben.
Ich jedenfalls hatte und konnte nicht, weil sich irgendwie mit den Frauen einfach nichts ergab.
Einzig Isabelle lief mir in unserem Anabolika-Club noch ab und zu über den Weg.
Aber es war ja inzwischen Herbst geworden und allein bei dem Gedanken, nachts bei 8 Grad auf einer Parkbank am Rheinufer eine Nummer zu schieben, verdarb mir schon den Gedanken daran, eventuell bei ihr einen erneuten Versuch zu starten.

Piet hatte sich köstlich über die Erzählung von den Gesprächen mit Tanja amüsiert und meinte, ich solle ihn doch mal vorstellen, wenn ich keine Lust auf so 'ne Quälnummer hätte. Es war wohl scheinbar seine latente, leicht sadistische Ader, die dabei zum Vorschein kam. Piet hatte schon immer die Angewohnheit, Fliegen die Flügel auszureißen, hilflose Grashüpfer in Spinnweben zu werfen oder schon als Kind Frösche mit einem Strohhalm im Arsch aufzublasen. Außerdem hatte er nichts Besseres zu tun, als Ulf, unserem Bodymaster, von der Geschichte zu erzählen.

Allerdings waren seine Kommentare zur Sache auch nicht geistreicher als die von Piet, wobei das von Ulf auch niemand erwartet hätte.
„Is doch super, Schmal. Isch kann dir vun de Arbeit ene Schrabstock mitbringe un dann tuste dingem Sklave erst mal esu richtig schön de Eier affklemme. Darauf stonn die total. Ich sage dir, der jet dann aff wie en Zäpfchen."
Ja, das waren echte Freunde bzw. Kumpels, denn wer Ulf zu seinem Freundeskreis zählte, stand früher oder später sowieso selbst ohne weitere Freunde da.
Aber was soll's. Waren ja eh alles ungelegte Eier, denn Tanja hatte mich bis dato eh nicht gefragt, ihr zu helfen.

Das sollte sich jedoch ungefähr zwei Wochen später schlagartig ändern, als an einem scheißkalten Mittwochabend, es muss wohl so gegen 23:00 Uhr gewesen sein, mein Handy klingelte.
„Hi Süßer. Hier ist Tanja. Wie geht es dir?"
„Hey, danke. Jetzt wo du anrufst wieder gut und dir?"
„Och, ich hab im Moment voll den Stress auf der Arbeit und auch mein Nebenjob nimmt mich zurzeit sehr in Anspruch, aber dafür kommt Geld in die Kasse. Ist doch auch was."
Ich befürchtete das Schlimmste und genauso kam es auch.
„Du, sag mal, Eugen. Du erinnerst dich doch noch an unser Gespräch vor ein paar Wochen?"
„Du meinst das im Eiscafé?"
„Ja genau und ich bräuchte für diesen Samstag als ‚Lady Passion' einen gut aussehenden Mann an meiner Seite, der in der Lage ist, mit mir in Gegenwart eines Kunden zu schlafen."

„Wie? Du meinst Sex nur mit dir?"
„Genau. Was dachtest du denn?"
„Na ja, ich hatte damals die Befürchtung, ich solle irgendeinem perversen Kunden von dir in die Eier treten, sie ihm abklemmen oder Stecknadeln durch die Brustwarzen rammen."
„Lieber Eugen, erstens sind meine Kunden nicht pervers, sondern haben lediglich einen Fetisch, den sie bei mir ausleben können, und zweitens hätte ich dich für diese Sachen nicht benötigt. Das kann ich nämlich auch sehr gut ohne dich."
Bums! Das saß. Und resultierend aus dieser Fehleinschätzung traute ich mich jetzt schon gar nicht mehr, ihr diesen Gefallen auszuschlagen.
„Okay, ich bin dabei. Am Samstag bei dir. Und um wie viel Uhr?"
„Er wird so gegen 21:00 Uhr da sein und noch ein bisschen von mir gezüchtigt. Denke, wenn du um 21:30 Uhr da bist, reicht das voll aus."
„Gut. Du, Tanja, was issn das überhaupt für ein perve…, äh, ich meine für ein Kerl?"
„Er ist Manager eines großen Chemieunternehmens, verheiratet, Mitte 50 und hat zwei erwachsene Kinder. Mehr musst du nicht wissen. Der Rest ist Betriebsgeheimnis."
„Ja, okay. Ist vielleicht auch besser so. Hoffentlich muss ich nicht lachen, wenn es losgeht!"
„Eugen, du musst mir versprechen, dass du die Sache am Samstag ernst nimmst, okay?
Du bekommst 100 € dafür, dass du es mir so richtig besorgst. Das ist doch ein guter Deal – oder?"
„Ja, stimmt. Und der Typ? Wo ist der, während wir es machen?"

„Mach dir um den keine Sorgen. Der wird sich nicht bewegen können."
„Also gut. Bin um 21:30 Uhr bei dir und was soll ich anziehen?"
„Hey, gute Frage, Eugen. Du denkst wenigstens mit! Aber keine Sorge, ich habe was für dich."
Wir beendeten unser Gespräch und ich war mir wirklich nicht sicher, ob Tanja nun froh sein konnte, einen geeigneten Spielpartner für ihren Job gefunden zu haben oder ob ich mich freuen sollte, fürs Pimpern auch Geld zu bekommen.

„Ey Alter. Wie geil issn das? Du knallst die Braut am Samstag und wirst auch noch dafür bezahlt. Voll cool. Andere Typen müssen dafür 'ne Stange Geld im Puff löhnen", war Piets geistreiches, aber nicht anders zu erwartendes Statement zur Situation.
Er konnte ja als Unbeteiligter auch große Reden schwingen und brauchte sich keine Gedanken darüber zu machen, ob er einen hochbekam, wenn da ein angeketteter Typ in der Ecke hockte und zuschaute.
Ich jedenfalls nahm mir vor, meinen astralen Männerkörper, mit leichter Tendenz zum Waschbärbauch, bis Samstag noch täglich zu trainieren.
Schließlich wollte ich mich ja weder vor Tanja noch vor ihrem versklavten Manager blamieren.

Der Samstag kam und mir ging so langsam aber sicher die Düse eins zu tausend.
Ich hatte leichten Durchfall und die ganze Zeit das Gefühl, ich müsse andauernd pinkeln. Ein eindeutiges Indiz dafür, dass ich aufgeregt war.

Zu meinem obligatorischen APP-Ritual inklusive Hand- und Fußpflege kam jetzt noch die trendig gestylte Gelfrisur dazu, wild und strubbelig.
Irgendwie wollte ich wohl damit meine männliche Art ein bisschen hervorheben und ganz klar die Front zwischen erniedrigtem Sklaven und heldenhaftem Stecher klären.
So gewappnet machte ich mich also um 21:00 Uhr auf den Weg zu Tanjas Adresse in Köln-Rath. Es war eine alte Stadtvilla, in einem Teil von Rath, der den verheißungsvollen Namen „Göttersiedlung“ trug. Ob hier die Götter zuhause waren, konnte ich nicht mit Bestimmtheit sagen, zumindest die Straßen trugen Namen nordischer Gottheiten.

Schnell fand ich einen Parkplatz und stand somit pünktlich um 21:30 Uhr vor Tanjas Haustür.
Ich klingelte wie vereinbart dreimal und schon sehr schnell öffnete mir Tanja in einem grob gelöcherten Catsuit, hochhackigen Pumps und dicken Ringen durch ihre Brustwarzen die Eingangstür. Ihre Haare hatte sie zu einem strengen Zopf gebunden und in der Hand hielt sie eine Lederpeitsche mit drei Riemen.
„Hey Tanja. Coole Hütte hier. Wohnst du hier zur Miete oder ist das dein eigener Schuppen?“
„Pst, Eugen. Ab jetzt Klappe halten und nenn mich bitte nur noch ‚Lady Passion‘. Ich bin mitten in einer Session. Komm, folge mir.“
Sie führte mich quer durch die erste Etage in einen Raum mit zwei Türen, einem großen Bett, vielen schmiedeeisernen Verzierungen und einem Käfig in der Ecke.
Auf dem Bett lagen fein säuberlich ein Muschimoped, Kondome und eine Ledershort.

„Also, zieh bitte hier die Hose an. Habe sie extra für dich gekauft und leg dich auf das Bett. Deine Klamotten schmeiß bitte unter das Bett. Wenn ich mit den Züchtigungen nebenan fertig bin, werde ich ihn in den Raum führen und du darfst zeigen, was in dir bzw. in ihm steckt."
Während sie das sagte, zeigte sie auf meine Liebeslanze, die im Moment eher wohl ein Krummdolch war. Eugen, auf was hast du dich da nur wieder eingelassen, fuhr es mir durch den Kopf und ich wäre schon zu diesem Zeitpunkt am liebsten wieder verschwunden.
Aber ein Mann, ein Wort. Ich hatte die Scheiße hier angefangen, also musste ich sie auch bis zum Ende durchziehen.

Es müssen wohl so etwa 20 Minuten gewesen sein, da öffnete sich die Tür zum Nebenraum und Tanja oder besser gesagt „Lady Passion" betrat mit einer Hundeleine in der Hand den Raum. Am anderen Ende kroch ein Mann auf den Knien. Seine Arme waren auf den Rücken gebunden und im Mund steckte eine Kunststoffkugel als Mundknebel. Untenrum trug er eine Art sauengen Keuschheitsgürtel, der ihm mit Sicherheit ordentlich die Eier abschnürte.
Ich versuchte eine gute Mine zu diesem bizarren Spiel zu machen und einfach nur locker zu bleiben, was in Anbetracht dieser Situation wirklich nicht einfach war.
Tanja führte ihren Sklaven in eine Ecke des Raumes, stellte ihren rechten Fuß mit mindestens 10 cm Absatz auf seinen Rücken und herrschte ihn an:

„Du kleine Kreatur bist nicht würdig, mich zu berühren. Du warst nicht gehorsam und ich werde dich jetzt dafür strafen.
Schau dir nur gut an, was man mit deiner ‚Lady' alles machen darf, wenn man brav war."
Das war wohl mein Einsatz, denn nun kam sie zu mir aufs Bett, legte sich mit weit geöffneten Schenkeln in Blickrichtung unseres bösen Managerjungens und flüsterte mir lüstern ins Öhrchen: „So, mein Schatz. Und jetzt fick mich, bis ich ohnmächtig werde oder du bist deine 100 € nicht wert."

Es wurde eine der längsten Nummern meines Lebens, denn jedes Mal, wenn ich mich meinem Höhepunkt näherte, schaffte es Tanja gekonnt, einen Koitus Interruptus zu produzieren.
Sie hörte einfach kurz vorher auf, präsentierte sich frontal zu ihrem Sklaven und vergnügte sich direkt vor seinen Augen mit ihrem Muschimoped.
Toll! Wozu brauchen Frauen uns Männer eigentlich, wenn sie doch immer wieder zum Spielzeug greifen. So ging das ganze Spiel dann ungefähr drei Stunden lang und ich wunderte mich, dass unser zusammengeschnürter Freund überhaupt noch Blut in den Gliedmaßen hatte.
Noch nie fühlte ich mich nach dem Sex so ausgelaugt wie an diesem Abend. Ich hatte einfach das Gefühl, einen Iron-Man absolviert zu haben, wobei die ja wenigstens unterwegs noch Bananen und kalte Getränke gereicht bekamen.

Der Abend endete relativ unspektakulär. Ich kam mit einem lauten Schrei der Erlösung, Tanja lobte meine Leis-

tung und demütigte damit gleichzeitig ihren Kunden, während sie ihn wie einen räudigen Dackel hinter sich herzog.
Ich kramte meine Klamotten zusammen und verschwand, schließlich wollte ich unserem stummen Zuschauer nicht unbedingt noch vor dem Haus über den Weg laufen.

Wie ein Toter fiel ich in dieser Nacht in mein Bett und hatte, wie nicht anders zu erwarten, mal wieder einen wirren Traum.
Diesmal waren die Rollen etwas anders verteilt. Nicht etwa, dass unser lieber Sklave sich jetzt mit „Lady Passion" vergnügte und ich in der Ecke hockte. Nein, wir saßen beide pudelnackt in dem großen Käfig.
Tanja lag ebenfalls nackt auf der großen roten Spielwiese und vergnügte sich direkt vor unseren Augen mit ihren diversen Spielzeugen.
Es war unvorstellbar und eklig noch dazu. Ich mit einem devoten Manager-Typ ohne Klamotten in einem 1,20 m x 1,20 m großen Stahlkäfig eingesperrt.
Ich war heilfroh, als mein Wecker gegen 10:00 Uhr meine traumhafte Nachverarbeitung des vorangegangenen Abends beendete.

Der Sonntag war ein schöner, sonniger Wintertag und ich hatte mich mit „Lady Passion" bzw. Tanja auf einen Milchkaffee in meinem Stammbistro verabredet.
Wir wollten uns einfach gegenseitig ein Feedback des letzten Abends geben und noch einmal alles durchsprechen.
„Hallo Eugen", begrüßte mich Tanja mit einem strahlenden Lächeln auf den Lippen.

„Hi Tanja. Alles fit bei dir?“

„Aber klaro, könnt nicht besser gehen. Ich hatte geilen Sex gestern und dabei noch ’ne Menge Kohle verdient. Was will man mehr?“

„Hm, stimmt. Eigentlich hast du Recht.“ Was sollte ich auch sonst dagegen sagen?

„Du warst gestern fürs erste Mal echt super, Eugen. Hoffe, es hat dir auch Spaß gemacht?“

„Na ja, etwas ungewohnt vielleicht, aber war schon geil.“

„Na dann, auf eine gute Zusammenarbeit, Partner.“

„Moment. Wie jetzt? Partner? Ich glaube, du bist da einen Ticken zu voreilig, Tanja. Ich meine, also Sex ist die eine Seite, aber gegen Geld und in Anwesenheit von Typen, die wie ein Rollbraten verschnürt in der Ecke kauern. Nee du, lass mal. Das ist auf Dauer nix für mich.“

„Ach Eugen. Tu mir das nicht an. Ich hatte gedacht, wir könnten das Geschäft vielleicht sogar noch ein wenig erweitern und zusammenarbeiten.“

„Nee, Tanja. Glaube mir, ich könnte das auf Dauer wirklich nicht. Hab die ganze Nacht Alpträume gehabt und könnte meinen Freunden nicht mehr in die Augen schauen, wenn die spitzkriegen würden, dass ich so ’ne Art Dominus bin.

Aber danke für das Angebot. Ich fühle mich sehr geschmeichelt.“

„Okay, dann muss ich das wohl so akzeptieren. Solltest du es dir anders überlegen, ruf mich an.

Ich muss jetzt auch wieder weg. Hab noch viel zu tun. Ach übrigens, er hat 300 € bezahlt. Hier ist dein Anteil. Mach’s gut dann.“

Sie schmiss mir 150 € auf den Tisch, zog ihre Jacke an und verschwand. Übrigens für immer. Ich sah sie nie mehr wieder.
Benny, mein PC-Student, berichtete mir Wochen später, sie habe ihm erzählt, dass sie ein S/M-Studio in Essen übernommen hätte und ihn gefragt hatte, ob er nicht nebenbei Geld als männlicher Part bei ihr verdienen wollte.
Aber Benny war wohl cleverer als ich gewesen und hatte ihr gleich einen Korb gegeben.

Kapitel 23 (Piet in Love)

Erst nachdem ich erfahren hatte, das sich „Lady Passion" aus Köln verabschiedet hatte, traute ich mich, Piet von der ganzen Sache zu erzählen.
Wir saßen wie so meistens am frühen Abend im Schweiß-Tempel und tranken ein leckeres Tässchen Kaffee.
„Ey Alter. Du hast es also doch gemacht. Hatte mich schon gewundert, dass du plötzlich gar nichts mehr von dieser Tanja erzählt hast. Und der Typ ist echt drei Stunden still in der Ecke hocken geblieben? Wie bescheuert ist das denn?
Übrigens, kennste den schon?
Sagt der eine Kannibale zum anderen: Du, die Domina von letzter Woche schmeckt aber ein bisschen streng."
„Oooh, Piet. Du …"
„Oder warte, Eugen:
Woran erkennt man eine türkische Domina? – Na, am Lederkopftuch."
Es war unglaublich, aber Piet hatte wirklich zu fast jedem Thema dieser Welt einen passenden blöden Witz oder Spruch parat.

Während wir so dasaßen und Kaffee tranken, kam plötzlich Isabelle vorbei, die ich mit Sicherheit auch schon sechs Wochen nicht mehr gesehen hatte.
„Na, ihr beiden Helden. Was ist los mit euch? Geht ihr gleich noch mit in die Sauna?"
„Nee, also ich bestimmt nicht mehr. Bin fertig mit Sport und schon frisch geduscht. Aber frag mal unsere Sports-

kanone hier“, antwortete ihr Piet und zeigte dabei mit dem Daumen auf mich.
„Na ja, eigentlich wollte ich ja gleich noch ’ne Runde auf’n Stepper, aber wenn du mich so fragst, bin in 15 Minuten auch in der Sauna.“
„Na, Eugen. Alte Liebe rostet nicht oder wie sagt man doch?“
„Nee, Alter. Lass mal. Ich habe die Schnauze echt voll von diesen bekloppten Outdoor-Nummern. Die kriegt doch im Bett überhaupt keinen Orgasmus mehr.“
„Na, dann versuch es doch mal mit einer Naturdokumentation auf DVD, während du sie pimperst.“
„Nein, Piet. Vorbei ist vorbei und ich gehe jetzt in die Sauna. Wir sehen uns am Wochenende.“
Ich packte meine Sporttasche und machte mich auf den Weg Richtung Umkleiden.

In der kleinen, aber feinen Sauna saßen, außer uns beiden, noch ein älteres Ehepaar und ein jüngerer Typ, so um die 25 Jahre alt.
Wir redeten nicht viel und machten es uns nach unserem ersten Saunagang auf den Ruheliegen bequem. „Und was macht die Liebe?“, fragte ich interessiert Isabelle. Schließlich lag unsere Beziehung schon fast ein halbes Jahr zurück und es war inzwischen Winter geworden.
Zu gerne hätte ich gewusst, was und wie sie es im Winter trieb, wenn es draußen unter null Grad war.
„Nix, wieso? Was soll denn nach dir noch kommen, Eugen? Wo es doch immer so nett war mit dir!“
„Hallooo? Bitte nicht nett.“

Nett ist ja bekanntlich die kleine Schwester von Scheiße und für einen Mann ist es die reinste Abklatsche, wenn man von einer Frau als nett bezeichnet wurde.
„Und du? Immer noch solo oder hast du Mrs. Right inzwischen gefunden?“
„Nein, leider nicht. Du warst schon nah dran, aber ich habe eben auf Dauer lieber meinen Sex im Bett und nicht in der Wildnis.“

Wir legten uns wieder in die Sauna, die wir inzwischen für uns ganz alleine hatten.
„Du, sag mal, Isabelle. Wie ist das eigentlich im Winter bei dir? Ich meine mit dem Sex?
Diese ewige Freilandhöggelei wird doch dann ein bisschen kühl – oder?“
„Boah, Eugen. Was du wieder für einen Scheiß von dir gibst. Hast sicherlich Piet, Ulf und all den anderen schon erzählt, dass ich Sex nur im Freien mache, richtig?“
„Nö, wie kommste denn darauf?“
„Ihr Kerle quatscht doch über alles Intime untereinander. Also, jetzt noch mal zum Mitschreiben. Ich mag Sex lieber außerhalb des Bettes. Was nicht heißt, dass es im Freien sein muss. Ich finde es auch in Aufzug, Küche, Treppenhäusern und vor allem in der Sauna geil.
So, und jetzt bekommst du von mir noch eine neue Story für deine Kumpels geliefert.“
Sie sprach es, legte sich in der allseits beliebten 69er-Stellung auf mich und spielte eine beeindruckende Symphonie auf meiner inzwischen zu einer stolzen Tuba herangewachsenen Fleischflöte. Ich tat es ihr gleich und bearbeitete im Gegenzug ihre Muschi-Mundharmonika mit meinen Lippen und meiner flinken Zunge.

Keine Ahnung, ob man dieses mündliche Konzert der Sinne als Sex bezeichnen konnte, zumindest war es für mich das erste Mal Sex mit einer Ex.
Obwohl, wenn es nach Piet ginge, Oralverkehr ja kein Sex war und somit auch nicht als fremdgehen gewertet werden konnte, wenn man in einer Beziehung steckte und sich von einer anderen Frau einen blasen ließ.
Aber war ja auch schnuppe. Ich war ja schließlich solo und hatte einen wunderbaren, wenn auch etwas heißen Höhepunkt in der Sauna unserer Muckibude und allein das zählte.

Samstag gegen acht stand ich wie so oft mit einem Sixpack Desperados bei Piet vor der Tür, als der mir total aufgeregt öffnete.
„Eugen, ich habe gestern eine Superbraut kennengelernt. Es war Liebe auf den ersten Blick."
„Liebe auf den ersten Blick? Bei dir oder bei ihr?"
„Ich weiß es leider nicht so genau. Eigentlich fing alles gut an. Ich war mit ein paar Jungs von der Arbeit in der All Bar One und Maike war auch dabei."
„Ja, und dann? Mann, erzähl schon."
„Na ja, wir haben getrunken und viel Blödsinn erzählt und natürlich auch ein paar lustige Sprüche abgelassen."
„Oh Mann, Piet. Doch etwa nicht deine frauenfeindlichen Spezialsprüche?"
„Och, Eugen. Du kennst mich doch, wenn ich ein paar Bierchen intus habe."
„Und wie hat sie reagiert?"
„Na ja, sie war die einzige Frau in der Runde und hat erst noch mitgelacht, aber dann plötzlich war sie weg und stand den Rest des Abends an der Bar. Jürgen meinte

dann später zu mir, es wäre vielleicht besser, mir meine Witze für unsere nächste Männerrunde aufzuheben."
Selten sah ich Piet so geknickt. Man konnte es sich kaum vorstellen, wie schnell seine Stimmung von anfänglicher Euphorie in totalen Frust wechselte.
„Ach Eugen. Du hast doch immer so viele Weiber am Start. Sag mir doch mal, was ich immer falsch mache bei den Hühnern?"
„Nun ja. Zuerst mal, lass deine dämlichen Sprüche in Gegenwart von Frauen und dann musst du einfach mal etwas männlicher auftreten. Und sei nicht immer so flapsig. Darauf stehen die Weiber einfach nicht."
Es war ein anstrengender Abend und ich war mir im Endeffekt gar nicht mehr so sicher, ob ich der richtige Ansprechpartner für Piet war. Schließlich war ich ja auch ewig auf der Pirsch nach der richtigen Frau fürs Leben.

Am Tag darauf weckte mich mein Handy, am anderen Ende der Strippe Piet.
„Moin, Alter. Sag bloß, du liegst noch in den Federn?"
„Nein, Piet. Ich stehe am Sonntagmorgen um halb zehn im Cinedom an der Abendkasse, um mir Kinokarten für nächste Woche zu besorgen. Was denkst du denn, wo ich sonst bin? Früh morgens an meinem freien Tag?"
„Och, Eugen. Verzeih mir, aber stell dir vor. Wir gehen nächste Woche mit den Kollegen auf die Bowlingbahn und ich hole ein paar von denen ab!
Und weiß du, wer auch mitkommt?"
„Nö, Cameron Diaz?"
„Ja, die auch. Aber noch besser, Maike wird auch mitkommen."

„Und für diese Wahnsinnsmeldung hast du mich jetzt aus dem Bett geworfen?“
„Na ja, wollt mit dir mal darüber reden, wie ich ihr am besten imponieren kann. Ich hab sogar ihre Adresse und hole sie am Samstag um 19:00 Uhr zuhause ab.“
Irgendwie schmeichelte mir Piet ja mit seinem Vertrauen, das er in meine Anbaggerkünste setzte und so verabredeten wir uns für ein Einweisungsgespräch unter Männern zum Thema: „Wie knacke ich eine harte Nuss, wenn sie noch an der Palme hängt?“
Oder besser gesagt: „Wie gewinne ich das Herz einer Frau, bei der ich es eigentlich schon total verschissen habe?“

Ehrlich gesagt, hatte ich mich nicht extra auf den Abend mit Piet vorbereitet und hätte ich zu diesem Zeitpunkt schon geahnt, was für ein kranker Plan unseren besoffenen Köpfen entspringen würde, ich hätte auf jeden Fall die Finger davon gelassen.
Eigentlich begann unser Männerabend wie immer. Zwei Sixpacks Desperados, zwei DVDs, einmal Action, einmal Porno und drei Pizzen von Lidl.

„Du, Eugen. Jetzt sind wir vollgefressen und vollgesoffen und haben noch kein einziges Wort über Maike und mich geredet.“
„Nee, du. Ham wa echt nicht. Dann schieß mal los.“
„Also, Mittwochabend um 19:00 Uhr hole ich erst sie ab und dann Jürgen. Dann fahren wir zur Bowling-Bahn und treffen uns um 20:00 Uhr mit den Anderen.“

Ich zog alle kavaliertechnischen Register und machte bei meinen Ausführungen vor keiner noch so schleimtechnischen Taktik, eine Frau anzumachen, halt.
Aber nach zirka einer Stunde Monolog hatte ich das Gefühl, Piet total zu überfordern. Es musste einfach und simpel sein, Maike für ihn zu begeistern.
„Du, Alter. Ich glaube, das vergesse ich bis morgen alles wieder. Wenn ich ihr gegenüberstehe, werde ich bestimmt wieder total nervös und hab nichts mehr davon im Kopf. Soll ich nicht besser warten, bis irgendein Idiot sie anbaggert und ihm dann vor versammelter Mannschaft auf die Fresse hauen?"
„Nee, nee, du. Vergiss das mal. Das hat schon in der Salsa-Bar nicht hingehauen. Außerdem stehen nur Asitussen darauf, wenn sich ihre Kerle für sie prügeln."
Wir tranken noch eine Flasche Bier und wurschtelten uns die verrücktesten Storys zusammen, wie man(n) das Herz einer Frau erobern konnte.
Obwohl eigentlich ich im Freundeskreis bekannt für meine ausgefallenen Ideen war, war es diesmal Piet, der einen vermeintlich genialen Einfall hatte.
Einen Einfall, den ich besser direkt in die Tonne gekloppt hätte. Genauso wie die anderen 150 Vorschläge auch, die wir an diesem Abend hatten.

Kapitel 24 (Der Überfall)

„Ach, Eugen. Einmal so richtig Held sein, das war schon immer mein größter Wunsch. Entweder komme ich bei den Hühnern überhaupt nicht an oder sie mögen mich nur, weil ich immer so lustig bin. So von wegen: ‚Der Piet ist immer so gut drauf, der Piet kann ja so geil Witze erzählen oder wenn du mit dem Piet unterwegs bist, dann gibt's immer was zu lachen.'
Toll, aber in die Kiste wollen sie alle nicht mit mir und eine feste Beziehung schon gar nicht.
Weißt du, Eugen? Das mit dem Beschützen ist schon gar nicht so schlecht. Meinst du nicht, wir könnten da was konstruieren? Ich meine, irgendwie so ein getürkter Überfall oder so."
„Spinnst du jetzt total? Was erwartest du von mir? Dass ich einen Supermarkt überfalle und du mich vor ihren Augen in die Flucht schlägst?"
„Na ja, vielleicht nicht gleich ein Supermarkt. Muss ja nicht so was Kriminelles sein.
Aber wenn du mich überfallen würdest, wäre das doch wohl kein Problem. Ich würde schon nicht die Bullen rufen!"
„Hm, du meinst so 'ne Stuntman-Nummer zwischen uns beiden?"
„Ja, genau so. Natürlich tun wir nur so, als würden wir uns kloppen."
„Ja, gut, aber dann könnte ich ja Maike nie kennenlernen. Sie würde mich doch dann später jederzeit wiedererkennen."

„Ja, da hast du allerdings Recht. Du musst dich eben ein bisschen verkleiden und wir machen es einfach spät abends, wenn es dunkel wird."
Was sollte ich machen? Schließlich war Piet mein bester Freund und außerdem war die ganze Aktion ja harmlos. Das Schlimmste, was passieren konnte, war, dass die ganze Sache auffliegen konnte und Piet dann als Arschloch dastehen würde. Dachte ich zumindest.
Also verabredeten wir uns für den nächsten Abend, um ein paar Trockenübungen in unserer Fitness-Bude zu absolvieren.

„Du, Jupp. Kann ich mit dem Eugen mal eine halbe Stunde in deinen ‚Prinzessinnensaal'?"
So nannte Piet immer den Tanzsaal unserer Sporteinrichtung, in dem sich die Weiber mit Aerobic, Joga und Tae-Bo fit hielten.
„Wat is denn mit euch los? Wollt ihr euch als Ballett-Duo beim Supertalent anmelden?"
„Richtig, Jupp. Und wenn wir gewinnen, rauschen wir hier mit 'nem ganzen RTL-Kamera-Team an, um eine Reportage über deine Miefbude zu drehen."
„Na, dann meinetwegen, Jungs. Aber macht keinen Quatsch da drin."
Wir schlossen uns ein und übten die Kunst des Schlagens, ohne den anderen zu treffen.
Eigentlich klappte alles prima und auch wenn Piet eher so der Typ Bewegungslegastheniker war, schaffte er es jedes Mal, seine Faust kurz vor meiner Nase, meinem Kinn oder meiner Leber abzubremsen.

Ich dagegen übte mich im theatralischen Fallenlassen oder im K.o.-gehen und betete bei jedem Schlag, dass er nicht doch versehentlich mein Nasenbein zertrümmern würde.
Nachdem wir zirka eine halbe Stunde im Stil der Karl-May-Festspiele geprobt hatten, wurde uns die Sache doch ein bisschen zu langweilig und wir widmeten uns wieder unserer zweitliebsten Beschäftigung, dem Kaffeetrinken.
„Du, sag mal, Piet. Glaubst du, das reicht zum Üben?“
„Ja sicher, Eugen. Es wird ja dunkel sein und du bleibst einfach zwei Meter vor uns stehen und tust so, als ob du uns überfallen willst.“
Das hörte sich plausibel an und so machte ich mich an diesem Abend mit einem leicht mulmigen Gefühl in der Magengegend auf den Weg nach Hause. Wohl wissend, einem guten Freund mit dieser Aktion aus seinem Frauenproblem zu helfen.

Der Mittwochabend kam und ich beschloss mich mit Irene vorher noch auf einen Cocktail in der Stadt zu treffen.
Da ich wusste, dass Piet und seine Kollegen die Bowlingbahn bis 22:00 Uhr gemietet hatten, war ich darauf gefasst, ab dieser Uhrzeit Stand-by zu stehen.
Bevor ich mich aber auf den Weg ins Si’Claro auf einen leckeren Margarita machte, fuhr ich noch schnell bei Maike zuhause vorbei, um mir die Örtlichkeit dort noch einmal genau anzuschauen. Piet sprach von einem kleinen Parkplatz mit zirka 20 Stellplätzen direkt vor ihrer Tür, den ich auch schnell fand. Links, neben diesem Parkplatz, befand sich ein Gebüsch, aus dem ich meinen Angriff auf die beiden starten sollte.

Okay, die Sache war klar. Ich hatte den Ort inspiziert, war fest entschlossen, meinem Freund zu helfen und hatte mir, um das Ganze noch echter aussehen zu lassen, eine Messerattrappe von meinem alten Army-Karnevals-kostüm eingesteckt.
Als ich etwas später als verabredet im Si'Claro aufschlug, erwartete mich dort schon eine etwas missgelaunte Irene.
„Eugen, was denkst du dir eigentlich dabei, mich hier zwanzig Minuten warten zu lassen?"
„Sorry, Irene, musste noch dringend etwas auf dem Weg hierher erledigen."
„Wo? Im Wald? Oder wieso bist du überhäuft mit Tannennadeln?"
„Bin ich das? Ich war eben nur schnell zum Pinkeln in einen Busch gegangen. Die müssen wohl davon sein."
„Typisch Mann und natürlich die Hände nicht gewaschen."
„Stimmt, Irene, das mache ich jetzt schnell. Bestellst du mir einen Erdbeer-Margarita mit?"

Oh Mann, eine dümmere Ausrede konnte mir wohl gar nicht einfallen. Aber sie hatte Recht, ich hatte den halben Busch in der Kapuze und auf dem Kopf verteilt.
Also ging ich pinkeln, machte mich optisch wieder gesellschaftsfähig und freute mich auf meinen eisig halbgefrorenen Cocktail.
Es dauerte nicht lange, da waren wir auch schon beim Thema Piet. Es war klar, dass er auch Irene um Rat gefragt hatte, wie er das Herz seiner Maike erobern konnte.
„Und? Was hast du ihm als Frau geraten?"

„Ach, weißt du, Eugen. Piet ist ein noch hoffnungsloserer Fall als du. Er muss erst mal lernen, einer Frau vernünftig entgegenzutreten. Mit seiner idiotischen ‚Ey, kennste den schon?-Art‘ wird er bei einem anständigen Mädchen niemals landen können.“
Ja, unsere Irene. Wo sie Recht hat, hat sie Recht. Schließlich hatte Piet in einer Bar vor ein paar Wochen eine Frau mit dem Spruch angesprochen: „Hör mal, Süße, es gibt drei Arten von Frauen. Die Schönen, die Intelligenten und die Mehrheit. Zu welchen gehörst du?“
Ihre Antwort war: „Zu den Uninteressierten und jetzt verpiss dich, du Affe.“
Das tat weh und hätte eigentlich auch einem Ignoranten wie Piet verständlich genug gewesen sein müssen. Aber er drehte sich einfach um und meinte nur, die blöde, eingebildete Kuh würde wohl keinen Spaß verstehen. Na ja, manche lernen es eben nie und deshalb war ich entschlossener denn je, ihm heute ein bisschen auf die Sprünge zu helfen.
Ich wechselte schnell das Thema, um nicht Gefahr zu laufen, mich versehentlich zu verquatschen und Irene womöglich noch in unseren verrückten Plan einzuweihen. Es war schon so gegen 23:30 Uhr, als mein Handy klingelte. Es war Piet, der mich anrief.
„Eugen, wir hauen jetzt hier ab. Sie holt gerade ihre Jacke, dann setzen wir Jürgen zuhause ab und werden so gegen Mitternacht an der verabredeten Stelle sein.“
„Okay, Piet. Ich fahre so in fünf Minuten los und werde euch dann dort erwarten.“
Es war Zeit und der Countdown lief. Ich verabschiedete mich von Irene, bezahlte ganz Gentleman-like die Rechnung und machte mich auf den Weg zu Maikes Adresse.

Es dauerte keine zehn Minuten, als ich am verabredeten Ziel ankam und bemerkte, dass mir wieder mal ganz schön die Muffe ging.
Aber nun gab es kein Zurück mehr und ich suchte mir einen sicheren Parkplatz für mein Auto, um auch bloß nicht am Kennzeichen erkannt zu werden.
Nun kam meine Maskerade. Ich zog mir meine uralte ausrangierte grüne Bomberjacke über, ein Basketball-Cape von den Dallas-Mavericks und nahm meinen Plastikdolch vom Karneval 1996.
So verkleidet kroch ich wieder in den mir schon gut bekannten nadelnden Busch direkt am Parkplatz und wartete auf Piets roten Opel Kadett.
Autoscheinwerfer zogen vorüber und ich wurde so langsam, aber sicher müde. Vielleicht lag das ja an den zwei Cocktails, die ich mit Irene zusammen geschlürft hatte, als endlich der rote Kadett um die Ecke bog.
Schlagartig war ich wieder topfit und konzentrierte mich auf den Überraschungsmoment, um mich aus den Büschen zu stürzen.
Piet parkte seinen Wagen akkurat rückwärts in eine Parklücke, stieg aus und öffnete wie ein Butler die Beifahrertür.
Heraus stieg eine zirka 1,70 m große, brünette, fein gekleidete Frau. Ohne Übertreibung, Piet hatte einen guten Geschmack.
Sie gingen beide um den Wagen herum und kamen nun schnurstracks auf mich zugelaufen.
Nun ging alles blitzschnell. Ich sprang aus der Botanik, blieb irgendwie dumm mit meinem Schnürsenkel im Busch hängen und legte mich mit den Worten: „Hände nach oben. Das ist ein …“ voll auf die Schnauze.

Piet blieb wie angewurzelt stehen, als wollte er sagen: „Oh Gott, Eugen. Du hast es vermasselt."
Ganz im Gegensatz zu Maike. Sie machte einen großen Sprung nach vorne, holte mit ihrem rechten Bein weit aus und trat beherzt zu, während sie zu Piet herüberbrüllte: „Los, nichts wie weg hier. Der ist erst mal ein paar Minuten außer Gefecht."
Wie Recht sie damit hatte. Ihr Stiefelschaft traf mich mit voller Wucht direkt an der Nase. Mir wurde schwarz vor Augen und ich verlor die Besinnung.
Als ich wieder aufwachte, war ich alleine auf dem Parkplatz, das Blut lief mir aus der Nase in den Mund und ich hatte leichte Orientierungsprobleme.
Nichts wie weg hier, Eugen, dachte ich so bei mir und suchte reflexartig noch meinen Karnevalsdolch. Allerdings war das, wie sich wenige Sekunden später herausstellte, ein fataler Fehler, denn plötzlich stand ich völlig unerwartet mitten im Scheinwerferlicht von zwei Streifenwagen.
„Sofort die Waffe weg und die Hände über den Kopf", brüllte es aus vier Beamtenkehlen.
„Äh, hallo. Es ist nicht das, wonach es aussieht, meine Herren", versuchte ich die leicht angespannte Situation zu entschärfen.
Aber es nutzte nichts. Ich bekam zu meiner zertrümmerten Nase noch einen Schlagknüppel in den Nacken, einen Tritt in die Kniekehlen und sackte ungebremst zu Boden, um erneut den Asphalt zu küssen. Diesmal hatte ich allerdings mehr Glück, denn ich schlug nur mit dem Kinn auf.
Schön war, dass unsere diensteifrigen Polizeibeamten mir nun auch noch meinen rechten Arm so dermaßen auf

dem Rücken verdrehten, dass ich vor lauter Schmerzen schon gar nicht mehr wusste, welche Körperstelle am meisten wehtat.
Eigentlich eine prima Erfindung, denn nun schossen dermaßen viele Endorphine durch meinen geschundenen Körper, sodass ich überhaupt keine Schmerzen mehr empfand und wie ein nasser Sack an den Handschellen zweier Sheriffs zusammensackte.

Als ich wieder zu mir kam, lag ich auf einer Bahre und ein in Weiß gekleideter Mann mit einem Stethoskop um den Hals beugte sich über mich. In diesem Moment verspürte ich eine gewisse Erleichterung, denn angesichts seines medizinischen Gerätes war ich mir sicher, dass ich noch nicht im Himmel war.
„Herr Techmann, können Sie mich hören?“
„Ja, kann ich. Stellen Sie sich vor, ich kann Sie sogar sehen.“
„Das ist schön. Dann haben wir Sie ja wieder bei Bewusstsein.“
„Ja, aber das hätten Sie mal lieber vor drei Tagen machen sollen, als ich mit meinem Freund Piet diesen Unfug geplant habe.“
„Keine Ahnung, wovon Sie sprechen, Herr Techmann. Ich bin nur der Notarzt, aber der Umstand, dass uns zwei Polizeifahrzeuge ins Krankenhaus begleiten, lässt nichts Gutes verheißen.“

Oh Mann, Eugen. Was hast du dir da nur wieder eingebrockt?, schoss es mir durch den Kopf, während ich mir die vollgebluteten Mullbinden in der Nierenschale anschaute.

Wir fuhren vor das Hauptportal der Kölner Uniklinik und ich wurde wie ein Strafgefangener von zwei Polizeibeamten in die Notaufnahme eskortiert.
Zwei Stunden später bekam ich die erschütternde Diagnose schwarz auf weiß: Nasenbein doppelt gebrochen, Unterkiefer links angebrochen, starke Hämatome am linken Jochbein und an beiden Knien sowie Schürfwunden an den Händen.
Welche dieser Verletzungen nun auf den Kick von Maike oder den Niederschlag unserer grünen Sternchenjäger zurückzuführen waren, würde ich wohl nie erfahren.
Wobei ich mir ziemlich sicher war, dass mein Nasenbein auf das Konto von Maike ging.

„Tja, Herr Doktor. Dann bedanke ich mich mal für Ihre Mühe und sehe zu, dass ich jetzt nach Hause komme."
„Nun ja, Herr Techmann. Ich kann mir gut vorstellen, dass Sie jetzt gerne nach Hause wollen, aber ich denke, da haben die beiden Herren von der Kripo etwas dagegen."
„Welche beiden Herren denn?"
„Die beiden erwarten Sie bereits draußen vor der Tür."
Mir schwante Schlimmes. Sollte da etwa jemand denken, ich hätte Maike und Piet allen Ernstes überfallen? Ich war ja wohl hier das Opfer dieser schlagwütigen Emanze und zweier übereifriger Kommissaranwärter.
Aber das würde sich ja sicherlich mit ein paar überzeugenden Erklärungen aufklären lassen.
„Guten Tag, Herr Techmann. Mein Name ist Müller und das ist mein Kollege Heinze.
Wir sind von der Kripo Köln und haben eine Anzeige wegen bewaffnetem Raubüberfall gegen Sie vorliegen."

„Moment mal. Wer soll mich denn angezeigt haben? Doch nicht etwa Piet oder seine Karateschnalle?“
„Nicht, dass wir wüssten. Sie sind von einer Zeugin in der Siemensstraße 8 angezeigt worden.
Sie haben angeblich versucht, ein Ehepaar mit einem Messer zu überfallen. Die Dame hat das von ihrem Fenster aus beobachtet.“
„Na prima, mit einem Spielzeugmesser.“
„Das spielt leider keine Rolle, Herr Techmann. Was denken Sie, wie viele Banken in Deutschland jedes Jahr mit Spielzeugpistolen überfallen werden?“
„Ja, aber wo sind denn die Opfer? Kein Überfall ohne Opfer und wo kein Kläger, da kein Richter. Außerdem war doch alles nur ein dummer Streich. Also der Piet, der hat eine neue Schnalle kennengelernt und dann hat er mich …“
Ich erzählte Herrn Müller und Herrn Heinze die ganze Geschichte, entnahm allerdings ihren ungläubigen Minen, dass sie mir das nicht so recht abkaufen wollten.
„Na gut, Herr Techmann. Dann werden Sie wohl die Nacht leider bei uns auf der Wache verbringen müssen, bis wir morgen die anderen Zeugen vernommen haben und die Angelegenheit vielleicht klären können.“

Na prima. Ich, der noch nicht mal einen Punkt in Flensburg hatte, durfte in einem feuchten Kerker mit Ratten und Kakerlaken auf einer Holzpritsche die Nacht verbringen.
Okay, diese Vorstellung bewahrheitete sich zum Glück nicht und ich war froh, dass die Zellen der Neuzeit in Deutschland komfortabler waren als die zu Zeiten des „Grafen von Monte Christo“.

Meine Träume allerdings waren in dieser Nacht eher aus jener Zeit, denn ich sah mich in meiner Gefängniszelle hocken, wie ich mit einem Löffel in der Hand versuchte, die Fugen aus der Wand zu kratzen. Allerdings nur mit mäßigem Erfolg. Auch ein Hungerstreik hätte im 17. Jahrhundert nicht viel gebracht, da es eh nur Wasser und Brot gab und das Wort Hungerstreik im damaligen Vokabular überhaupt noch nicht existierte.
So war ich auch nicht traurig, als mich das harte Geräusch der aufschlagenden Zellentür weckte und mich ein Staatsdiener zu meiner Überraschung mit einem Frühstückstablett in den Händen begrüßte.
„So, Herr Techmann. Hier etwas zur Stärkung mit den besten Empfehlungen unserer Kantine.
Wir haben die Zeugin für 11:00 Uhr vorgeladen und auch eines der beiden Opfer nach Ihren Angaben ausfindig gemacht. Diesen gewissen Herrn Peter Maurer, den Sie uns genannt haben. Das zweite Opfer, die junge Dame, haben wir leider bisher noch nicht finden können."
„Das zweite Opfer? Sie meinen wohl eher die Täterin! Wenn ich nicht eine anständige Entschuldigung von der zu hören bekomme, werde ich sie wegen versuchten Totschlags anzeigen."
„Nun bleiben Sie mal ruhig, Herr Techmann. Im Moment stellt sich der Sachverhalt so dar, dass Sie die Dame und ihren Begleiter überfallen haben, ob nun abgesprochen oder nicht.
Schließlich wusste die Frau ja nichts davon und hat in absoluter Notwehr gehandelt."

Das Frühstück war ein richtiger Strafgefangenenfraß und bestand aus zwei Scheiben Graubrot, zwei Scheiben

Fleischwurst und zwei Scheiben Schnittkäse, die sich an den Kanten schon nach oben bogen. Der Kaffee war so lasch, dass ich ihn mir genauso gut ins Ohr hätte kippen können und das gekochte Ei war steinhart, als wäre es noch ein Relikt aus der Osterzeit. Aber ich hatte Kohldampf und saß ja auch schließlich im Knast und nicht im Hilton am Frühstücks-Buffet.

Die Zeit bis 11:00 Uhr verging schnell und ich wurde in einen Raum geführt, in dem ich schon von fünf Kerlen erwartet wurde. Einer trug eine Uniform und war offensichtlich für das Organisatorische hier in dem Laden zuständig. Die anderen vier sollten wohl original Eugen Techmann-Doubles sein und die Zeugen bezüglich ihrer Glaubwürdigkeit testen.
Wir stellten uns unter fünf rote Leuchten, der Uniformheini verließ den Raum und es dauerte nicht lange, da blinkte schon das rote Lämpchen über meinem Kopf auf.
„Meine Herren, bitte bleiben Sie alle in dieser Position still stehen, mit dem Gesicht nach vorne gerichtet“, ertönte es aus einem Lautsprecher. Wir blieben stehen. Wo sollten wir auch hin? Es dauerte keine Minute, da ging über mir zum zweiten Mal ein Licht auf.
Wie lächerlich, dachte ich mir. Sind wir hier im Kinderkanal bei 1, 2 oder 3?

Die vier Jungs verließen grinsend den Raum und holten sich sicherlich jetzt ihre 50 € an der Kasse für diese einwandfreie Komparsenleistung ab.
Ich dagegen wurde in ein Büro geführt, in dem mein alter Bekannter, Oberkommissar Müller, schon auf mich wartete und mir einen Stuhl anbot.

„So, Herr Techmann. Sie sind eben sowohl von der Zeugin als auch von einem der beiden Opfer einwandfrei identifiziert worden."
„Ja, aber sicherlich, Herr Müller. Ich treffe mich doch auch fast jeden Tag mit Piet zum Kaffeetrinken, zum Biersaufen und zum DVD-Gucken. Warum sollte er mich dann nicht identifizieren? Und die Dame hat ja auch Recht. Ich war es ja. Was Sie da eben abgezogen haben, war reine Verschwendung von Steuergeldern. Das sollte man glatt dem Bund der Steuerzahler melden, damit Sie und Ihre Behörde ins Schwarzbuch kommen."
„Nun bleiben Sie mal ruhig, Herr Techmann. Da Sie die Sache ja zugeben und der Herr Maurer uns exakt die gleiche verrückte Geschichte erzählt hat, werden wir jetzt noch schnell alles schriftlich protokollieren und dann können Sie endlich nach Hause fahren.
Was uns noch fehlt, ist die Aussage von dieser Frau Steinhaus. Das ist nämlich die wehrhafte junge Dame, die gestern Abend mit Herrn Maurer unterwegs war."
„Ja, verstehe, Maike Steinhaus. Die Schnalle, die mir Nase und Unterkiefer zertrümmert hat."
„Ja, richtig, aber das können Sie ihr in Anbetracht der Tatsachen nicht anlasten. Es war Notwehr und Sie haben hoffentlich Ihre Lektion gelernt und machen so einen Blödsinn nie wieder."
„Ja, Herr Oberkommissar. Ehrenwort. Für nichts und niemanden würde ich mich wieder auf solch eine Sache einlassen."

Ich glaube, Oberkommissar Müller hatte sogar ein bisschen Mitleid mit mir, denn er schaute mich zum Abschied wie

ein Dackel an und stellte mir sogar noch einen Streifenwagen als Chauffeurservice zur Verfügung.
Als ich endlich in meinem Wagen saß, hätte ich losheulen können. Mein Gesicht sah aus wie eine zermatschte Wassermelone, schmerzte wie bei einer Schönheits-OP ohne Betäubung und ich hätte mir gewünscht, die Uhr noch mal um 15 Stunden zurückstellen zu können.
Aber jammern nutzte nichts und so machte ich mich mit einer gehörigen Portion Wut im Bauch auf den Weg zu Piet. Wobei ich mir eigentlich gar nicht sicher war, ob ich nun wütend auf mich selber, auf Piet oder auf Karate-Maike war.

„Alter Schwede, du siehst ja aus, als hättest du einen Panzer geknutscht", war der Kommentar, mit dem mir mein Freund Piet die Wohnungstür öffnete.
„Du Arsch. Wie denkst du, sieht ein Mensch aus, der einen Tritt voll in die Fresse bekommt, dem die Arme auf den Rücken gebogen werden und der dann ungebremst mit dem Gesicht auf dem Asphalt aufschlägt?"
„Oh, Mann. Das hört sich ja furchtbar an. Wie ist das denn gestern noch alles passiert?"
Ich erzählte Piet von meiner rüden Festnahme, der gemütlichen Nacht in einer Einzelzelle und meiner anschließenden Vernehmung.
„Oh Mann, Alter. Das tut mir echt leid, aber das Schlimmste ist, dass sie Maike für morgen früh zu einer Zeugenaussage vorgeladen haben."
„Oh, du findest also, das sei das Schlimmste? Piet, du bist ein wahrer Freund. Ich habe ein zertrümmertes Gesicht, kann kaum reden ohne Schmerzen und werde wohl heute Abend mein Essen aus einer Schnabeltasse zu mir neh-

men und du machst dir Sorgen, dass deine Schnalle die Wahrheit erfährt."
„Ja, aber Eugen, überleg doch mal, wie dämlich ich dann dastehe, wenn sie die ganze Sache rausbekommt. Dann hab ich gleich verschissen bei ihr."
„Alter Schwede, vielen Dank. Wenn man solche Freunde hat wie dich, braucht man wirklich keine Feinde mehr. Du kannst mich mal kreuzweise, ich mach mich jetzt vom Acker."
Mit einem lauten Krachen knallte ich die Tür ins Schloss und machte mich auf den Weg zur Apotheke, um mir die Schmerzmittel zu besorgen, die mir der Notarzt im Krankenhaus aufgeschrieben hatte.
Piet hatte es auf jeden Fall mächtig bei mir verschissen und brauchte sich erst mal nicht mehr bei mir melden.

Kapitel 25 (Rache ist süß)

Die folgende Woche erlitt ich Höllenqualen. Ich konnte kaum noch reden, geschweige denn kauen und meine Nase juckte wie ein Sack Flöhe unter der nervigen Nasenschiene, die mir Gott sei Dank am nächsten Tag wieder entfernt werden sollte.
Ich wäre tausendmal lieber arbeiten gegangen, als zuhause abzuhängen, um mich den ganzen Tag lang selber zu bemitleiden. Aber Strafe musste sein. Ich hätte mich eben niemals auf diese blöde Idee mit dem Überfall einlassen dürfen.
Von Piet hatte ich im Übrigen die ganze Woche über nichts gehört. Weder eine Entschuldigung noch die Frage, wie es mir ging.
Dafür klingelte allerdings am Samstagnachmittag mein Telefon. Am anderen Ende der Strippe eine sehr angenehme Frauenstimme: „Hallo Eugen, hier ist Maike. Wir kennen uns zwar nicht persönlich, da die Zeit, einander vorzustellen, Mittwochnacht ein wenig zu kurz war, aber ich wollte mich für den Tritt in dein Gesicht entschuldigen."
„Oh, äh, hallo Maike. Jetzt bin ich aber total baff."
„Ja, ich wollte eigentlich fragen, wann du mal zuhause bist. Ich würde mich gerne persönlich bei dir entschuldigen und nicht so am Telefon."
In diesem Moment war ich einfach nur sprachlos. Man musste sich das mal vorstellen. Ich überfiel eine Frau, sie zertrümmerte mir dabei das Nasenbein und rief dann drei Tage später bei mir an, um sich für diese Aktion zu entschuldigen.

Wir verabredeten uns für den kommenden Tag und ich fühlte mich wie so eine Art Zwitter, also quasi Opfer und Täter in einem. Ein seltsames Gefühl.

Pünktlich um 19:00 Uhr stand Maike vor meiner Tür und begrüßte mich mit einem verlegenen Lächeln auf den Lippen und einer Flasche Rotwein in der Hand.
Ich musste gestehen, in jener verhängnisvollen Nacht war mir gar nicht aufgefallen, dass sie eine so attraktive Frau mit einem wirklich sportlichen Körperbau war.
Wir machten es uns auf dem Sofa gemütlich, tranken den halbtrockenen Rioja und ließen die ganze Angelegenheit noch einmal Revue passieren. Und zwar von Anfang bis zum Ende, denn ich war doch sehr gespannt, einmal aus ihrer Sicht die ganze Geschichte mit Piet zu erfahren.
„Weißt du, Eugen. Hätte ich gewusst, dass Piet so dermaßen auf mich steht, dann wäre ich am Mittwoch nicht mit ihm zusammen zum Bowling gefahren."
„Willst du damit etwa sagen, dass du zu keinem Zeitpunkt auch nur ein klitzekleines Auge auf ihn geworfen hast?"
„Nein, bist du verrückt? Ich stehe doch nicht auf so Sprüche klopfende Luftpumpen, die nicht in der Lage sind, eine Frau charmant und nett anzusprechen. Stell dir vor, wir kannten uns gerade mal fünf Minuten, da meinte er doch glatt zu mir:
‚Ey Maike, wozu haben Frauen vier Lippen? – Zwei zum Scheiße reden und zwei zum Wiedergutmachen!'"
„Oh, Mann. Ja, das ist typisch für Piet. Ich denke, deshalb wird er auch sein Leben lang solo bleiben, es sei denn, er findet eine Frau, die leidensbereit genug für so was ist."

„Ja, das denke ich auch. Aber sag mal, Eugen, wieso bist du eigentlich immer noch solo?“
„Ach, weißt du, ich bin vielleicht ein bisschen wählerisch und auch nicht krampfhaft auf der Suche. Du weißt doch, wenn man nach etwas sucht, findet man eh nichts.“
„Ja, das stimmt wohl. Wie geht es eigentlich deiner Nase inzwischen?“
„Och, die ist okay. Mir fällt zwar das Atmen etwas schwer, aber das liegt an der Schwellung. Hauptsache, die Schmerzen sind weg.“
„Das tut mir so leid. Ich habe mal zehn Jahre lang Kampfsport gemacht und wir sind damals auf solche Situationen geschult worden. Obwohl du es mir auch sehr einfach gemacht hast, schließlich hast du dich ja schon freiwillig auf den Boden geworfen.“
„Ach, das hab ich doch extra gemacht. Wollte mich dir doch eigentlich nur zu Füßen werfen.“
„Ja, ja. Mit ’nem Plastikmesser in der Hand. Na ja, immer noch origineller als die nervigen Sprüche von Piet.“

Wir mussten beide herzlich lachen, auch wenn es mir mit meinem lädierten Gesicht noch ein wenig schwerfiel.
„Du, Eugen. Ich glaube, Piet weiß gar nicht, was für einen guten Freund er in dir hat. Eigentlich müssten wir ihm auch mal so richtig eins auswischen. Was meinst du?“
„Keine schlechte Idee. Verdient hätte er es ja und ich bin immer noch echt sauer auf ihn. Meine gebrochene Nase hat ihn kaum interessiert. Er hatte nur Angst, dass du alles erfährst und er dann dumm dasteht. Also ich bin dabei. Nur, wie können wir das anstellen? Hast du eine gute Idee?“

Wir schenkten uns ein zweites Glas des guten Rioja ein und schmiedeten die tollsten Rachepläne an Piet.

„Ich hab's. Was hältst du davon, wenn wir ihm eine Transe unterjubeln? Stell dir vor, er packt sie oder ihn oder es aus und hält plötzlich einen Schniedelwutz in der Hand."
„Gute Idee, Eugen. Allerdings sprechen drei Gründe dagegen: 1. Woher einen Transvestiten bekommen? 2. Wer soll den bezahlen? Und 3. haben wir ja nicht wirklich was davon, da wir ja nicht dabei sein werden, wenn er/sie oder es mit ihm ins Bett geht.
Aber ich habe eine gute Freundin vom Kampfsport, sie hat einen schwarzen Gürtel in drei verschiedenen Kampfsportarten. Was hältst du davon, wenn wir ihn in der Disco auf sie ansetzen, er sie wie jede Frau dumm von der Seite anlabert und sie ihn mit einem gekonnten Schulterwurf mitten in der Disco aufs Kreuz legt?"
„Ey, geil. Wie peinlich, von einer Frau erlegt zu werden und das mitten in einer vollbesetzten Disco. Ich denke, er würde vor Scham im Erdboden versinken. Aber vielleicht fällt uns ja noch was Besseres ein. Vielleicht etwas ohne körperliche Gewalt."

Wir grübelten hin und her, aber es fiel uns beim besten Willen keine gerechte Bestrafung für Piet ein, zumindest keine, die Stil hatte.
Plötzlich erinnerte ich mich beim dritten Glas Wein an eine Filmszene, in der der Hauptdarsteller, nur mit einem Handtuch bekleidet, seiner Ex auf die Straße hinterher rannte. Sie sprang ins Auto, das Handtuch verklemmte

sich in der Autotür, sie gab Gas und riss ihm das Handtuch vom Körper. Was für eine geile Filmszene!

„Ich hab's, Maike. Wir lassen ihn splitterfasernackt irgendwo mitten in der Walachei stehen.
Wir bräuchten dafür nur eine Komplizin, vielleicht eine Freundin von dir."
„Kein Problem. Habe schon zwei Freundinnen von eurer tollen Überfallaktion erzählt und die fanden das beide gar nicht lustig. Die würden sicherlich beide sofort mitmachen, wenn ich sie darum bitte. Aber schieß los, was hast du dir ausgedacht?"
„Also, eigentlich ganz einfach. Wir brauchen eine hübsche Freundin von dir, die ihm ein bisschen den Kopf verdreht und die ein Auto hat."
„Das dürfte kein Problem sein. Meine Freundin Nadine ist bestimmt dabei."
Bingo, das war es. Eine hübsche Schnalle als Lockvogel, da würde Piet mit Sicherheit niemals nein sagen.

Unser kleiner Rachefeldzug konnte beginnen und so meldete ich mich wieder bei Piet, um mich mit ihm im Eiscafé zu treffen und Frieden zu schließen.
„Ey Alter. Schön, mal wieder was von dir zu hören. Dachte schon, du wärst sauer auf mich."
„Ach Piet, unter alten Freunden sollte man nicht so nachtragend sein und wenn der Prophet nicht zum Berg geht, dann muss der Berg eben zum Propheten kommen.
Und was ist schon eine doppelt gebrochene Nase und ein angebrochener Unterkiefer gegen eine gute Freundschaft. Wir sollten mal wieder zusammen so richtig auf die Rolle gehen und uns nach den Chicas in der Stadt umsehen."

„Das ist ’ne gute Idee. Was hältst du von Freitagabend in die Halle zur Coconut-Party?“
„Gute Idee, Piet. Sagen wir 22:00 Uhr bei dir. Ich fahre freiwillig und hole dich zuhause ab.“
Auf dem Heimweg rief ich gleich bei Maike an, um ihr von Phase I unseres Planes zu berichten.
Auch sie war in der Zwischenzeit nicht untätig gewesen und hatte inzwischen mit Nadine und ihrer Cousine vom Ordnungsamt gesprochen.

„Mensch, Maike. Ich kann es kaum erwarten, ihm mal so richtig eins auszuwischen.“
„Ja, frag mich mal. Der wird nie wieder auf die Idee kommen, einen Überfall zu inszenieren.“
Wir sprachen noch kurz die Einzelheiten unseres Planes durch und beendeten unser Telefonat mit dem guten Gefühl, nun nichts mehr dem Zufall zu überlassen.

In der Nacht quälte mich wie so oft ein wirrer Traum. Allerdings diesmal nicht zur aktuellen Situation, sondern zu einem Thema, das mich schon immer, genauer gesagt seit meiner ersten Erektion, beschäftigte. – Ich saß also in einer Hochschule an einem Referat zum Thema Links- oder Rechtsträger. Eine gute Frage, denn ich selber trage ihn links, gebrauche ihn aber bei der Onanie mit der rechten Hand. Wer oder was entscheidet denn nun, ob ein Mann seinen Löres links oder rechts trägt und wieso sind 66 – 70 Prozent aller deutschen Kerle Linksträger?
Eine Statistik besagt sogar, dass 50 Prozent der Männer in ihrem Leben die Position ihres Lustspenders ändern und von Links- zu Rechtsträgern oder umgekehrt mutieren.

Auch wissen die meisten Frauen nicht, dass es für einen Linksträger ein Horror ist, wenn sein bestes Stück mal zufällig auf der falschen Seite liegt.
Aber egal. Beim Sex hat es schließlich noch nie eine Rolle gespielt, ob er ihn lieber links oder rechts baumeln lässt.
Gleich am nächsten Morgen überzeugte ich mich davon, dass sich die Frage links oder rechts im erigierten Zustand bei mir zumindest nicht stellte, denn meine ALMOPRALA (allmorgendliche Prachtlatte) stand kerzengerade auf Position 12:00 Uhr!

Der Freitagabend kam und ich stand wie verabredet pünktlich um 22:00 Uhr bei Piet vor der Haustür. Er hatte sich richtig gut rausgeputzt, trug ein weißes Hemd, eine schwarze Stoffhose und ein Paar schicke Schuhe.
„Mensch, Piet. Hast du dir heute was Besonderes vorgenommen?"
„Ey Alter. Na klar doch. Ich bin geil und will heute unbedingt noch eine heiße Schnalle abschleppen!"
Kein Problem, alter Freund. Du wirst heute sicherlich eine Frau abschleppen, dachte ich mir und konnte mir ein leichtes Grinsen dabei nicht verkneifen.
Wir fuhren also Richtung Coconut-Party in die Halle Tor2, einer Diskothek in einer alten Fabrikationshalle im Kölner Norden.
Hoffentlich würde alles klappen. Meine Aufgabe war es, gegen Mitternacht Piet auf Maikes Freundin Nadine anzusetzen, die ich persönlich selber noch nie gesehen hatte.
Maike hatte sie mir als große, blonde Schönheit beschrieben, die in Jeans und mit einer dunklen Korsage bekleidet um 24:00 Uhr mit einer Freundin an der Bar auf der rechten Seite der Tanzfläche stehen würde.

Und damit auch ja nichts schiefgehen konnte, als Erkennungszeichen mit einem Glas Caipi in der Hand.

Es klappte bestens. Nadine war wirklich nicht zu übersehen, man musste nur den Blicken der Kerle rundherum folgen und landete automatisch bei ihr.
Auch Piet war dieser optische Augenschmaus natürlich nicht entgangen und so kommentierte er Nadines Anblick mit den Worten: „Boah, Alter. Guck dir den heißen Feger an. Ich mach 'ne Wette, dass die und ihre Freundin lesbisch sind, bei dem Aussehen."
Und wieder musste ich innerlich grinsen, während ich mir dachte: Nein, Piet, ist sie nicht und du wirst es heute noch schmerzlich am eigenen Leib erfahren.

„Och, das glaube ich nicht. Warum sollen denn alle gut aussehenden Frauen Lesben sein?
Komm, ich hole uns mal was zu trinken."
So verschwand ich in Richtung Nadine und ihrer Freundin, stellte mich neben sie an die Theke und bestellte vier Caipirinha.
„Hi, bist du Nadine?"
„Ja, die bin ich und du bist sicherlich Eugen!"
„Ja, richtig. Dann haben wir uns ja gefunden. Hat Maike dir alles genau erklärt?"
„Ja, Eugen. Das hat sie. Wird bestimmt lustig. Du stellst uns beide gleich vor und ich mache ihn heiß und verschwinde mit ihm zur abgemachten Zeit in Richtung Parkplatz."
„Genau. Maike, Jürgen und die anderen werden alle ab 01:30 Uhr da sein und warten."

Im Augenwinkel konnte ich Piets Blicke sehen, wie er fassungslos und erstaunt zugleich versuchte, die Situation einzuordnen, wie ich mich mit diesen beiden Schönheiten unterhielt.

„Ey Alter. Sag mal, haben die beiden Bräute dich etwa angequatscht oder du sie?"
„Ach Piet, keine Ahnung. Ich habe an der Theke bestellt, bemerkt, dass ihre Gläser fast leer waren und sie dann auf einen Caipi eingeladen. Komm, wir gehen einfach rüber zu den beiden und ich stelle sie dir vor."
Wir wechselten also vom Rand der Tanzfläche rüber an die Theke, wo ich Piet mit Nadine und ihrer Freundin Susi bekanntmachte. Nadine ging gleich in die Vollen und begrüßte Piet mit einem Wangenkuss, was ihm sehr zu gefallen schien.
Er als guter Freund schob sich prompt zwischen Nadine und mich, als wolle er sie vor mir abschirmen und präsentierte mir seinen Rücken.
„Was für ein Gockel", flüsterte ich Nadines Freundin Susi zu und begann mit ihr eine nette Unterhaltung, während Piet und Nadine kaum noch zu bremsen waren.
Eine gute Stunde und mindestens drei Caipis später stand Piet schon knutschend mit Nadine in einer dunklen Ecke am Rande der langen Theke.
Bingo! Er hatte angebissen und es lief alles wie am Schnürchen.
Zufrieden zückte ich mein Handy, um Maike vom perfekten Ablauf unseres Planes zu informieren und erfuhr von ihr, dass sie inzwischen acht Freunde und Kollegen von Piet zusammengetrommelt hatte, um ihn so richtig dumm aussehen zu lassen.

Es war genau 01:20 Uhr und aus dem anfänglichen Knutschen der beiden war nun schon eine wilde Fummelei geworden. Zumindest soweit es in einer proppenvollen Diskothek möglich war, als Piet plötzlich zu mir kam.
„Mann, Alter. Sei mir jetzt bitte nicht böse, aber die Braut ist so scharf wie eine Peperoni und mächtig heiß im Schritt. Sie will mit mir alleine sein."
„Ey Piet. Kein Problem. Sind wir Freunde oder Memmen? Mach die Maus klar und erzähl mir morgen, wie sie so war, okay?"
„Danke, Eugen. Du bist echt ein Freund. Hast noch einen gut bei mir!"
Er ging wieder zu Nadine, die sich ebenfalls von ihrer Freundin verabschiedet hatte, nahm sie an die Hand und schlenderte Richtung Ausgang.

Nun musste alles blitzschnell gehen. Ich schnappte mir Susi, wir hasteten zu meinem Auto und fuhren auch in Richtung des verabredeten Treffpunktes, einem Parkplatz vor den Toren Kölns, mitten in der Natur.
„Hallo Maike. Hier Eugen. Sie sind unterwegs. Läuft alles bestens."
„Super, Eugen. Wir sind schon alle vor Ort, haben die Autos auf der anderen Seite des Weges geparkt und sitzen hinter den großen Büschen neben dem Parkplatz."
„Bestens, ich denke, wir werden in fünf Minuten bei euch sein. Nadine wird zum Schein auf der Autobahntankstelle noch Zigaretten holen, damit wir vor den beiden bei euch sind."
Ich gab ordentlich Gas. Schließlich brauchten wir ja noch ein bisschen Zeit, um zu den Anderen zu stoßen, bevor Nadine mit Piet auf dem Parkplatz ankam.

Nun kam der angenehme Teil unserer Racheaktion. Jetzt musste ich mich um nichts mehr kümmern, sondern war nur noch Zaungast bei dem, was nun geschehen würde.
Es war der Hammer. Wir waren nun insgesamt zehn Personen, bestehend aus Kollegen und Freunden von Piet, die alle hinter ein paar großen Büschen hockten und sich höllisch darauf freuten, Piet für seine ewige Sprücheklopferei ordentlich eins auszuwischen.
Wir waren ein großer Haufen voller Schadenfreude, der hier zusammen hockte und nur darauf wartete, dass Nadines roter Ford Fiesta auf den Parkplatz gefahren kam und direkt unter der großen Straßenlaterne parken würde.

Ungefähr 15 Minuten hockten wir so in der Botanik, als endlich die Scheinwerfer eines Autos um die Ecke direkt auf den Parkplatz bogen.
Es waren Nadine und Piet. Sie hielten direkt unter der Straßenlaterne und fielen wie zwei hungrige Löwen übereinander her.
Wir saßen ungefähr vier Meter vom Schauplatz entfernt und konnten beobachten, wie die Klamotten der beiden nach und nach auf die Rücksitzbank flogen.
Nun musste Nadine es nur noch fertigbringen, den vermeintlichen Liebesakt nach draußen auf die Motorhaube zu verlagern.
Okay, es war ein bisschen kalt draußen, aber ich war mir sicher, dass Piet in Anbetracht seiner Geilheit niemals nein sagen würde, wenn Nadine es mit ihm auf der Motorhaube treiben wollte.
Und auch diesmal mussten wir nicht lange warten, denn nach ca. zehn Minuten öffneten sich die Autotüren und

heraus kamen ein pudelnackter Piet und Nadine, die nur noch mit einer roten Hotpan bekleidet war.
Beide gingen in Richtung Motorhaube um das Auto herum und begannen wieder wie die Wilden zu knutschen und zu fummeln. Piet wollte endlich sein Rohr verlegen, so viel war klar. Ihm stand die Geilheit regelrecht ins Gesicht geschrieben, als er versuchte, Nadine ihr heißes Höschen herunterzuziehen.

Sie aber drückte seine Hand zurück, schien ihm eine Frage zu stellen, die er allem Anschein nach verneinte und verschwand wieder im Innenraum ihres Wagens, während Piet mit der Hand an seinem Sack darauf wartete, nun endlich zum Abschuss zu kommen.

Plötzlich ging alles blitzschnell. Der 50 PS Fiesta-Motor wurde gestartet, Nadine legte den Rückwärtsgang ein und brauste mit Vollgas Richtung Parkplatzausfahrt davon.
Piet machte einen Satz zur Seite, sein Samenspender verwandelte sich innerhalb weniger Sekunden in einen kleinen Piepmatz und diesmal konnten wir auch endlich etwas hören.
„Ey, du blöde Kuh! Was soll der Scheiß? Komm zurück, du hast meine Klamotten in deinem Auto!“, brüllte er der flüchtenden Blondine hinterher. Natürlich ohne Erfolg.
Wir konnten uns das Lachen kaum noch verkneifen. Zu lustig war es, Piet splitterfasernackt wie ein aufgescheuchtes Huhn auf einem einsamen Parkplatz umherlaufen zu sehen.

Nun kam unser großer Augenblick. Wie Revolverhelden aus einem Western zückten wir alle unsere Taschenlam-

pen und stürmten mit tief ins Gesicht gezogenen Baseballmützen auf den komplett verdutzten Piet zu.
„Auf den Boden, das ist ein Überfall!“, brüllte es aus zehn Kehlen, während ein Blitzlicht mehrfach aufzuckte.
„Ey, was soll das? Wer seid ihr? Eugen, bist du das etwa?“
Nun konnte sich aber auch niemand mehr das Lachen verkneifen und es prustete nur noch so aus uns heraus.
Piet dagegen war die Erleichterung regelrecht anzusehen, als er stammelte:
„Sagt, sagt bloß, das war alles ein abgekartetes Spiel? Dieses Luder, das gehörte zu euch?“

Nachdem wir ihn über alles aufgeklärt hatten, machten wir uns auf den Heimweg und Piet fühlte sich in einem warmen Jogginganzug scheinbar schon wieder richtig in seinem Element.
„Ey, ihr beiden, kennt ihr den schon? Ein Männlein steht im Wald und sucht Pilze. Plötzlich kommt …
„Nein, Piet. Kennen wir nicht und wollen wir auch nicht kennen …!“
Das war er eben, mein alter Freund. Absolut schmerzunempfindlich und vor allem unverbesserlich.
So richtig muss ihm allerdings wohl das Lachen am nächsten Tag auf der Arbeit vergangen sein, als alle Kollegen ein gestochen scharfes Foto vom nackigen Piet, umzingelt von einer Taschenlampengang, in ihrem E-Mail-Briefkasten hatten.

Tja, wer zuletzt lacht, lacht eben bekanntlich immer noch am besten …

Kapitel 26 (Arschlochsyndrom)

Die folgende Woche verging wie im Flug und obwohl ich noch krank geschrieben war, hatte ich immer etwas zu tun.
Vor allem aber die langen Telefonate und Treffen mit Maike nahmen viel Zeit in Anspruch. Piet passte es gar nicht, dass Maike und ich uns echt gut angefreundet hatten und mied sie total. Was Maike aber nicht weiter störte. Sie war einfach nur froh, keine dummen Witze mehr hören zu müssen.
Wir beiden Freunde hingegen begruben unser Kriegsbeil und widmeten uns wieder gemeinsam unseren Lieblingsbeschäftigungen, der Sauna und dem Kaffeetrinken.
Was Maike jedoch anging, war ich total hin- und hergerissen zwischen Faszination und Ehrfurcht, vor allem vor ihrer Zielstrebigkeit und ihrer Entschlossenheit, mit der sie durchs Leben ging. Sie war einfach eine Frau, für die sich ein Mann schon etwas Besonderes einfallen lassen musste und deren Herz nicht einfach so im Sturm zu erobern war.

Es waren inzwischen die kleinen Dinge im Leben eines Singlemannes, die mich störten und immer wieder dazu veranlassten, mir über eine feste Beziehung ernsthafte Gedanken zu machen. Schließlich gibt es nix geileres, als morgens aus dem Bad zu kommen und einen gedeckten Frühstückstisch vorzufinden. Oder abends total geschlaucht von der Arbeit zu kommen und mit einem duftenden Rinderbraten auf einem mit Kerzen und Blumen dekorierten Tisch überrascht zu werden.

Auch nicht schlecht wäre eine Partnerin, die es fertig bringen würde, meine Arbeitshemden knitterfrei zu bügeln. Ich wäre ja schon froh, wenn mir jemand mal erklären könnte, wie ich diese blöden Falten an den Ärmeln, wo diese in die Manschetten münden, vernünftig glatt kriegen könnte. Ach ja, und gut aussehen müsste sie, intelligent sein und natürlich eine Granate im Bett.
Himmel, Arsch und Zwirn! War denn das zu viel verlangt? Die Welt ist doch voll mit Frauen zwischen 25 und 35 Jahren, aber ich landete immer wieder bei irgendwelchen Extremen.
Tja, so war das eben. Mit den Frauen hatte ich bisher nie Glück, und dann kam meistens auch noch Pech dazu!

Sollte ich etwa mit Mitte dreißig schon in einer handfesten Midlife-Crisis stecken oder gar komplett beziehungsunfähig sein?
Was hatte ich mir vorzuwerfen? Schließlich hatte ich ja frauentechnisch schon alle Register gezogen. Mit Grauen erinnerte ich mich an meine kläglich gescheiterten Versuche von A wie Anna, der Stinkemuschi, bis Z, wie zappelnd gefesselt an den Bettpfosten zweier Lesben.
Das musste sich jetzt ändern! Schließlich war Maike eine anständige Frau, die im Übrigen Jura studierte und aus gutem Hause kam.

Also rief ich spontan bei Bruno, unserem Stammitaliener, an und bestellte einen Tisch der besonderen Art: gemütlich in einer kuscheligen Ecke mit Rosen auf dem Tisch und einem 5-Gänge-Menü nach Art des Hauses.

Am nächsten Tag besorgte ich mir einen Gutschein in Form einer alten Pergamentrolle und formulierte darauf folgende Einladung:
„Einem besonders tollen Menschen eine besondere Einladung
Liebe Maike, da Du für mich eine ganz besondere Frau bist, und das nicht nur, weil Du die einzige bist, die mir jemals meine Nase zertrümmert hat, möchte ich Dich gerne am kommenden Samstag zum Essen einladen.
Du hast die Wahl zwischen Mc Donalds, Burger King, Pizza Hut oder Ristorante da Bruno!

Hätte sie sich für einen der ersten drei Fresstempel entschieden, hätte ich einfach den Tisch bei Bruno abbestellt und eine Kerze bei MCD auf den Tisch gestellt.
Aber Maike entschied sich als Frau mit Stil natürlich für das italienische Essen und so saßen wir am Samstag mit Eros Ramazotti und einer Karaffe Lambrusco bei Bruno.
Da wir alle untereinander vereinbart hatten, nicht mehr über unsere nächtliche Aktion mit Piet zu reden, kamen wir schnell auf unsere eigene Situation zu sprechen.
„Du, Maike. Darf ich dich mal was fragen? Jetzt wo wir uns schon ein paar Wochen kennen und auch schon eine Menge Zeit miteinander verbracht haben. Was empfindest du eigentlich für mich?“
„Viel, Eugen. Du bist ein toller Mann, sehr attraktiv und wirklich nett. Ups, entschuldige, ich vergaß ja: ‚Nett, die kleine Schwester von Scheiße‘, stimmt’s?“
„Ey, wie geil ist das denn? Das ist original mein Spruch.“
„Weiß ich doch, hat Piet mir mal gesagt. Er sagte damals, dass ich total süß und echt nett sei und meinte dann, dass du das immer sagen würdest.“

„So, so, sagte er das? Aber stimmt ja auch. Welcher Mann möchte schon gerne nett oder womöglich noch süß sein? Kleine Katzen sind süß oder Babys, aber doch kein erwachsener Kerl."

Wir redeten noch lange an diesem Abend über uns, unsere gescheiterten Beziehungen und das Singledasein der letzten Jahre.
Es war schon weit nach Mitternacht, wir waren inzwischen die letzten Gäste im Ristorante da Bruno und unsere dritte Weinkaraffe war inzwischen auch schon leer.
„Du, sag mal, Maike. Kann das sein, dass wir jetzt schon drei Flaschen Rotwein vernichtet haben?"
„Ja, das ist richtig und weißt du was? Ich hätte jetzt noch große Lust auf eine vierte.
Was hältst du davon, wenn wir uns ein Taxi nehmen und zu mir fahren?"
Was für eine überflüssige Frage. Natürlich hielt ich eine ganze Menge davon, schließlich war ich geil wie Nachbars Lumpi und hatte seit Wochen schon keinen Matratzensport mehr gehabt.

Unser Taxi ließ nicht lange auf sich warten und so fuhren wir beide ziemlich angeschwipst in Richtung Maikes Wohnung, die mit dem Parkplatz davor, der bei mir jedes Mal ein Gefühl von Unbehagen auslöste.
Maike war zielstrebig, geradlinig und auch ausgesprochen direkt. Dass sie aber auch dermaßen zur Sache gehen konnte, wenn sie geil war, hätte ich in meinen kühnsten Träumen nicht erwartet. In ihr schlummerte ein wahrer Vulkan der Wollust oder war es vielleicht ein unterirdisches Erdbeben der Begierde?

Wie auch immer. Ohne Rücksicht auf Verluste riss sie mir mein gutes Hemd vom Leib, öffnete mit einem kräftigen Ruck meinen Hosenstall und nahm mir somit die Entscheidung, vielleicht doch vorher noch mal im Bad zu verschwinden.
Sie konnte blasen wie keine Zweite, stellte aber von einer Sekunde zur anderen meine gesamte APP-Theorie in Frage.
Klar hatte ich mein Vorbeischlafs-Ritual heute schon vollzogen. Allerdings war das jetzt inzwischen mehr als sechs Stunden und dreimal pinkeln her.

Ich glaube, Maike hatte inzwischen bemerkt, dass ich im Kopf mit etwas anderem beschäftigt war, als sie mich fragte:
„Hey, mein Frauenheld. Alles klar bei dir?“
„Klar doch, ich hätte mich nur gern vorher vielleicht ein bisschen frisch gemacht. Ich meine, bevor du, du weißt schon.“
„Aber Eugen, ich mag animalischen Männergeruch und verabscheue dieses sterile Immer-erst-vorher-duschen-Gehen.“
Oh Gott! Und das mir. Ich würde niemals eine Frau mit der Zunge verwöhnen, wenn sie vorher auf einer öffentlichen Toilette gewesen wäre. Igitt, wer weiß denn schon, was da auf'm Klo so alles rumkreucht und fleucht!
Das weibliche Geschlechtsteil ist ja wie geschaffen dafür, dass sich diese miesen, kleinen Bazillen in irgendeiner Nische oder Hautfalte verkriechen.
Warum gibt es eigentlich noch kein Sagrotan für den Intimbereich?

Das wäre doch der Knaller, so ungefähr nach dem Motto: Du, warte mal, Schatz. Ich desinfiziere noch schnell eben deine Bärenhöhle mit Sagrotan, bevor ich sie schlecke.
Wir landen inzwischen auf dem Mond und können Kunstherzen verpflanzen, aber Sagrotan für den Intimbereich gibt es im 21. Jahrhundert immer noch nicht.
Ich denke, ich werde mal an die Firma Reckitt Benckiser schreiben und denen meine Idee unterbreiten, schließlich sind die ja die Spezialisten in Sachen Haushaltsreiniger.

„Weißt du was, Eugen?“, holte mich Maike aus meinen Intimpflege-Marketing-Überlegungen.
„Ich denke, du hast Recht. Ich werde uns jetzt ein heißes Schaumbad einlaufen lassen und wir trinken einen schönen kühlen Rosé zusammen in der Wanne.“
Na also, geht doch!

Unsere erste Liebesnacht werde ich wohl nie vergessen und alle Freunde des Nacktputzens wären an diesem Morgen voll auf ihre Kosten gekommen.
Wir trieben es in der Wanne wie die Seelöwen, ohne zu bemerken, dass schon die halbe Wohnung unter Wasser stand.
Erst nach gut einer Stunde fröhlichen Geplansches wurde uns in einem Zustand höchster sexueller Befriedigung klar, dass wir nicht nur tierisch miteinander gevögelt, sondern auch noch für eine tierische Überschwemmung gesorgt hatten.
Es muss ein Bild für die Götter gewesen sein. Zwei nackte Menschen schoben sich auf allen vieren, mit Handtüchern und Putzeimer bewaffnet, quer durch eine 60-qm-Wohnung.

Aber was soll ich sagen, Hausarbeit verbindet und so wurden Maike und ich ein Paar.

„Bist du wirklich sicher, dass die die Richtige für dich ist?“, stellte Piet ein paar Tage darauf beim Kaffeetrinken in der Muckibude meine Beziehungseuphorie in Frage.
„Aber warum denn nicht? Nur weil du bei ihr abgeblitzt bist?“
„Ach was, deswegen doch nicht. Ich meine nur, bist du wirklich sicher, dass sie zu dir passt und du überhaupt eine feste Beziehung suchst?“
Auweia, da hatte Piet natürlich mal wieder meinen wunden Punkt getroffen, denn ich stellte mir eigentlich andauernd die Frage, ob ich überhaupt gebunden sein wollte.
Aber nun war es zu spät für solche Überlegungen. Ich hatte jetzt eine feste Freundin und war überzeugt davon, dass nichts und niemand diese Beziehung gefährden konnte.
„Hörens Piet. Tu unserer ‚Schwemmbutz‘ hier doch och mal jet jönne. Jetz hätt der endlich mal widder en Ahl und du machst ihm dat gleich widder madich.“
„Okay, Jungs. Nett, dass ihr euch so viele Gedanken um meinen beziehungstechnischen Seelenfrieden macht, aber ich kann’s echt nicht mehr hören. Ich verpiss mich mal in die Sauna. Bis nachher dann.“
Eigentlich hatte ich ja vorgehabt, meinen in die Jahre gekommenen Männertorso wieder ein wenig in Form zu bringen und aus meinem Waschbär Bauch einen Waschbrett-Bauch zu machen. Schließlich kennt das doch wohl jeder Mann. Wenn man eine neue Traumfrau hat, ist man auch immer voller guter Vorsätze, ihr zu gefallen.

Aber in Anbetracht der Dummschwätzerei von Piet und Ulf verspürte ich an diesem Tag keine große Lust mehr auf Sport und ließ es mir in der Sauna gut gehen.

Nach zwei erholsamen Saunagängen und dem aufmunternden Gespräch mit meinen beiden Fitness-Spezies verspürte ich das Bedürfnis, mein ewiges Beziehungsproblem einmal aus der Sichtweise einer Frau analysieren zu lassen.
Also rief ich Irene an und verabredete mich auf einen Cappuccino mit ihr in unserem Bistro.

„Eugen, zuerst einmal musst du dir selber ganz sicher sein, ob du überhaupt eine Beziehung willst."
„Danke, Irene. Toller Tipp. Das weiß ich ja eben nicht und deshalb sitze ich ja auch hier mit dir. Und nicht, damit du mir sagst, ich müsse mir darüber im Klaren sein."
Dass Frauen einem aber auch immer wieder vor Augen halten müssen, was wir selber schon lange wissen. Wir Männer fragen Frauen doch schließlich um ihren Rat, um eine klärende Antwort zu bekommen. Aber nein, stattdessen stellen sie einem die gleiche Frage, die einen selber schon seit drei Jahren beschäftigt.
„Also gut, Eugen. Ich kenne deine Maike ja nicht persönlich, aber gib ihr doch mal eine Chance! Was hast du zu verlieren? Und bis jetzt läuft doch alles ganz gut bei euch beiden – oder?"
„Ja, da hast du Recht. Fast schon zu gut, aber genau dann ertappe ich mich immer wieder dabei, wie ich ganz unbewusst nach Fehlern bei ihr suche."
„Ja, das ist eben genau das Phänomen bei euch Kerlen, wenn ihr nicht wirklich bereit für eine feste Bindung seid.

Ihr sucht krampfhaft nach irgendwelchen Fehlern bei den Frauen, bis ihr endlich etwas gefunden habt und dann heißt es: Adios, war doch die Falsche.
Nennen wir es einfach mal das ‚Arschlochsyndrom'."

Mir wurde das Gespräch mit Irene langsam unheimlich und ich fühlte mich ehrlich gesagt ein bisschen ertappt. Sie hatte es wirklich geschafft, genau meine wunde Stelle zu treffen und mich nachdenklich zu machen. Sollte ich womöglich wirklich am „Arschlochsyndrom" erkrankt sein? Und war diese Krankheit überhaupt heilbar? Natürlich nicht mit Antibiotika oder Cortison und dem ganzen Quatsch, sondern eher von einem Psychiater oder vielleicht einem Heilpraktiker, so mit Akupunktur.
Lag das „Arschlochsyndrom" schon bei meiner Geburt in meinen Genen oder hatte ich mich im Laufe der Zeit damit angesteckt?
War es eine Männerkrankheit oder befiel es auch Frauen? Konnte man es vom Geschlechtsverkehr bekommen oder schützten Kondome davor?
Wurde es durch Viren oder Bazillen übertragen?
Oh, mein Gott! Tausend Fragen schwirrten in meinem Kopf umher und ich verspürte plötzlich so überhaupt gar keine Lust mehr auf Kaffeetrinken.
„Du, Irene, sei mir bitte nicht böse, aber du hast mich jetzt wirklich nachdenklich gemacht.
Werde jetzt mal nach Hause fahren und mir ein wenig Gedanken über den Sinn- und Unsinn einer festen Beziehung machen."

Kapitel 27 (Swingen ist in)

Tags drauf hatte ich mich mit Maike zu einem gemeinsamen Kinoabend verabredet.
Schon auf der Hinfahrt konnte ich mich nicht beherrschen und so fragte ich sie: „Du, Schatz, sag mal, hast du schon mal was vom ‚Arschlochsyndrom' gehört?"
„Nein, hab ich nicht. Habe zwar schon eine Menge Arschlöcher kennengelernt, aber von einem solchen Syndrom, wieso?"
„Och, nur so. Ist nicht so wichtig, Schatz. Vergiss es einfach."
Es hätte keinen Sinn gemacht, sie mit Irenes und meiner Theorie zu konfrontieren, sonst hätte sie eventuell noch die Flinte ins Korn geworfen und Schluss mit mir gemacht.
Schließlich war ich ja total verknallt und hatte auch noch keinen einzigen Punkt bei ihr gefunden, der mich gestört hätte.

Der Film war eine herbe Enttäuschung, irgend so ein Thriller mit Tommy Lee Jones, der streckenweise so langweilig war, dass wir uns die Zeit mit den angenehmen Dingen des Lebens vertrieben. Übrigens ungeachtet der Kinobesucher, die vor, hinter und neben uns saßen. Das war eben typisch für Maike. Nach außen hin war sie eine Prinzessin, eine Dame. Wenn wir aber unter uns und geil waren, mutierte sie zu einem wahren Freudenspender in allen Lebenslagen, ungeachtet von Ort und Zeit.
Es muss schon weit nach Mitternacht gewesen sein, wir lagen im Bett und hatten unser bereits im Kino gestarte-

tes Liebeswerk gerade vollendet, da fragte mich meine Süße: „Du, Eugen, sag mal, warst du eigentlich schon mal in einem Club?"

„In einem was?"

„Na, in einem Pärchenclub. Das ist so eine Art Saunaclub mit vielen verschiedenen Räumen, in denen man Sex machen kann."

„Ja, aber Sex können wir doch auch zuhause machen, oder reicht dir das etwa nicht mehr?"

„Aber Eugen, das hat doch nix mit unserem Sex zu tun. Es gibt dir einen echt geilen Kick, auch mal anderen dabei zuzuschauen oder es unter wildfremden Menschen zu treiben."

„Du meinst, du und ich mit hunderten von wildfremden Menschen zusammen?"

„Eugen, nicht mit hunderten, aber vielleicht so mit 4 – 6 anderen Paaren zusammen."

„Igitt, alle so durcheinander wie ein Klumpen Schweinemett? Und die Kerle, was ist mit denen? Sind die da alle bi?"

„Ach was, Süßer. Du hast viel zu viel Fantasie! Du darfst da alles oder nix machen, niemand wird belästigt oder gar zu etwas gezwungen. Lass es uns doch einfach mal ausprobieren. Ich kenne einen schönen Club mit Disco in der Nähe von Solingen."

„So, so, du warst also schon mal da?"

„Ja, war ich mit meinem Ex. Das ist aber schon fast acht Jahre her."

Auweia. Hatte ich jetzt etwa schon wieder eine Freundin mit einer exhibitionistischen Ader?

Ich sagte unter Vorbehalt zu, schlief relativ schnell ein und träumte mal wieder einen kompletten Mist.

Wir standen in einer dunklen Nacht bei Mondschein vor dem riesigen Portal eines Schlosses und ein buckliger Diener á la „Rocky Horror Picture Show“ öffnete uns das knarrende Tor.
Er führte uns quer durch das ganze Schloss, bis wir in den Kellerkatakomben ankamen und uns in einem mit Kerzenlicht beleuchteten Raum auszogen.
Dann führte er uns in den so genannten „Room of Orgy“.
Hier erwartete mich der blanke Horror. Es lagen ungefähr 50 Menschen übereinander, untereinander und ineinander verschlungen. Alle waren mit Wein, Lebensmitteln, Soßen und Körperflüssigkeiten verschmiert.
Eine einzige Mischung aus den Filmen „Das große Fressen“ und Bram Stockers „Dracula“, in dem sich bildschöne Vampir-Damen am Blut ihrer Opfer sättigten.
Alle waren nackt und es vergnügten sich nicht nur Männer mit Frauen, sondern auch Männer mit Männern und Frauen untereinander.
Plötzlich erkannte ich glasklar die Akteure dieses Szenarios. Es waren Rita, unsere Dorfmatratze, Anna, die Stinkemuschi, Anne, die Dörrpflaume, Tanja, die Domina, Tim, mein Schwuppensteward und sogar Dagmar, die Lesbe.
Selbst „Lola Fickoletta“ mischte kräftig mit und sogar Jan, unsere männliche Jungfrau, war gerade dabei, ordentlich einen wegzustecken. Allerdings mit Jens, dem Exfreund von Tim.
Also doch! Ich hatte es ja in Brasilien schon vermutet.

Plötzlich tippte mir jemand auf die Schulter. Ich schnellte herum, sah noch für den Bruchteil einer Sekunde Herbie,

wie er mit seinem Viertelmeter wedelnd auf mich zukam und schaute dann schweißgebadet in die Augen von Maike.
„Hey Eugen, alles klar bei dir? Du hast laut im Schlaf geredet und bist immer wieder zusammengezuckt."
„Oh ja, ist schon okay, Süße. Ich hatte so eine Art Alptraum. Das kommt schon mal vor bei mir."
Kaum zu glauben, dass ein Kerl in meinem Alter all das, was ihn bewegt oder belastet, in seinen Träumen noch einmal durchmachen muss.

Für den Tag darauf verabredete ich mich gleich mit Piet. Schließlich musste ich unbedingt mit jemandem über diese Pärchenclubgeschichte reden.
„Wo will sie mit dir hin, in einen Swingerclub?"
„Keine Ahnung. Sie sagte Pärchenclub! Ist das nicht das Gleiche?"
„Bin ich mir auch nicht sicher. Würde ich jetzt meine Oma fragen, würde die sicherlich sagen: Ein Swingerclub ist ein Tanzlokal, in dem Swing-Musik läuft. Aber weißt du was, Alter? Ich schmeiß grad mal meinen PC an und dann googlen wir mal danach."
Wir machten uns jeder noch eine Pulle Bier auf, hockten uns vor Piets PC und gaben bei Google den Suchbegriff „Swingerclub" ein.

„Boah, Eugen. Da gibt's ja tausende hier in der Nähe. Hast du nicht zufällig den Namen von diesem Schwinger-Verein?"
„Swinger-Club, Piet, nicht Schwinger-Verein! Aber nein, den hat sie mir nicht gesagt."
„Komm, lass uns mal bei Wikipedia nachschlagen."

Wir gaben also im großen Online-Lexikon als Suchbegriff „Swinger“ ein und bekamen folgendes, nüchternes Ergebnis: (von engl. *to swing*, „schwingen, hin- und herbewegen“) ist eine im 20. Jahrhundert populär gewordene Bezeichnung für Menschen, die – im weitesten Sinne – ihre Sexualität frei und ohne Einschränkungen mit verschiedenen (beliebigen) Partnern ausleben.
„Aha, also doch Rudelbumsen! So was hab ich mir doch gestern Abend schon gedacht!“
Nun fühlte ich mich in meiner anfänglichen Meinung bezüglich solcher Einrichtungen voll und ganz bestätigt. Ein Swingerclub war also eine Art Bordell, mit dem klitzekleinen Unterschied, dass hier jeder mit jedem pimpern konnte. Also so eine Art „Pay one, fuck all“. Und da wollte Maike mit mir hinfahren?
Na denn, Prost Mahlzeit.

„Ey Alter, is doch aber cool. Da kannste dir die geilsten Happen aussuchen. Sag Bescheid, wenn ihr fahrt, vielleicht komme ich ja dann mit.“
„Ach, du denkst aber auch immer nur ans Rumnudeln. Machst du dir denn überhaupt keine Gedanken, wie es ist, wenn einem wildfremde Menschen beim Pimpern zuschauen?“
„Och, Eugen. Wieso sollten die uns denn zuschauen? Die sind doch schon mit sich selbst beschäftigt. Und außerdem sollen sie doch, dann können sie noch was lernen vom ‚Godfather of sexappeal‘.“
„Oh Mann, Piet, der ‚God of sexappeal‘. Ich sehe schon die Schlagzeile im Swingerclub: Achtung! Achtung! Heute zu Gast bei uns: Piet, the ‚Godfather of sexappeal‘.

Bitte drängeln Sie nicht am Eingang. Jeder darf einmal, getreu unserem Motto: ‚alles kann, aber nichts muss'. Bewahren Sie bitte die Ruhe."
„Ha, ha, sehr witzig. Aber ich denke, du fährst mit deiner Schnalle eh mal besser alleine dahin und berichtest mir dann, wie es da so abgeht."

Na prima. Das hatte ich jetzt davon, dass ich Piet um seine Meinung zu dieser Pärchenclub-Geschichte gefragt hatte. Er spuckt große Töne und ich sollte jetzt die Sache antesten.
Tolle Wurst und umso mehr ich über die Sache nachdachte, desto unsicherer wurde ich. Tausend Fragen schossen mir durch den Kopf. Was zieht man da überhaupt an? Was, wenn ich da vor Aufregung überhaupt keinen hochkriege? Was, wenn mich ein Kerl befummelt und überhaupt, wie sehen die Leute denn da so aus? Ich meine, sind die da alt und oll oder jung und doll? Laufen da auch richtige Schüsse rum oder sind die eher von der Fraktion Verfallsdatum abgelaufen? Oh, mein Gott, ich mochte gar nicht darüber nachdenken!

Ein paar Tage später, ich hatte mich mit Maike verabredet, begrüßte sie mich freudestrahlend mit dem Vorschlag: „Eugen, mein Schatz. Was hältst du davon, wenn wir beide morgen am Samstag in die Stadt fahren und uns ein paar schöne Dessous für unseren Clubabend kaufen?"
„Süße, du meinst wohl, ob du dir morgen ein paar Dessous kaufen sollst?"
„Nein, mein Guter. Du wirst dir auch was Nettes zum Anziehen kaufen. Oder dachtest du etwa, ich wurde dich in deinen alten Boxershorts da mit hinnehmen?"

„Oh Maike, muss das denn wirklich alles sein? Können wir uns die ganze Sache nicht noch mal in Ruhe überlegen?“
„Eugen, du hast zugesagt, jetzt fahren wir da auch hin und vielleicht gefällt es dir ja sogar.“

Das kennt ja wohl jeder Mann. Wenn sich eine Frau eine Sache mal in den Kopf gesetzt hat, dann gibt es einfach kein Zurück mehr. Also fuhren wir am Samstag Richtung Kölner Innenstadt, um heiße Fummel für die Rudelbumsbude zu kaufen.
„Du, Schatz, sag mal, wo kauft man denn überhaupt so ein Zeug? Doch nicht bei Karstadt oder Kaufhof?“
„Nein, wohl nicht. Wir versuchen es mal bei Beate Uhse oder Dr. Müller. Da werden wir schon etwas Passendes finden.“
Okay, Beate Uhse war doch diese alte Sextrine, die im ersten Leben mal Pilotin war und dann mit Sexartikeln ganz groß raus kam. Aber Dr. Müller hörte sich sehr suspekt an, eher nach einem Schönheitschirurgen oder einem Sexualtherapeuten. Aber was soll's? Ein bisschen Stoff für unseren ersten Swingerclub-Besuch würden wir wohl in jedem Sexshop bekommen und da gab es in Köln ja schließlich eine Menge davon!
Wir betraten den ersten Laden, vorbei an einigen Videokabinen, in denen sich schüttelfreudige Kerle einen von der Palme wedeln konnten, in die erste Etage.
Der Laden war zwar sehr klein, aber proppenvoll. Ein paar Chinesen spielten vergnügt mit einem kleinen Hüpfpimmel, den man aufziehen konnte und der dann wie wild zu hüpfen begann. Zwei ältere Herren mit Bierbauch begutachteten fachmännisch die Hüllen einiger Pornofil-

me und ein paar junge Mädchen ließen sich über die Vor- und Nachteile eines Vibrators mit und ohne G-Punkt-Stimulator beraten.

Zielstrebig steuerte Maike die Auslage mit den Dessous an. Ich wusste gar nicht, dass es in diesem Bereich so viel Auswahl gab. Da hingen Catsuits, Strapse, Bodys, Korsagen und jede Menge mehr in den unterschiedlichsten Materialien, wie z. B. Lack, Leder oder Latex.
„Oh Schatz, schau mal, die Leder-Shorts. Wie findest du die?"
„Süße, die hat doch einen Reißverschluss! Wozu brauchst du den denn?"
„Eugen, die ist für dich. Probier sie doch mal an."
Oh Gott! Es war eine knallenge Leder-Hotpan für Männer, die vorne einen Reißverschluss hatte und seitlich mit glitzernden Steinchen verziert war.
Mit dieser Hose hätte ich jederzeit mit Tim und seinen Schwulifreunden im „Black Ass" aufschlagen können, allerdings hätte mir dann kein Mensch auf dieser Welt mehr meine rektale Unversehrtheit garantieren können.
„Du, Maike, ich glaube, so ein enges Höschen ist nicht wirklich mein Stil. Haben die denn nicht irgendetwas anderes hier?
„Ach Eugen, in einem Club trägt man eben körperbetonte Sachen und keine weiten Hip-Hop-Hosen oder Boxershorts."
„Na gut, aber was hältst du davon, wenn wir jetzt erst mal etwas Heißes für dich aussuchen?"
Zum Glück ging meine Ablenktaktik voll auf und Maike widmete sich nun dem Anprobieren von Damendessous und ließ mich in Ruhe in der Videoabteilung stöbern.

„Schatz, kannst du mal bitte gucken, wie dir das gefällt?"
„Whow, Süße, das sieht ja wirklich geil aus, aber das ist schon kaputt da unten im Schritt."
„Mann, das muss so sein. Das ist ein Catsuit und der ist unten zwischen den Beinen eben offen."
„Aber wozu? Damit der Kamin gut durchlüftet wird oder damit dir jeder Kerl da direkt auf die Eierstöcke gucken kann?"
„Beides, Eugen und damit du besser und schneller rankommst."

Eigentlich heißt es ja: „manchmal ist weniger mehr", aber in diesem Fall hätte ich mir schon ein wenig mehr Stoff an meiner Freundin gewünscht. Aber wie schon gesagt, versuch mal 'ner Frau etwas auszureden, was sie sich fest in den Kopf gesetzt hat!
Maike probierte noch ein paar andere Teile an, um sich dann doch für den untenrum geschlitzten Ganzkörperanzug zu entscheiden.
Zumindest an der Kasse blieb der Schock aus, denn zu meiner großen Verwunderung kostete das freizügige Teil nur 39,90 €.
Im nächsten Shop hatte ich dann keine Chance mehr, Maikes Drängen Einhalt zu gebieten und so verschwand ich mit den Modellen: „El Dorado", „Hot Adventure" und „Black Slider" in der Umkleidekabine.
So richtig mit Behagen erfüllten mich die viel versprechenden Namen dieser drei heißen Höschen nun wirklich nicht.
Obwohl, „El Dorado" hörte sich für mich ja wenigstens noch nach Reichtum an. Ein „Hot Adventure" konnte ich mir dagegen von der Backe schmieren, schließlich war

ich ja mit meiner eigenen Freundin unterwegs. Und über die Bekanntschaft mit einem „Black Slider" wollte ich in Anbetracht meiner homophilen Erinnerungen an die Jungs von der „anderen Fakultät", damals im „Black Ass", nicht mehr unbedingt nachdenken.
Also entschloss ich mich kurz und knapp für das Model „El Dorado", einer Ledershorts, besetzt mit ein paar Nieten und einem linksseitigen Reißverschluss, was mir in Anbetracht der Tatsache, dass ich Linksträger bin, durchaus sinnvoll erschien.

So machten wir uns dann gut bepackt, zum Glück mit neutralen Plastiktüten, wieder auf den Heimweg, um uns pflegetechnisch auf den bevorstehenden Abend vorzubereiten.

Unser Weg in das auserwählte „Freudenhaus" führte uns durch Dörfer und Natur. Scheinbar legten die Betreiber großen Wert auf ländliche Abgeschiedenheit.
Mein Lederhöschen zwickte an meinen Klöten und mit jedem Kilometer, den wir unserem Ziel näherkamen, wurden meine Hände vor Aufregung feuchter.
Nach ca. 40 km hatten wir endlich unser Ziel erreicht und standen weder vor einem Schloss mit einer knarrenden Tür noch vor einem buckligen Diener.
Stattdessen öffnete uns eine knapp bekleidete, attraktive Brünette die Pforte und begrüßte uns mit einem charmanten Lächeln auf den Lippen.
„Hallo, ihr beiden, seid ihr heute zum ersten Mal bei uns zu Gast?"
Scheiße, konnte man uns das jetzt auch noch ansehen? Wie sieht denn bitteschön jemand aus, der zum ersten

Mal einen Pärchenclub besucht? Mit rotem Kopf etwa? Mit gesenktem Blick?
Oder am ganzen Leib zitternd? Keine Ahnung, zumindest fühlte ich mich ertappt.
„Ja, sind wir!"
„Dann herzlich willkommen im Club-Luna. Ingo wird euch zu den Umkleideräumen begleiten."
„Club-Luna", wie passend. Man sagt ja nicht umsonst: „In der Nacht sind alle Katzen grau".
Und während uns der gute Ingo so durch die Anlage führte, konnte ich mir die Gedanken nicht verkneifen, dass einige der Gäste hier sich besser nur bei Mondschein ausziehen sollten. Andererseits fielen mir beim Gang durch das Gebäude auch viele junge, sehr ansehnliche Paare auf. Eben ein bunter Mix aus allem.

Die Umkleiden waren gemischt und so teilte ich mir mit Maike gemeinsam einen Schrank.
„Du, Schatz, du siehst wirklich umwerfend aus in deinem gelöcherten Anzug. Nur deine Mumu guckt da unten ein wenig raus!"
„Ja, Eugen. Was soll sie denn auch sonst anderes tun? Schließlich ist der Anzug unten mit einem Schlitz geöffnet."
„Ja, ja, aber die sieht doch jetzt jeder hier."
„Schatz, jetzt stell dich nicht so an. Das können sie in der Sauna auch."
Nun gut. Wo sie Recht hatte, hatte sie Recht. Und so machten wir uns auf den Weg an die Bar, Maike nur im geschlitzten Catsuit mit High Heels und ich im Lederhöschen mit Adiletten.

Oh Mann, ich kam mir so was von dämlich vor, obwohl ich mich mit meinen Badeschlappen in guter Gesellschaft befand.
Ich jagte mir einen Wodka-Lemmon nach dem anderen rein. Nicht etwa, um mir die ganze Kiste dort schön zu saufen. Nein, eher, um meine Nervosität abzulegen und ein wenig lockerer im Schritt zu werden, schließlich waren wir ja zum Poppen hier.

Die Zeit verging wie im Flug und es war schon ein einmaliges Schauspiel, so einige Paradiesvögel auf der Tanzfläche zu beobachten. Plötzlich wurde Maike aktiv und es hielt sie nichts mehr auf ihrem Barhocker.
„Du, Schatz, komm, lass uns mal hochgehen und schauen, was da oben so abgeht."
„Okay, Süße, wenn du meinst. Aber erst mal nur zum Gucken."
Wir machten uns auf den Weg zu der Treppe, die hinauf in die oberen Etagen führte, in denen sich die Spielräume befanden.
Oben angekommen wurden wir schon von schwülwarmer Hitze und einem wilden Gejodel empfangen. Es gab vier oder fünf schön dekorierte Räume, deren Mittelpunkt jedes Mal eine große Spielwiese bildete, auf der sich entweder einzelne Paare oder gleich ganze Gruppen von kopulierungswilligen Menschen tummelten.
Oft herrschte ein wildes Durcheinander und so recht konnte da wohl niemand mehr bestimmen, zu wem die Hände gehörten, die ihn begrapschten.
Allerdings hätte ich lügen müssen, hatte ich behauptet, dass mich einige dieser Live-Vorstellungen nicht ange-

macht hätten, denn zu meinem großen Erstaunen gab es auch eine Menge sehr gut gebauter Paare.

Meine Erregung schien auch Maike nicht verborgen geblieben zu sein, denn ehe ich mich versah, holte sie meinen Wonneprügel aus der Hose und begann eine einwandfreie, mündliche Prüfung abzulegen. Dabei zog sie mich in die Ecke eines Raumes, in dem sich zwei Ledermiezen gegenseitig mit einer Art beidseitig bespielbaren Gummidildo verwöhnten.
Was für paradiesische Zustände. Du bekommst von deiner Süßen einen geblasen und dabei exklusiv eine geile Lesbenshow geboten. Meine ejakulative Antwort auf Maikes Lippenbekenntnis ließ im Angesicht dieser Situation nicht lange auf sich warten. Mit einem lauten Erlösungsschrei befreite ich mich von dem stetig ansteigenden Druck in meinen Nebenhoden und sank zufrieden zu Boden.
„Boa, Eugen, was für ein widerlicher Geschmack. Ich habe das Gefühl, ich hätte zehn rohe Eier mit purem Alkohol geschluckt."
„Tja, mein kleiner Blasehase. So ist das eben, wenn der Kompressor voll ist und du vorher noch mal ordentlich mit Wodka geschmiert hast."

Da musste selbst Maike lachen und wir entschlossen uns, wieder zurück an die Theke zu gehen, um dort unseren Durst zu löschen.
Es waren wirklich eine Menge verrückter Leute hier, die sich auf der Tanzfläche tummelten. Vom dickbäuchigen Akademiker bis hin zur brustgepiercten Punkerin war alles vertreten.

Alle tanzten sie in heißer Wäsche, oben ohne oder auch ganz nackt.
Während sich Maike kurz zur Toilette verabschiedete, bestellte ich mir noch einen Wodka-Lemmon, um genüsslich die verrückte Meute zu beobachten.

Es muss wohl an dem hohen Unterhaltungswert gelegen haben, dass ich Maike gar nicht vermisste, als sie bereits fast eine halbe Stunde auf dem Klo war. Zumindest kam es mir so vor. Nach dem achten Wodka-Lemmon und nur mit einem Höschen bekleidet, also auch ohne Uhr, ist es nämlich gar nicht so einfach, das Zeitgefühl nicht zu verlieren.
Also machte ich mich auf den Weg durch das sündige Gemäuer, um nach meiner Freundin zu suchen. Nachdem ich in der unteren Etage erfolglos gefahndet hatte, begab ich mich in die oberen Räumlichkeiten, in der Hoffnung, sie dort auf keinen Fall zu finden!
Im ersten Raum lag gerade einen Frau sperrangelweit geöffnet auf einem gynäkologischen Stuhl und wurde von mindestens fünf Hobbygynäkologen untersucht. Mir war's egal, Maike war es zum Glück nicht. Im zweiten Raum ähnelte das Prozedere ungefähr meinem letzten Albtraum von vor ein paar Tagen, allerdings ohne Lebensmittel und mit nur ca. zehn Akteuren. Igitt, aber wem's gefiel.
Im dritten Raum war nicht allzu viel los. Es befand sich lediglich ein großes Holzkreuz an der Wand, bei dessen Anblick selbst Jesus blass vor Neid geworden wäre. An diesem Holzkreuz hing an allen vieren gefesselt eine Frau, die von zwei Kerlen mit leichten Peitschenhieben traktiert wurde.

Eigentlich schien mir dieser Raum noch der angenehmste von allen zu sein, bis auf eine Kleinigkeit: „Maike, was machst du denn da?"
„Eugen, ich habe eben einen alten Bekannten wiedergetroffen und er hat mich gefragt, ob …"
„Ja, ja, ob er dich mit seinem Kumpel mal gerade ein bisschen durchpeitschen kann. Und du hast natürlich spontan und ohne nachzudenken JA gesagt!"
„Nein, ja also …"
„Und dass ich, wie ein Volldepp, da unten an der Theke stehe und auf dich warte, ist dir wohl scheißegal – oder? Lasst euch von mir nicht stören, Jungs, ich bin raus aus der Nummer. Und schlagt doch für mich bitte auch noch ein paar Mal ordentlich drauf, aber bitte etwas fester, wenn's geht."
Gegen drei Uhr morgens, also fast eine geschlagene Stunde später und das im wahrsten Sinne des Wortes, kam Maike mit roten Striemen am gesamten Körper wieder runter an die Bar. Wortlos zogen wir uns um und machten uns auf den Weg zum Auto.
Die Fahrt nach Hause war wie eine Art Schweigemarsch. Erstens waren wir beide hundemüde und zweitens gab es nach meinem Empfinden nichts mehr, über das wir hätten reden müssen.
Für mich war das Ding gegessen und ich hatte endlich etwas gefunden, was mich extrem störte. Vom „Arschlochsyndrom" konnte nun ja wirklich keine Rede mehr sein und ich fühlte mich auf wunderbare Weise geheilt von dieser schrecklichen Krankheit. Ganz ohne Antibiotika oder Cortison.

Kapitel 28 (Die Beförderung)

Ein paar Tage später saß ich wie so oft mit Piet vor der Glotze, bewaffnet mit einem Kasten Bier, einem Porno und einem Highschool-Film.

„So, Alter. Nu schieß los, wie war es da im Schwinger-Club?"

„Piet, das Ding heißt Swinger-Club und nicht Schwinger. Aber was willste denn wissen? Frag mich einfach, was dich interessiert."

Insgeheim hatte ich überhaupt keine Lust, über diesen missglückten Abend zu reden und hoffte, dass Piet keine Fragen einfallen würden. Aber ich hatte scheinbar die Rechnung ohne den Wirt gemacht.

„Ja also, wie waren die Bräute da denn so?"

„Gut, Piet. Alles nur Top-Schüsse."

„Whow und kannste da einfach so mit jeder?"

„Na klar doch, darum ist es doch ein Swinger-Club. Nimmst dir einfach eine, drehst sie dir zurecht und stöpselst ein, alles kein Problem."

„Ja, und was sagen die Kerle von den Weibern dann dazu?"

„Na ja, denen musst du dann natürlich auch deine Frau geben! Ist eben ein Geschäft auf Gegenseitigkeit, ein Nehmen und Geben. Aber Piet, sei mir nicht böse, ist heute nicht der richtige Tag, um darüber zu reden. Lass uns jetzt weitersaufen und den Film in Ruhe gucken."

Ich hatte echt keinen Nerv mehr, Piet die ganze Geschichte von der Peitschennummer am Kreuz zu erzählen. Dann hätten es am nächsten Tag sowieso wieder Ulf,

Jupp und das ganze Fitness-Studio gewusst und ihre blöden Witze darüber gemacht.
Eigentlich gab es nur einen Menschen, mit dem ich ernsthaft über Beziehungsangelegenheiten reden konnte, und das war Irene.
Also verabredete ich mich am nächsten Tag nach der Arbeit mal wieder mit ihr im Bistro zu einer guten Tasse Cappuccino.
„Oh Mann, Eugen. Das hört sich ja abenteuerlich an. Wieso machst du so einen Scheiß überhaupt mit? Was hattest du denn erwartet von einem Besuch in einem solchen Club?"
„Na ja, zumindest nicht, meine Freundin als weiblichen Jesus am Kreuz vorzufinden! Und außerdem war es ja ihre Idee mit dem Rudelbums-Club und nicht meine."
„Und wie soll es jetzt weitergehen mit euch beiden?"
„Gar nicht, Irene, ich hab sie abgeschossen. Guter Sex ist ja die eine Sache, aber sich in einem solchen Laden von zwei wildfremden Kerlen durchpeitschen zu lassen, ich weiß nicht. Das ist eben nicht mein Ding."
„Ja, das kann ich verstehen. Du solltest dir mal eine grundsolide anständige Frau suchen, damit dir nicht ewig solche Dinge passieren."
Tja, wo sie Recht hatte, hatte sie Recht, meine alte Freundin Irene und so wechselten wir schnell das Thema und tranken noch das eine oder andere Tässchen Kaffee zusammen, bevor wir uns auf den Heimweg machten.

Der Tag darauf begann nach meinen allmorgendlichen Ritualen mit einer Überraschung der ganz anderen Art. Wie so oft in letzter Zeit kam ich wieder einmal ein paar Minuten zu spät zum Dienst. Schon aus der Ferne konnte ich an Elfies Gesichtsausdruck erkennen, dass mit ihr heute nicht zu spaßen war.

„Guten Morgen, Herr Techmann. Ausgeschlafen?"
„Sorry, Elfie. Tut mir leid, sind wir jetzt wieder per Sie?"
„Na ja, vielleicht ab nächsten Monat wieder."
„Was soll denn der Quatsch? Bestrafst du mich ab jetzt immer einen Monat später?"
„Hm, das wüsstest du wohl gerne, was, Eugen?"
„Och Elfie, sind wir hier bei ‚Rate mal mit Rosenthal' oder was? Sag einfach, was los ist oder schweige für immer."
„Ich muss es dir sogar sagen, denn es betrifft auch dich, Eugen. Also, ich habe mich vor einem halben Jahr in der Zentrale in Hamburg beworben. Und stell dir vor, vorgestern habe ich eine Zusage bekommen und kann schon nächsten Monat anfangen."
„Hamburg, was willste denn da?"
„Einfach nur zurück in die Heimat, zu meinen stocksteifen Hanseaten. Acht Jahre in Köln mit all seinen Facetten hat mir einfach gereicht und außerdem, noch ein Jahr mit dir zusammen als Kollegen und ich wäre reif für die Klapsmühle."
Was mich in diesem Moment durchströmte, war ein Wechselbad der Gefühle. Einerseits hatten wir in der Vergangenheit so unsere kleinen Scharmützel ausgefochten, andererseits hatte ich bei Elfie viele Freiheiten, die mir ein neuer Teamleiter sicherlich nicht geben würde.
„Ja, und wie geht es dann hier weiter, ich meine wer kommt dann zu uns?"
„Also, Eugen, du als notorische Nervensäge und andauernder Zuspätkommer würdest eh mit keinem Nach-

folger klarkommen. Also hatte ich mir erlaubt, dich als neuen Teamleiter vorzuschlagen."
„Du meinst, du hast mich hinter meinem Rücken für eine Beförderung vorgeschlagen? Wir haben doch schon seit fast einem Jahr nicht mal mehr einen Bereichsleiter. Warum hast du mich nicht gleich für den Posten empfohlen oder den des Geschäftsführers, Ministerpräsidenten, Bundeskanzlers oder gleich als Papst?"
„Nun übertreib mal nicht, mein Lieber. Einen neuen Bereichsleiter wird es auch geben und du wirst Teamleiter hier am Kölner Flughafen. Überleg es dir bis übermorgen, dann bekommen wir nämlich Besuch aus Hamburg und du wirst Frau Domburg, unsere neue Bereichsleiterin für Köln und Bonn persönlich kennenlernen.
Ich bin jetzt mal weg, muss mich um eine Wohnung in Hamburg kümmern. Also dann bis morgen, Eugen."
„Ja, ja, viel Erfolg."
Okay, ich hatte verstanden. Zusammengefasst hieß das, ich würde befördert, bekäme wohl ein paar Kröten monatlich mehr und dazu gratis mehr Verantwortung, mehr Stress und 'ne Schnalle namens Domburg vor die Nase gesetzt.

Und das alles erfuhr ich, ohne darum gebeten zu haben, zwei Tage, bevor man eine Entscheidung von mir erwartete. Na prima! Aber was blieb mir anderes übrig? Ich würde dieser Domburg schon zeigen, was ich drauf hatte. Und ein paar Euros mehr im Monat war ja schließlich auch nicht die schlechteste Idee.

Zwei Tage später war es dann so weit. Elfie saß im Büro und ich stand hinterm Tresen, als eine Granate von einer

ca. Mitte 30-jährigen Frau zielstrebig und in Begleitung eines älteren, graumelierten Herrn schnurstracks und zielgenau auf mich zusteuerte.
Irgendwie erinnerten mich die beiden an Maja und Joachim. Ich hätte nie im Traum daran gedacht, dass da plötzlich meine neue Chefin und ein Obermufti unserer Geschäftsleitung vor mir standen. Obwohl ich heute noch einen darauf wetten würde, dass auch er Potenzprobleme hatte, eben genauso wie Joachim.
„Guten Tag, Herr Techmann. Dürfen wir uns vorstellen? Mein Name ist Oberhauser von der Zentrale und dies ist Frau Domburg, ab nächsten Monat Ihre neue Bereichsleiterin."
„Ja, ähm. Herzlich willkommen, schön, dass Sie da sind. Kommen Sie doch herein."
Mannomann, was für 'ne Klassebraut. Dunkle Locken, schlanker Body, makellose, weiße Zähne und funkelgrüne Augen. Dazu ein affenscharfes Outfit, ein Hosenanzug mit einer weißen Bluse und einem kleinen Jäckchen kombiniert. Ganz offensichtlich hatte sie sich für mich in Schale geworfen und ich hatte keine Zweifel daran, dass sie darunter entweder gar keine Unterwäsche oder, wenn überhaupt, nur einen knappen String trug.
Oh, was hätte ich nur dafür gegeben, ihr jetzt so richtig einen …
„Herr Techmann, wären Sie so nett und kommen ins Büro?", holte mich Elfies leicht gekünstelte Stimme aus meinem gerade erst so viel versprechend begonnenen erotischen Tagtraum.

Ich werde nie den letzten Satz von Frau Domburg vergessen, die zum Abschied sagte: „Ich wünsche mir, Herr

Techmann, dass wir sehr eng zusammen Hand in Hand arbeiten werden."
Worauf Sie einen lassen können, Frau Domburg. Eigentlich hätte ich sie mal fragen sollen, ob ich diesen Ausspruch von ihr schriftlich bekommen könne.
Aber dann waren die beiden auch schon wieder durch die Tür und ich mit einer über das ganze Gesicht grinsenden Elfie allein. Na ja, ich gönnte es ihr. Schließlich stand sie nur noch drei Wochen vor ihrer Heimreise und einem verantwortungsvollen Posten in unserer Hauptverwaltung. Ich hingegen würde sie sicherlich ein bisschen vermissen, aber nicht zu sehr, denn in Anbetracht der tollen Aussichten auf Frau Domburg würde ich die ewigen Diskussionen, die andauernden Streitigkeiten und die blöden Bemerkungen bezüglich meines Privatlebens von ihr sicherlich schnell vergessen.

Ich lag an diesem Abend noch lange im Bett und dachte über meine Zukunft nach. Ganz egal, ob beruflich oder privat. Es war alles irgendwie im Umbruch und nichts mehr so, wie es früher einmal war. Aber wie sagt man ja auch so schön?: „Früher war alles besser!"
Aber meine Oma pflegte darauf dann immer zu sagen: „Ja, früher hatten wir auch noch einen Kaiser." Recht haste, Omi. Aber der arbeitet heute für die Hamburg-Mannheimer und ist Versicherungsvertreter! So ändern sich eben die Zeiten!
Nicht, dass ich in dieser Nacht ein wenig sentimental gewesen wäre, aber man musste sich mal vor Augen halten, was mir in den letzten fünf Jahren alles widerfahren war. Einfach kaum zu glauben. Ich denke, ich werde eines Tages ein Buch darüber schreiben. Obwohl, vielleicht sollte

ich damit noch ein bisschen warten. Frau Domburg würde sicherlich noch ein tolles Kapitel abgeben.

… Und wie sang Bob Marley schon vor langer Zeit?: „No woman no cry.“

ENDE

Personenverzeichnis

		Kapitel
Elfie	Vorgesetzte	1
Frau Böhndorf	Hausdrachen	1
Anna	Stinkemuschi	1
Joy	black is beautiful	3
Irene	Mütterliche Freundin	3
Kathy	Freundin von Joy	5
Anne	Trockenpflaume aus Moers	6
Herby	Long Dong	6
Tim	LTU-Hinterlader	7
Jan	Männliche Jungfrau	7
Maria & Lorena	Brasilianische Chickas	8
Dagmar	„Madame Erotique", die Lesbe	12
Lola Fickoletta	Pornoqueen	12
Piet (Maurer)	Bester Freund	13
Ulf	Bodymaster und Viagra-Dealer	13
Rita	Bumsmatratze	14
Jupp	Anabolika-Tempel-Betreiber	15
Maya	Millionärsgattin	16

Joachim	Mayas impotenter Ehemann	16
Isabelle	Outdoor-Sex-Ex	18
Benny	Bummelstudent	19
Klaus + Petra	Irenes Freunde	19
Silke	Internet-Mogelpackung	19
Jens/Olaf/ Jürgen	Popostecher	20
Tanja/„Madame Passion“	Folterdomina	21
Maike	Piets Traumfrau	23
Müller + Heinze	Kripo Köln	24
Nadine	Der Lockvogel	25
Frau Domburg	Die neue Chefin	28